财务自由之路

一个散户的自我进化

微进化ing——著

中国铁道出版社有限公司
CHINA RAILWAY PUBLISHING HOUSE CO., LTD.

内容简介

股票投资门槛很低，但投资成功的门槛很高。本书以股票投资实现财务自由为主线，以一位经过艰难摸索并实现财务自由的投资者视角，以全球股市大量案例、数据和事实，详述股票及股票投资的本质、为什么要投资股票、股票投资风险与"死亡"清单、股价涨跌的秘密、股票投资所需素养和特质等认知问题，以及选股、估值和打理投资组合等实操方法，并结合投资案例予以系统应用和复盘。以期帮助读者建立起稳妥的投资体系，修炼能够对抗贪婪和恐惧的心性，从而达到投资成功的彼岸。本书适合于对股票有一定了解、正在股市中摸索的人，也可供新手建立完整投资框架所用。

图书在版编目（CIP）数据

财务自由之路：一个散户的自我进化 / 微进化 ing 著. -- 北京：中国铁道出版社有限公司，2024.9.
ISBN 978-7-113-31308-1

Ⅰ. F830.59

中国国家版本馆 CIP 数据核字第 2024RJ6543 号

书　　名：财务自由之路——一个散户的自我进化
CAIWU ZIYOU ZHI LU：YI GE SANHU DE ZIWO JINHUA

作　　者：微进化 ing

责任编辑：张亚慧　　编辑部电话：（010）51873035　　电子邮箱：lampard@vip.163.com
装帧设计：宿　萌
责任校对：刘　畅
责任印制：赵星辰

出版发行：中国铁道出版社有限公司（100054，北京市西城区右安门西街 8 号）
印　　刷：河北京平诚乾印刷有限公司
版　　次：2024 年 9 月第 1 版　　2024 年 9 月第 1 次印刷
开　　本：710 mm×1 000 mm　1/16　印张：19.75　字数：320 千
书　　号：ISBN 978-7-113-31308-1
定　　价：88.00 元

版权所有　侵权必究

凡购买铁道版图书，如有印制质量问题，请与本社读者服务部联系调换。电话：（010）51873174
打击盗版举报电话：（010）63549461

"要想在一生中获得投资的成功,并不需要顶级的智商、超凡的商业头脑或秘密的信息,而是需要一个稳妥的知识体系作为决策基础,并且有能力控制自己的情绪,使其对这种体系不会造成侵蚀。"

…………

"能否取得优异的投资成果,这取决于你在投资方面付出的努力和拥有的知识,也取决于在你投资生涯中,股市的愚蠢程度有多大。股市的行为越愚蠢,有条不紊的投资者面对的机会就越大。"

——巴菲特,《聪明的投资者》第四版序

前　言

在我的成长历程中，学校是不教投资理财的。直到大学二年级，偶然听老师提到股票时还被吓一跳，因为对股票的认知，还停留在电影里商人的投机倒把。作为20世纪90年代的大学生，是既无意识，也无本金来投资股票的。至于通过投资实现财务自由，更是连想都没有想过，世界上还有这回事儿？

研究生毕业后我一直做学术工作。2001—2005年A股熊市、2005—2007年大牛市，对我而言就像另外一个平行世界，直到牛市的火热遍布每一个角落，也从未想过要投资股票。

无知无畏，亏到信心尽失

2007年7月，股票市场最火热的时候，夫人说拿点儿钱出来炒股吧，"我同事某某炒股挣了多少多少钱"。于是拿出2 000元，便开始了股票投资，并被每天涨几块几十块的"不劳而获"诱惑，由股票到基金，贪婪让投入越来越大。后来的故事就是套牢、亏损，加码、再套牢。为什么？股市有没有规律可循？被市场教训后才开始疯狂学习。

到2008年3月，看了几本有关股票的书，觉得自己懂了，便决定赎回基金自己干。从那时起我就会念，"股票就是公司的部分所有权""买股票就是买公司""市盈率低代表股价便宜"……于是，在市场整体估值超过50倍PE时，全仓买进了人生第一只股票——10倍PE的新安股份，并期待着持有致富。后面还学巴菲特，越跌越买，前后投入了32万元。到2008年底的时候，账户只剩下10万元出头。怎么回事儿？巴菲特不灵了？还是他讲的那套不适合A股？亏得开始怀疑股市，甚至觉得自己缺乏投资股票的基因。

2009年，股市反弹。既然买入持有策略不可靠，那为什么不改变？我计算器按得挺溜，以股票日K线的波动，哪怕每天赚1%，也能很快翻本。从此割掉新安股份，开启了追涨杀跌之旅，买过什么股多到记不得了，反正新能源火就追新能源，煤炭牛就买煤炭，市场上牛奶涨得好就买牛奶。刺激倒是很刺激，可年底一盘算，几乎颗粒无收。如果说2008年是碰到了金融危机，还可以归因为熊市，2009年又怨谁呢？当年上证指数上涨80%，反观买过的股票，哪只不是涨了1～2倍，甚至更多？

到2010年时，穷尽了所有的方法，画均线、看量价、听消息、观股评、读研报、玩趋势、跟庄家……一如既往地挣小钱亏大钱，最后搞到信心尽失，在4月的股市大跌中，匆忙割肉。投降！清仓！仅剩8万多元，亏到投降，退出市场。

后来才明白，牛市才是股市"吃人"的时候，新安股份是主导产品草甘膦涨价周期顶点的"低估值"。3年间，自以为懂得了投资，实际是无知无畏，玩的就是赌博。好在那时没有融资，人年轻，本金不大，也没有借钱，权当交了学费。只是这学费有些高昂，对投资信心的打击无以言表。

初识优质企业

2010年后，尽管身在股市外，心却是不服输的。业余时间反思、学习和研究股市，一刻也未停过。从哪里跌倒，就从哪里爬起来的那份倔强，让我坚持继续阅读投资类书籍，研究牛股，是阅读和研究让我逐渐认识到，前面3年亏到投降的主要原因是老想赚快钱，把投资经念歪了，实际上是干着投机的事，还自以为自己在投资。在股市里，同样一句真理，理解和实践起来却千差万别。比如"买股票就是买公司"，有的买最好的，有的买最便宜的，有的买最具性价比的，有的买觉得短期会涨的。而且，哪怕碰巧买到了低估的优质企业，最终结果却可能是投机。

读书和思考让我将目光转向了优质企业。那些无关牛熊股价都能长期涨升的复利机器，比如恒瑞医药、贵州茅台、上海家化、双汇发展等，它们的股价在2008年并没有怎么跌，熊市一过又能迭创新高，给投资者带来了惊人的长期回报。为什么？这才发现坚挺的K线背后，隐藏的都是投资"大师"们的真知灼见。既然如此，那就去找未来优势企业下注，彻底摒弃炒股，开始了自以为是的投资。

2011年底，在充分准备和认真研究后重新入市，选择了原料药向仿制药转型的华海药业入股，并以股权心态持续逢低买进。寄望于转型成功，预期营收、利润率双提升，在未来20～30年的人口老龄化进程中，能够在服务社会的同时，获取股权复利增值。

2011—2014年底，基本上单一持仓华海药业，只要有闲钱就持续逢低买入。但原料药竞争激烈、重资产、向仿制药转型不易的特点决定了公司业绩并不稳定，股价也发生了+70%、-30%、+50%、-30%、+200%、-50%、+50%的剧烈波动，到2014年底时累计涨幅略超1倍。实际上已经很不错了，能够拿住并开始挣钱的那份欣喜，让我自信找到了复利增值的途径。只是过山车式的股价波动，持股体验确实不友好。这3年单一持仓，实际上玩的是价值投机，要说收获，除了初尝盈利，就是锻炼出了不惧股价波动的"大心脏"。开始赚钱后，才让我从内心里盘算，照此收益率滚雪球下去，实现财务自由是完全可能的。因为只需简单的数学计算就能知道，到我退休时，至少财务上不用靠儿女，也不用给社会添负担了。

也正是突破了财务自由"不可能"的认知，让我不仅开始认真思考财务自由，并正式开始了探索财务自由实现路径的进化之旅。并通过新浪博客认真记录读书笔记，研究思考典型投资案例，定期总结反思投资经验教训。

2012年，我注册了"雪球"账号，记录、思考、交流投资。甚至建了一个QQ群，将医药行业各路投资人邀请进来，一起研究、投资医药行业和华海药业。还去华海等企业调研，跟踪从原料采购，到产品海关发货等一切信息，甚至包括企业领导人戴什么手表，公司厕所是否洁净……那时不接受任何人说华海药业不好，还专门写了一篇网文《股市颁发的是最快进步奖，而不是优秀奖》，以论证华海药业就是比恒瑞医药好。故步自封，持股无聊，叠加股价波动大，于是学习股友，玩小仓位高抛低吸摊低成本，最得意的一次短线交易，刚好躲过了股价大跌，重新买回多出来2万股股票。投机是会上瘾的，2014年底、2015年初，在股价又一次涨升时越涨越减，减到所剩无几，结果期待的买回再也没有发生。到2015年中时，华海药业股价继续涨了1倍，到2018年时涨2倍，到2020年三季度时涨了5倍。如果没有投机卖出刚好是10倍股，可是，和我有什么关系呢？同期给儿子定投的恒瑞医药，从2011年底到2020年底涨了约20倍。

当然这是后话，投机卖飞华海药业时也没有后悔，因为当时回测发现，华海药业股价上蹿下跳涨了1倍，而同期定投的恒瑞医药却稳稳地涨了1.5倍，已经开始明白，研究得再细致并不会让企业变优质；且随着对投资理解的深入，已下定决心彻底摒弃单一持仓，走组合投资之路了。

回顾 3 年价值投机的历程，对优质企业复利机器的本质认知不够，投机让我错失了 1 只 10 倍股；纯属无心插柳，轻仓见证了 1 只 20 倍股。期间收获，重点不在账户市值增值超 1 倍，而是历经过山车后，深刻体会到了组合投资的价值，深刻认知到了优质企业才是复利机器的本质。

走向投资，终获财务自由

2015 年卖飞华海药业后，坚决地选择了组合投资之路，坚定股权理念，坚信企业内在价值的长期复利增值，才是股价长牛背后的原因，并自信找到了可行的实现财务自由的路径。尽管 2015 年后仍然犯了很多错误，比如投了业绩周期顶点的长安汽车、走向平庸的上海家化；在 2015 年牛市后的崩盘中，因三成融资而发生 -37% 的账户回撤，导致年度亏损；2016 年过早地卖出五粮液，错失了第 2 只重仓过的 10 倍股；2016—2017 年时一度将组合投资错"玩"成了过度分散，等等。

好在转向组合投资优质企业后，尽管犯错不少，并没有影响财富雪球的快速滚大，也正是这些错误和教训催我不断进化。在错失 3 只 10 倍股后，到 2020 年终于收获了微创医疗这只重仓 10 倍股。亲身实证了组合投资相比单一持仓，不仅账户市值波动更小，复利增值反而更快。这才体会到什么叫慢就是快。到 2019 年时即已实现了基本的财务自由，2020 年资产再上台阶后，实现了高质量的财务自由。

回望 17 年的投资历程，财务自由始于认知上突破了"不可能"，成于矢志不渝的"进化"。并深感自己是幸运的，幸运于早期投资时，市场没有消灭我；幸运于分享了经济和优质企业的发展成果，让我有能力开始捐资教育基金回馈社会。更幸运的是，完善了投资方法论，修炼了投资心性，建立起了股权信念，让我对投资有了无比的热爱。

在此过程中，行业技术的日新月异，促我终身学习；见证的那些优质生意、优秀投资人，促我向上向善；历经的惨痛教训，让我知止有畏。我深信，未来投资路上仍将面临艰难挑战，也一定避免不了继续犯错，但组合投资优质企业，让我有信心将股票投资这一没有天花板的事业不断推向前进。

有关本书

在我的投资初期，阅读了不少股票投资类的书籍，但仍然有 3～4 年，

前　言

那感觉就像在黑暗的隧道中摸索，左碰一下壁，右碰一下壁，找不到前进的方向，也搞不清楚股价为什么涨，又为什么跌。为什么我的职业发展还算顺利，一进股市却有如白痴？

更可怕的是，打开任何一本书，见到的投资人都天赋异禀，动辄挖掘了多少牛股，多少年收获了多少倍的复利增值。更有甚者如巴菲特，11岁开始投资股票就从成功走向更大的成功，滚出来超大的财富雪球，投资能力好像就是天生的。每每读到这些章节时，收获的不是对股票投资的信心，而是对投资信心的残酷打击，比账户亏损都要大，甚至一度怀疑自己是否适合投资股票。

就没有一本讲投资股票也有许多弯路、歧路、陷阱，能够为投资人从无知、懵懂走向成熟提供参考的书吗？除了巴菲特在其致股东的信中提及曾经的投资错误外，鲜有投资人写自己失败的案例，也见不到他们在成功和取得成绩之前，那些在黑暗中摸索的艰难历程。

讲股票投资成功学、方法论的书从来不缺，但股票投资除了成功，还有风险和失败，不然为什么有"一赚、二平、七亏"的铁律呢？可能确实有人生来就是成熟投资人，我也相信有的人天生悟性就高，但我更愿意相信成熟投资人，是勇于突破自我，志于追求卓越，并因对投资的热爱，矢志不渝地坚持学习、思考和实践，从而"进化"而来的。

但遗憾的是，只见到股市有很多"神话"，而对失败和摸索过程中的彷徨讳莫如深。有没有一本书，除了教人如何成功，也讲如何避免犯错？那些成熟投资人曾经犯过的错，进化过程中的思考与艰难，应该是对个人投资者更有价值的参考。

另外，绝大多数严肃的投资书籍，都是机构投资人所写，也主要是面向机构投资者，个人投资者读起来难免艰涩，且不易复制。在我努力进化的过程中，深刻体会到个人投资者有着信息获取无优势、投资能力欠缺和纪律性差等劣势，但也有着闲钱、投资期限长、资金量小、无排名压力、组合限制少，不需要太多优质标的，即可实现投资目标等优势。如何善用这些优势，在选股、估值和打理投资组合方面，建立起一套适合个人投资者的方法论体系，比如股票是什么？投入多少本金？买几只股票？仓位如何配置？如何选股？如何估值？如何调仓？如何杜绝致命性错误？每一个环节，每一个决策最理性的选择是什么？等等。回答个人投资者关心的这些问题，进而提供一个从无知修炼到成熟，可参考、可复制的股票投资者进化案例，应该尤为有意义。

可是，并没有这样的书。所以，我花了17年摸索，经历过无知、懵懂、绝望，到逐步建立起股权信念，逐步坚信优质企业才是获取长期复利增值的首要安全边际，用闲钱组合投资优质企业是稳健快速复利增值的最佳途径……选股、估值、构建股票投资组合与调仓，这一条龙学习历练下来，尽管犯了很多错误，但幸运的是通过一次又一次吸取教训，解剖一个又一个成功和失败的案例，逐步构建起了一套适合自己的方法论体系，进而获得了财务自由和人生境界的提升。

作为一名老师，总有好为人师的毛病。于是将自己摸索的过程、思考和所得写了下来。于公，我希望能给个人投资者带来信心，让广大个人投资者，能够认识到"既然资质如此平庸的人都能成功，那我也能"，并助力补上我们的教育体系中，缺失的财商教育短板。于私，我再也不希望我的子孙后辈，经历如我一般的艰难历程了，为他们提供一个可以参考的范本，最不济少踩我曾经踩过的坑，少走我曾经走过的弯路。我花了3年碰壁，17年历练，如果可以帮助后来人只用5年的时间，即可基本修炼成熟，就善莫大焉了。那将意味着多出10年的有效滚雪球时间，而多10年的复利增值，足以带来家庭财富增值，甚至人生转变。

更重要的是，修炼股票投资，追求财务自由的过程，有可能促使后来人明白：凡事本就没有什么不可能，包括未来会出现超过巴菲特成就的人。前提是他首先得尽早有相关意识和认知，敢于想常人不敢想之事，客观评估拥有的资源和存在的问题，坚定地创造条件，有针对性地解决问题，并矢志不渝地向目标前进。不仅投资成功如此，做任何事，倘能如此，最终结果总不会太差的。为实现梦想，不彷徨等待，不怨天尤人，始终立足内求，始终与优秀为伍，持之以恒地追求进化，以让我们配得上人世间一切美好的人和事物，如此，才有望做成一些有意义的事，才可能收获圆满的人生。即使源于求财，却能最终悟得人生真谛，促人向上向善，还可能收获财务自由的副产品，于人于己有什么不好呢？

这一写就写了4年，总共写了9章。在写作上，我始终坚持以数据、事实和案例说话，力求直白浅显地阐释投资原理，详细讲解股票及股票投资的必备认知，结合亲历的投资案例和投资过程，以投资股票实现财务自由为目标导向，构建个人投资者投资选股、估值和打理股票组合等方法论体系。

第1章，股票及股票投资的本质。从股票诞生至今的历史、股票的制度设计讲起，说明股票本质上就是一种流动性好、收益可能随着时间指数级增长、本金也可能归零的资产；而投资股票本质上就是选择与什么人合伙做什么生意。以帮助读者了解和建立股票初步认知。

第2章，为什么要投资股票。以国别指数、投资者表现、公司股价复利增长等数据说明，股票才是彰显复利威力的大类资产"王者"；通过测算证明，工薪族通过股票投资实现财务自由是完全可能的，以及实现财务自由所需本金、投资年限和复合收益率之间的关系；并讨论了投资股票促人终身学习、向上向善等美妙之处。

第3章，股票投资风险与死亡清单。基于数据回测，集中讨论了股票投资可能面临的国别、指数、个股层面的风险，给出了相应风险消解或规避建议。更重要的是，结合历史案例和亲身经历，讨论了投资者需要杜绝的单一持仓、重仓融资、重仓做空、错误累积四种致命性错误。

第4章，股价涨跌的秘密。通过数据测算和案例，讨论了短期股价为什么无法预测、资金和庄家决定不了长期股价、价值才是股价之锚，以及市场先生、通货膨胀和利率是如何影响股价的。并基于案例展示了推动股价增长的三种模式，为什么股价下跌才是利好，投资者应该立志挣什么钱等，同股票、股市认知有关的原理性问题。

第5章，股票投资所需素养与特质。结合自身修炼过程，集中讨论了实现财务自由和达到股票投资成功，投资者可能必备的财富观、事业般的热爱，以及股票投资方法论、能力素养等问题。

第6章，选股。基于案例和数据，讨论如何选择优势行业，如何选出优质个股，能力圈，护城河，行业发展阶段与行业未来等问题；将企业分为优质、平庸和垃圾三类；归纳总结了优质企业的定性定量特征，通过数据和案例证明了只有优质企业才是获取长期复利增值的依靠。

第7章，估值。基于案例和数据测算，讨论了企业的五种价值，而只有内在价值才是企业估值的依据；简述了常见的相对估值方法、绝对估值方法、估值指标的特点，以及这些估值指标在投资实操中的运用原则；讨论了成长陷阱、低估值陷阱与终局思维估值的框架。

第8章，打理投资组合。结合测算、案例和打理投资组合的实践，以追求大概率、高确定性、尽快实现投资目标为导向，集中讨论了如何充分利用个人投资者的优势、安全边际、组合构建、分散与集中、买卖时机与原则、仓位配置与调仓选择等问题。

第9章，案例分析。通过恒瑞医药、五粮液、微创医疗、上海机场等案例分析，以完整投资案例和投后复盘，展示了行业企业分析的要点、过程与方法，讨论发掘优质企业，进行投资决策，定性研究、定量估值，调仓换股时机等建议，为投资者分析企业和进行投资决策提供案例参考。

停笔之际，只有满怀的感恩，我国已是全球第二的经济大国，资本市场已成为国民经济的晴雨表、国民财富的蓄水池。感恩过去17年的艰难时刻和收获的喜悦。感恩雪球网及由此结识的每一位股友，交流、碰撞和您的智慧促进了我的进化。感恩家人对我的信任和支持。感恩我所有的师长、同事、朋友，没有你们的教导和帮助，我可能只是从一个懵懂的青年，变成了一个浑浑噩噩的中年人。

我还要感恩互联网时代，让研究和数据能够覆盖股市历史，让我们可以尽情地吸收人类一切文明成果，让我们的眼光能够追及过往，延伸到未来。而不用处处事事都要亲历摸索、亲身试错，就能拥有人类最优秀大脑分享的智慧。

衷心感谢本书所引用案例、数据、方法、观点、思想等报告、书籍的出版机构和作者，没有这些成功的案例和失败的教训，没有"大师"们不吝分享的睿智，我必然还在黑暗中摸索。我还要感谢审阅本书初稿后，给出宝贵修改建议和指导的几位朋友、编辑，没有你们的付出，本书无法付梓。

回望资本市场历史，A股30多年就是一瞬间，个人17年的摸索经历和浅见更是不值一提，完全可能就是那只不可语冰的"夏虫"。所以，本书所述难免存在局限，甚至可能存在各种疏漏，在期待能给读者提供一点儿帮助的同时，更期待读者能够批判性地参考，早日形成自己的方法论体系和获取财务自由，并包容在下见识的粗鄙，不吝指出其中的不足。

谨以此书献给我亲爱的两位宝贝。

微进化ing
于山城重庆
2024年4月

目 录

第1章 股票及股票投资的本质 / 1

1.1 什么是股票 / 2

1.2 股票投资的本质 / 2

    1.2.1 上市公司就是大号的"面馆" / 2

    1.2.2 买股票就是买公司 / 4

    1.2.3 买股票就是选择和什么人合伙做什么生意 / 5

本章小结 / 6

第2章 为什么要投资股票 / 7

2.1 股票是彰显复利威力的大类资产"王者" / 8

    2.1.1 国别指数层面的证明 / 8

    2.1.2 投资人层面的证明 / 13

    2.1.3 公司层面的证明 / 16

    2.1.4 无法忽视的股票投资 / 22

2.2 投资股票实现财务自由的可行性 / 23

    2.2.1 什么是财务自由 / 23

    2.2.2 投资股票实现财务自由是可能的 / 24

    2.2.3 越早开始投资越有利于实现财务自由 / 26

    2.2.4 收益率越高越有利于实现财务自由 / 27

    2.2.5 本金是实现财务自由的关键变量 / 27

    2.2.6　做好本职工作是实现财务自由的前提 / 30
    2.2.7　阻碍家庭投资股票实现财务自由的原因 / 32
    2.2.8　通过股票投资实现财务自由的现实途径 / 34
  2.3　投资股票的其他美妙之处 / 36
    2.3.1　投资股票让我们追寻优秀和卓越 / 36
    2.3.2　投资股票促使人终身学习 / 36
    2.3.3　投资股票促使人"进化" / 37
    2.3.4　投资股票也是做实业 / 38
    2.3.5　投资股票是没有天花板的事业 / 39
  本章小结 / 40

第3章　股票投资风险与"死亡"清单 / 41

  3.1　全球宏观及国别风险 / 42
  3.2　指数波动风险 / 43
    3.2.1　美股指数波动的历史记录 / 43
    3.2.2　A股指数波动的历史记录 / 44
  3.3　投资人组合波动风险 / 46
  3.4　个股风险 / 47
    3.4.1　优质股的股价波动风险 / 48
    3.4.2　必须回避的个股风险 / 49
    3.4.3　应对个股风险的三点建议 / 59
  3.5　股票投资"死亡"清单 / 60
    3.5.1　单一持仓 / 61
    3.5.2　重仓融资 / 63
    3.5.3　重仓做空 / 65
    3.5.4　坚持错误方法 / 68
  本章小结 / 69

第 4 章　股价涨跌的秘密 / 71

- 4.1　短期股价无法预测 / 72
- 4.2　资金决定不了长期股价 / 73
- 4.3　价值才是股价之锚 / 75
- 4.4　影响股价的其他因素 / 79
  - 4.4.1　市场先生 / 79
  - 4.4.2　通货膨胀与利率 / 80
  - 4.4.3　市场偏好 / 84
- 4.5　股价增长的三种模式 / 85
  - 4.5.1　估值膨胀驱动 / 86
  - 4.5.2　盈利增长驱动 / 86
  - 4.5.3　估值膨胀 + 盈利增长驱动 / 87
- 4.6　投资者该立志赚什么钱 / 88
  - 4.6.1　赚估值膨胀的钱不可靠 / 89
  - 4.6.2　赚价值增长的钱值得坚守 / 92
  - 4.6.3　赚盈利和估值双击的钱可遇而不可求 / 93
- 4.7　股价下跌才是真利好 / 96
  - 4.7.1　为什么说股价下跌是利好 / 96
  - 4.7.2　股价下跌是利好的前提 / 100

本章小结 / 101

第 5 章　股票投资所需素养与特质 / 103

- 5.1　教条和懒惰是成功的大敌 / 104
  - 5.1.1　教条是成功的大敌 / 104
  - 5.1.2　没有既懒又成功的投资人 / 106
- 5.2　正确的财富观 / 107

5.3 对投资事业般的热爱 / 109
5.4 必要的方法论 / 110
    5.4.1 目标导向 / 110
    5.4.2 以投资能力为中心 / 111
    5.4.3 持续改进 / 113
5.5 股票投资成功必备的能力素质 / 114
    5.5.1 股票认知能力 / 114
    5.5.2 终身学习能力 / 114
    5.5.3 商业洞察能力 / 115
    5.5.4 财务分析能力 / 117
    5.5.5 投资分析决策能力 / 117
5.6 有利于股票投资成功的性格特质 / 118
    5.6.1 乐观自信 / 118
    5.6.2 心态开放 / 120
    5.6.3 独立思考 / 121
    5.6.4 直击本质 / 122
    5.6.5 相信常识 / 124
    5.6.6 知行合一 / 125
    5.6.7 客观理性 / 127
    5.6.8 共赢思维 / 128
    5.6.9 目光长远 / 128
    5.6.10 知止有畏 / 129

本章小结 / 129

第6章 选 股 / 131

6.1 选股的第一标准是优质 / 132

6.2 到优势行业中去选股 / 133

    6.2.1 到"长跑健将"辈出的行业中去选股 / 133

    6.2.2 到天生命好的行业去选股 / 135

    6.2.3 行业发展阶段与选股 / 137

    6.2.4 行业供给和竞争格局的影响 / 139

    6.2.5 行业渗透率与成长股投资 / 140

    6.2.6 能 力 圈 / 142

    6.2.7 行业未来的宏观经济背景 / 144

6.3 优质企业的定性、定量特征 / 148

    6.3.1 三种不同的企业 / 148

    6.3.2 护 城 河 / 151

    6.3.3 优质企业的定性特征 / 155

    6.3.4 优质企业的定量特征 / 161

    6.3.5 看图也疯狂 / 171

本章小结 / 179

第7章 估 值 / 181

7.1 企业的五种价值 / 182

    7.1.1 市场价值 / 182

    7.1.2 账面价值 / 182

    7.1.3 清算价值 / 183

    7.1.4 重置价值 / 184

    7.1.5 内在价值 / 184

7.2 常见的相对估值方法 / 196

    7.2.1 PE 估值 / 196

    7.2.2 PB 估值 / 197

    7.2.3 PS 估值 / 198

7.2.4 股息率 / 199

7.2.5 其他估值指标 / 201

7.2.6 成长陷阱与 PEG 估值 / 201

7.2.7 低估值陷阱 / 202

7.3 以终局思维来估值 / 204

本章小结 / 206

第 8 章　打理投资组合 / 207

8.1 我们的目标与优势 / 208

8.1.1 我们的目标 / 208

8.1.2 我们的优势 / 210

8.2 集中还是分散 / 212

8.2.1 集中有度 / 212

8.2.2 几只股票好 / 213

8.2.3 组合投资的免费午餐 / 214

8.3 安全边际 / 215

8.3.1 投资优质企业是首要安全边际 / 216

8.3.2 仓位配比是第二层级的安全边际 / 217

8.3.3 买得便宜是第三层级的安全边际 / 220

8.4 何时买 / 221

8.4.1 可口可乐案例 / 222

8.4.2 买在市场发生系统风险时 / 225

8.4.3 买在行业危机或被系统性偏见打压时 / 226

8.4.4 买在企业暂时困难股价回调时 / 228

8.4.5 买在估值合理时 / 230

8.4.6 巴菲特的部分投资案例 / 231

8.5 何 时 卖 / 233

    8.5.1 卖出换股 / 233

    8.5.2 卖出不再值得守候的股票 / 235

    8.5.3 卖在市场整体高估时 / 235

8.6 组合管理 / 236

    8.6.1 总仓位的选择 / 237

    8.6.2 个股仓位分配 / 238

    8.6.3 调仓时机与选择 / 240

本章小结 / 247

第9章 案例分析 / 249

9.1 恒瑞医药——仿制药转型新药的制药龙头 / 250

    9.1.1 行业分析 / 250

    9.1.2 企业历史表现与竞争优势 / 253

    9.1.3 未来业绩成长性 / 256

    9.1.4 估　　值 / 257

    9.1.5 风险分析 / 260

    9.1.6 投资决策与复盘 / 260

9.2 五粮液——浓香型高端白酒领导企业 / 261

    9.2.1 行业分析 / 261

    9.2.2 企业历史表现与竞争优势 / 262

    9.2.3 未来业绩成长性 / 263

    9.2.4 估　　值 / 263

    9.2.5 风险分析 / 265

    9.2.6 投资决策与复盘 / 266

9.3 微创医疗——高值医疗器械平台型企业 / 266

    9.3.1 行业分析 / 267

9.3.2　企业历史表现与竞争优势 / 270

9.3.3　未来业绩成长性 / 274

9.3.4　估　　值 / 275

9.3.5　风险分析 / 277

9.3.6　投资决策与复盘 / 278

9.4　上海机场——垄断性优质航空流量变现商 / 281

9.4.1　行业分析 / 281

9.4.2　企业历史表现与竞争优势 / 282

9.4.3　未来业绩成长性 / 287

9.4.4　估　　值 / 287

9.4.5　风险分析 / 290

9.4.6　投资决策与复盘 / 290

本章小结 / 292

第 1 章

股票及股票投资的本质

　　股票到底是什么？我们买股票到底是在干什么？这些是接触股票时，第一时间就需要回答的问题。我们从骨子里如何看待股票，有关股票投资的信念，决定了一切股票投资的路径选择、决策行为和投资结果。当我们先入为主地认为投资股票就是赌博，公司上市就是"圈钱"时，我们就失去了认识股票、投资股票的可能；当我们来到股市，却把股票看作炒作代码，则难免误入"炒股"的歧途；只有当我们把股票看作公司所有权的一部分，认同买股票就是买资产，才有可能打开投资的大门，乃至走上资产复利增值的投资大道。

　　所以，在谈股票投资之前，我们先讨论股票及股票投资的本质等认知问题。因为认知决定道路选择，道路决定大概率的结果，没有正确的认知，就不可能有可复制、可持续的投资成功，也必然会迟滞财务自由的实现，甚至永远错失财务自由的机会。

本章主要内容：
➤ 什么是股票
➤ 股票投资的本质

1.1 什么是股票

从学术定义来看，股票是股东出资的权利凭证，由公司发行，用于证明股东所持股份，并依法享有相应收益权、表决权等股东权利的凭证。此处"股"即为集合资金的一份或一笔财产平均分配的一份，"票"就是公司发行的拥有"股"的数量和类别的票据、凭证。从投资角度来看，股票本质上是一种流动性好，收益可能随时间指数级增长，也可能最终本金归零的资产类别。

1.2 股票投资的本质

既然股票是一种流动性好，收益可能随时间指数级增长，也可能本金归零的金融资产。那我们投资股票到底是在干什么？什么才是股票投资的正道和大道呢？

1.2.1 上市公司就是大号的"面馆"

为了便于读者理解股票及股票投资的本质，我们完全可以将上市公司看作一家大号的"面馆"，作为股东，投资股票和自己在街边开一家面馆，从投资属性上看，没有任何区别，只是生意属性和规模不同而已。我们假设这家面馆的所有权被分为100份，就是100股，如此，若我们购买了该面馆10股股票，就代表着我们拥有了10%的面馆所有权、收益权和表决权。所以，一旦我们买进了10股面馆股票，就意味着在法律和经济意义上，我们不仅可以按10%的份额分享该面馆经营所得的收益，也必须承担相应份额经营失败的风险。

要想该笔投资能够赚钱，有两种方式可以实现：一是买进该面馆股票后，短期以更高的价格转手他人。以这种方式挣钱，能够实现的前提要么是我们本就买得便宜，有人以合理价格接盘，要么就是有人以更高的价格接盘，如是我们赚到了买卖差价 – 交易税费。二是由于该面馆经营得越来越好，其内在价值的增长推动了市场公允价格的提升，待我们卖出时，哪怕仍然以公允价格甚至折价卖出，卖出价格也会高于此前的买进价格，此时，我们赚到的是买卖差价 + 期间分红 – 交易税费。

以上两种方式，看起来赚的同样是买卖差价，但前者需要市场有人低价转让给我们，同时还要有人高价接盘才能实现，而市场里哪有那么多低价卖出、高价接盘的人？而当我们指望别人出错或犯傻才能赚钱时，就是把命运交给了市场，就是我们所说的"炒股"，此时一方的盈利意味着另一方的亏损，纯属零和游戏。若是以第二种方式赚钱，我们无须仰赖别人出错，只需投资那些由值得信赖的人管理，经营优质的面馆，随着时间的推移，面馆的生意越做越大，越做越好，钱赚得越来越多，分红越来越丰厚，通过静心地等待面馆的内在价值提升，坐收股息，同时静静地等待市场给出好价格，并在必要时兑现投资收益即可；此种情形就是把投资命运掌握在了自己手中，就是我们说的"投资"，投资是一种所有股东共赢的挣钱模式。

如果我们选择了炒股赚钱，面馆的经营质量和发展前景就不再重要了，只需祈祷不断地有人犯错即可。如果我们选择了投资赚钱，我们需要关心的就是面馆未来能否经营成功，面馆的价值会不会随着时间快速复利增值。而一旦我们选择了投资之路，要做出是否入股该面馆的决定，除了关心面馆股票的报价，肯定更关心这家面馆的大股东和管理层诚信如何？这家面馆的卫生、食品安全管理等是否可靠？这家面馆的客户评价怎样，回头客多不多？每个月能有多少营收，赚多少钱？面的品种、价格和口味有没有竞争力？原材料未来的价格会如何变化？同旁边的几家面馆相比有何特色和优势？以后要是想转让时好不好转让？未来5年会得到多少分红？5年后面馆的营收和利润大概是多少？等等。

一旦我们经过详细调查、分析、评估和判断，这家面馆各方面看起来都满意，符合我们的财务规划需要和资金配置需求，决定投资这家面馆，并开始和老板谈转让价格。不管是盘下整家面馆，还是买进面馆 10% 的股份，肯定不希望有其他人来竞价，并且会希望买进价格越低越好。而买进后，只要这家面馆的盈利没有变差，甚至随着时间的推移还越来越好，哪怕股东间的转让价格发生跌价，我们不仅不会担心，还可能选择继续购买更多的面馆股份。极端一点假设，即使买进后，面馆的总市值跌到 1 元钱，我们也不会担心，因为我们就能用买一颗糖的钱换回来整家面馆。可实际上，在股市里这种好事不会发生，因为其他股东也不傻，总有聪明钱通过市场机制给予面馆公允定价。

现在回到 A 股市场的 5 000 多家"面馆"，全球股市的 10 万多家"面馆"，该如何思考股票投资，是不是就有了初步的答案了呢？反正我在 A 股市场"混迹"了 17 年，几乎读遍了股票投资有关的书籍，复盘了股市历史，得到的结论就是：从来就没有通过炒股的方式，可复制、可持续的挣钱的案例，而只有投资才是可复制、可持续滚大财富雪球的大道。

1.2.2　买股票就是买公司

本杰明·格雷厄姆在其 1949 年出版的著作《聪明的投资者》中说："买股票就是买公司"。巴菲特自称当其 1950 年读到该书时，才像醍醐灌顶般的开悟，从此坚定做价值投资，进而走上了长达近 70 年的财富指数级增长之路（有公开记录是 1956 年成立巴菲特合伙有限公司之后），最终成为一代投资"大师"。其实巴菲特 11 岁就开始投资股票了，也曾经遍览了他那个时代所有的投资书籍，尝试了各种技术分析、财务预测等方法，而"效果并不好"。1947 年，巴菲特进入宾夕法尼亚大学攻读财务和商业管理，两年后转学到内布拉斯加大学林肯分校，获得了经济学学士学位。1950 年，巴菲特申请入读哈佛大学商学院被拒之门外，也正是因为读到了《聪明的投资者》后，转而考入哥伦比亚大学商学院，主动接近并拜师于格雷厄姆、多德门下。1951 年毕业后，致信格雷厄姆想免费为其工作，结果被拒，原因是"免费都太贵"。好在他从未放弃，一直与格雷厄姆保持着联系，不断地写信表达自己对投资的理解与想法，并向格雷厄姆请教各种投资问题，终在 1954 年得到格雷厄姆邀请，在格雷厄姆-纽曼公司同其一起工作了两年。他真的很幸运，19 岁就读到了《聪明的投资者》，更重要的是以此为契机，走向格雷厄姆和价值投资，最后成为一位成熟的、成功的投资人。

回顾股市历史，其实格雷厄姆并没有告诉人们什么新东西，只不过阐明了股票制度设计上的本质特征。既然股票是公司所有权的一部分，那我们买进股票就是买进该公司的一部分生意。然而奇怪的是，一旦进入股票市场，哪怕再聪明的人，也会容易忘掉自己买进的是一部分生意，并因为股票可以随时买卖，人们便不再关心股票代表的部分公司资产到底值多少钱，该公司经营得如何，发展前景如何，而被账户显示的股价和市值数字涨跌引诱，变得只关心市场对公司的报价，从而把股票这种企业部分所有权资产，错当作炒股的筹码。

尽管格雷厄姆、巴菲特等说的每一个字都认识，却因为我自以为比"大师"们要聪明，让我付出了4年时间和从32万亏到8万元的代价，才深刻认同"炒股"并非投资的正途，才相信"股票就是公司所有权的一部分"等常识。买股票就是买公司，就是说投资股票本质上就是参与合伙某种生意，只是与自己创业和经营公司相比，我们无须直接参与公司的经营而已。凡是背离了这个出发点的方法，就是背离了投资的本质，就难免误入炒股歧途。遍观股市历史和个人股市历练告诉我，买股票就是买公司，是一条不容易，但最可复制、最可持续的投资大道。

1.2.3 买股票就是选择和什么人合伙做什么生意

现在我认为，股票投资的本质就是选择与什么人合伙做什么生意。在买股票就是买公司的基础上，特别强调了人的重要性。毕竟，上至国家兴衰，下到家道中兴或破落，人都是最重要的能动性因素。任何伟大的生意，都是人经营出来的；任何生意，交给不同的人来经营，结果大概率是不同的。特别是企业领导人的眼界、格局、价值观、道德品质和能力素养，决定了企业的价值基因和未来发展的高度。没有乔布斯的苹果、没有巴菲特的伯克希尔、没有马斯克的特斯拉、没有贝佐斯的亚马逊……我们还能想象这些企业仍会如此成功吗？

反过来，乐视网为什么会退市？安然公司为什么会突然倒闭破产？人的因素无论怎么强调都不为过。其实不仅仅是投资股票和合伙做生意，与人合作做任何事情，选择什么样的人一起学习、工作和生活，无疑都是极为重要的。有的人可以白手起家，创一番伟大事业；有的人就是坐拥金山，迟早也会败光亏净。投资股票和做任何事一样，永远与正直优秀的人为伍，是取得进步和成功的好办法。

既然是与人合伙做生意，肯定会对合伙人有着极高的标准，他们必须能够在生意经营上赢得过胜利，值得被信任，且愿意与股东分享利益。同时，我们必然还对生意的未来前景有着极高的要求，而参与合伙的价格当然是越低越好。我是理解到这一层才开始享受到复利增值的。也就是说，是在认清了股票投资的本质后，才从追逐红绿闪烁股价的迷茫中，进化到选人、选生意、选价格三个核心问题上的。投资股票，我们需要做的，就是选出我们愿意合伙的生意和值得信赖的合伙人，并按照可接受的价格去合伙。

投资人只有充分认知并意识到股票投资就是选择和什么人合伙做什么生意，我们的目光才可能穿透股价短期涨跌，从而盯住公司的经营和公司的价值。就不会舍本逐末地期待股价上涨，担心股价下跌，而是去专心发掘优质生意、值得信任的人和好的合伙价格，由此才能走上股票投资的大道和享受复利增值的正途。

不过遗憾的是，许多人在市场中博弈了10~20年，都未能认清股票投资的本质，一直停留在股价上的追涨杀跌。甚至因为投资失败，从而得出股票投资就是赌博的结论，最后闻股色变，错失或放弃了通过股票投资实现财务自由的机会。

本章小结

股票的制度设计决定了股票就是公司所有权的一部分，股票本质上就是一种流动性好，收益可能随着时间指数级增长，本金可能归零的投资资产。而投资股票，就是押注股票背后的公司价值和价值增长，所以，买股票就是买公司，投资股票本质上就是选择与什么人合伙做什么生意。

任何成长和进化的缘起，都来自人们思维认知的突破。股市历史说明，投资人只有认清了股票及股票投资的本质，才可能建立起正确的股权认知，也只有具备了正确的股权认知，建立起股权信念，才能走上选择好生意，与值得信赖的人合伙，以好价格买入的投资大道，才可能获取可复制、可持续的投资成功，进而打开通过股票投资实现财务自由的大门。否则，如果我们把股票当作炒股的筹码，将股市看作赌场，则难免落入炒股的窠臼。

第 2 章

为什么要投资股票

　　评价任何投资品的优劣有三个维度：一是收益率，二是风险，三是流动性。从流动性来讲，股票的流动性仅次于活期存款、货币基金和固定收益产品，而且有定期股息现金流可用，所以，相对于房地产、林地、实业投资等，股票的流动性优势明显。从风险端来讲，由于股票代表的公司发生价值折损或价值毁灭，而导致本金归零的风险是客观存在的，股票无疑是一种高风险的投资品类。

　　那我们为什么要投资股票呢？原因有三：一是股票是彰显复利威力的大类资产"王者"，具有容量大、复合收益率高、流动性好、投资门槛低等许多优点；二是工薪族通过股票投资实现财务自由是完全有可能的；三是投资股票也是做实业，除了获取财富增值之外，还有贡献社会、促进自我提升等其他美妙之处。

本章主要内容：
➤ 股票是彰显复利威力的大类资产"王者"
➤ 投资股票实现财务自由的可行性
➤ 投资股票的其他美妙之处

2.1 股票是彰显复利威力的大类资产"王者"

曾经有人问爱因斯坦，如果要做投资，那投资什么比较好，他回答："复利。"其实爱因斯坦想表达的是投资要懂得复利的理念，后来以讹传讹成了爱因斯坦称"复利为世界第八大奇迹"。尽管爱因斯坦没有说过这个原话，但从理解复利的惊人意义上来说并无不妥。

有关复利最早的记录来自一个传说。相传国王为了奖励国际象棋的发明者西塔，决定赏赐他。西塔的建议是，国王可以赏赐他麦子，数量按如下规则确定：棋盘第1格放1粒，第2格放2粒，第3格放4粒，第4格放8粒，每格都增加1倍，以此类推，填满国际象棋的64个格子就可以了。国王觉得这个要求很容易满足，就痛快地答应下来了。而最后的结局是，国王即便搬空国库，也满足不了西塔所要求的万分之一。在这个故事里，内含的复利如自然界的细菌、病毒繁殖一样惊人。

那股票的长期复利回报到底如何呢？为什么说股票是彰显复利威力的大类资产"王者"呢？接下来，让我们从国别指数、投资人和公司层面来看一下股票的长期复合收益率到底如何。

2.1.1 国别指数层面的证明

1. 发达国家股票市场的长期表现

宾夕法尼亚大学沃顿商学院的杰里米·西格尔教授，为了搞清楚大类资产的长期复合收益率之间的差别，在其著作《股市长线法宝》中统计分析了美国1801—2011年的大类资产表现。其结论是：假如我们回到1801年，用1美元投入不同的大类资产，到210年后的2011年，现金的购买力只剩下5美分，也就是说跌去了95%（年化收益率为-1.4%），原因就是通货膨胀侵蚀了现金的购买力。如果购买的是黄金，结果是 3.12 美元（年化收益率为 0.5%）。短期政府债券涨到了 275 美元（年化收益率为 2.7%）；长期政府债券的回报率比短期债券高一些，涨到了 1 642 美元（年化收益率为 3.5%）。而股票扣掉通货膨胀因素后的价值是 103.3 万美元，年化收益率为 6.7%。为什么股票能有这么惊人的长期回报率呢？背后的原因就是经济增长，期间 GDP 增长了 1 859 倍（年化 3.5%），计入通货膨胀后的名义 GDP 增长了 3.37 万倍（年化 5%），而指数代表的上市公司是 GDP 中的优质资产，长期回报比 GDP 要好。

西格尔教授的研究数据说明了以下问题：

（1）通货膨胀决定了，若无投资能力，我们把钱放到枕头底下真的会变没。

（2）黄金确实保值，但金疙瘩自身无法增值，所以长期收益率还不如债券。

（3）长期而言，美国债券能勉强跑赢通货膨胀。

（4）股票不仅抗通货膨胀，更是大类资产复利之"王"，是分享经济增长果实的最佳标的。

（5）复利效应不仅是惊人的，而且极小的长期复合收益率差异，也会导致投资结果的惊人差别。

那么美国市场是不是特例呢？就如巴菲特所说，他能投资成功，就是因为中了美国"卵巢彩票"。结论是，股票是大类资产复利之"王"，并非美国独有的规律。据巴顿·比格斯在其著作《财富、战争与智慧》中统计，在 20 世纪 30 年代大萧条、两次世界大战等悲惨事件打击的 20 世纪，即 1900—2000 年，主要发达国家的股票年化收益率普遍位于 6.5%～10.5%，计入通货膨胀率后美国为 8.9%，但美国市场并不是表现最好的市场，期间表现最好的瑞典股市为 10.5%，澳大利亚股市为 9.1%，都比美国股票市场表现得更优秀，也更不是美国独有的"卵巢彩票"。

兴业证券王涵研究员的研究报告《百年回顾　全球大类资产表现的启示》，对比分析了 1914—2013 年 100 年间全球大类资产的回报率。也发现股票完胜大宗商品、黄金、债券等资产类别。唯一的例外是德国股票是 –20.3% 的回报率。1910—1929 年，德国股市年均下跌 20%，随后在 1940—1949 年再度出现年均 29% 的下跌。尽管第二次世界大战后德国股市稳定上涨，但仍无法填补战时的下跌。若以第二次世界大战后和平发展时期德国指数的表现来看，德国 DAX30 指数从 1987 的 1 000 点起，到 2022 年的 14 500 点，也增长了 14.5 倍。35 年间的复合回报率为 8.5%，同样惊人。1950—1969 年全球表现最好的股票资产是日本，其次是处于战后恢复期的德国；1970—1989 年韩国开始接收日本产业转移而崛起，这一时期最好的资产是韩国股票，其次是日本股票，且明显超过同期的美国股市收益率。1990—1999 年，美国发生 IT 浪潮，美国再次成为牵引全球科技及经济发展的"领头羊"，这一时期表现最好的股票资产是美国及其邻国墨西哥的股票；2000—2009 年，全球化浪潮兴起，这一时期表现最好的股票是全球化最受益的中国等新兴市场。从全球表现最佳股市的轮动来看，基本上沿着美国→日本→韩国→中国的顺序，与国别经济崛起的顺序是一致的。

结论仍然是：股票确实是彰显复利威力的大类资产之"王"，且并非美国独有的"卵巢彩票"，而是发达国家、成熟市场普遍存在的事实和规律。

2. 新兴市场国家股票市场的长期表现

既然股票超高的长期回报率不是美国"卵巢彩票"，那么是不是发达国家的"卵巢彩票"呢？

我们来看 MSCI 新兴市场指数，该指数包括 25 个新兴市场国家的代表性股票，基本上涵盖了 G20 中除发达国家之外的所有国家，以及全球主要新兴经济体。比如亚洲的中国、印度、印度尼西亚、韩国、马来西亚、巴基斯坦、菲律宾、泰国等，尽管历史较短，从 2004 年 1 月到 2021 年 1 月，该指数从约 420 点涨到了 1 350 点，17 年间大约增长了 2 倍，年复合回报率约 7%，也远远超过了同期债券和通货膨胀。如果单看新兴市场国别指数，也会得出同样的结论，而且越是经济表现优异，国家竞争力越强，越受益于全球化的经济体，其股票指数表现也越好。

当然必须指出的是，发展中国家经济体中也有另外一类典型，比如秘鲁、阿根廷、津巴布韦等国家，若仅看国别股票指数表现更为优异。以阿根廷为例，1991 年 1 月其股指约 270 点，到 2021 年 1 月涨到了 54 000 点，30 年增长了 200 倍。表观复合收益率高达 19.3%，但是，这些国家有一个共同点就是曾经发生过政局动荡和经济崩溃，引发严重的通货膨胀和汇率崩盘，汇率相对美元贬值幅度超过了 90 倍，也就是说，如果 1991 年投资 1 美元在阿根廷股票指数，到 2021 年时投资结果为 2.2 美元，30 年间真实的回报率是 2.7%，对长期投资而言简直是灾难。但这还不是最坏的结果，因为如果兑换成阿根廷比索，并持有现金，则投资结果仅剩 1.1 美分。考虑汇率贬值后的真实回报率为负，几近归零。持有阿根廷债券的结果也差不多几近归零。

也就是说，在新兴市场发展中国家，股票仍然是大类资产的复利之"王"。哪怕是发生过经济崩盘、恶性通货膨胀和汇率贬值，持有股票仍然好过持有现金或者固定收益产品。

3. 股票市场长期惊人表现背后的原因

那么各国股市长期复合回报率背后的本质原因是什么呢？

答案是经济增长。国别股票指数复利增长的背后是 GDP 的指数级增长，落实到微观层面，就是组成指数的公司业绩的指数级增长，这才是根本原因。人类自地理大发现以来，特别是工业革命以来，技术和资本互为促进，带来了全球经济产出的指数级增长。尽管世界经历了大萧条、两次世界大战、几次金融危机、冷战等各种艰难险阻，但总体而言，国际分工让技术和资本跨越了国界，并形成了全球化的统一大市场，只要融入了这个大市场，比较优势和产业分工让不管是资源型、农业、制造业、旅游业为主，还是引领创新型国家，都依靠这个大市场进入了经济循环上升的伟大时代，只是各国发展有先后和快慢不同而已。

比如，首先完成工业化的是英国，并带动欧洲进入工业化，随后是美国后来居上，并在第二次世界大战后成为全球经济的主要引领者和发动机，技术和资本外溢带动了日韩发展，并且现在已向越南、印度等东南亚、南亚地区辐射和转移。事实证明，国别股票市场的表现也遵循了以上规律，尽管有先后和快慢差异，但从长期而言，绝大多数国家的股票指数均显示出了经济增长驱动的长期复利效应。

4. 股票成为大类资产复利之"王"的原因

那么大类资产复利之"王"为什么是股票呢？

核心原因在于股票的制度设计。只有股票——公司的所有权才能分享到经济发展创造的超额收益。而农产品缺乏需求弹性；大宗商品只是制造业的投入品，长期而言，要么因产出规模的扩大而降价，要么因资源枯竭而被新品替代；黄金只保值而无法自身增值；债券分得的是经济发展成果的定额部分。也就是说，股权这种最多损失本金，而增值无限的资产，在历史长河中，在绝大多数国家被反复证明，股票的长期复利回报能力就是大类资产中的"王者"。

尽管人类经历了各种战乱、瘟疫、经济和金融危机，相信未来仍然会发生各种曲折，但人类追求更美好生活的愿望，已有的物质基础和文明智慧决定了，世界和平、全球化和科技革命仍然是主流，我们仍然处在人类经济大发展的浪潮之中，世界经济的未来仍然会处在指数级增长的轨道之中，作为投资者，只要相信世界大势仍然浩荡向前，未来仍然光明，股票就仍然是大类资产中，长期潜在收益率最高的可投资资产。

但是，必须指出的是，经济的持续增长，需要社会的稳定，需要法治和产权保护，需要市场经济大环境，需要融入全球统一大市场和激发经济社会各方面潜能才能实现，并不会自然而然地发生。以上所有成功的国家，特别是中国过去40多年的高速发展就是最好的证明，世界上仍然还有很多国家未能成功的原因，也在于此。

前已述及，战争、恶性通货膨胀、汇率巨幅贬值等，是股票投资的"核弹级杀手"。所以，投资股票既要有大类资产复利之"王"的自信，也要精选国别、地域和企业进行投资。巴顿·比格斯在其著作《财富、战争与智慧》中的研究证明，第二次世界大战期间，乃至整个20世纪，战争对股市的影响，长期来看没有想象得那么大，股票收益率有着瑞典、瑞士等中立国优于英国、美国、澳大利亚、加拿大等战胜国，战胜国优于德国、日本、意大利等战败国的总体规律。

另外，第一次世界大战、第二次世界大战前后的股市历史也说明，不管是中立国、战胜国还是战败国的股市，股票都要优于现金、债券等资产类别。

历史和数据表明，投资股票，永远投资那些跑得最快、跑得最稳的经济体，永远与法治昌明、产权保护完善的成功者为伴才是最理性的选择。从这层意义上讲，巴菲特说他只是中了美国"卵巢彩票"是有道理的，美国经济200余年来的发展，才是道琼斯指数持续走牛的根本原因。

2.1.2 投资人层面的证明

国别股票指数反映的是一国市场的总体回报，并不代表特定投资人能够获取的回报。尽管各国指数编制方式各异，但基本上都是由各国的龙头公司、代表性企业所组成，所以，从某种意义上来说是一国最优质企业的长期股价表现。而且指数还会按规则剔除一些失败的公司，并替换成新兴的更有前途的公司，从而保证了沪深 300、标普 500 等宽基指数代表一国的先进生产力。所以，难免有人会质疑，国别指数层面能够证明股票就是大类资产复利之"王"，但谁能保证我们能跟上乃至跑赢指数呢？否则不如直接定投宽基指数基金？这的确是个好问题。

事实证明，A 股长期以来有中小投资者"一赚、二平、七亏"的规律，绝大部分中小投资者的股票投资成绩并不好。放眼全世界也差不多，个人投资者大多受牛市吸引才入市，而在恰恰应该买股票的熊市中纷纷逃离股市，仅此一点就决定了大部分个人投资者确实很难取得理想的投资回报，更别说跑赢指数，实现财务自由了。

如果不以跑赢指数为目标，最好的分享经济指数化增长的方式就是定投宽基指数基金，比如低费率的沪深 300 指数基金、标普 500 指数基金，挂钩恒生指数的指数基金等。只是，既然长期复利收益率的微小差别，就会带来投资结果的天壤之别，我们选择了投资股票，如果能跑赢指数当然就更好了。

但跑赢指数到底有没有可能呢？

1. 机构投资人的长期业绩表现

为考察机构投资者的长期业绩表现，从天天基金网搜索了有关公开数据，发现从 2015 年 1 月—2020 年 12 月，连续 6 年跑赢沪深 300 的股票方向投资基金总计有 52 只，涉及 47 位基金经理。6 年来累计跑赢沪深 300 指数的基金有 890 余只，占股票型、混合型基金总数约 16%，也就是说，有 84% 的投资股票为主的基金没能跑赢同期沪深 300 指数。

如果把时间拉长到沪深 300 指数推出的 2005 年 4 月，到 2020 年 12 月，跑赢沪深 300 指数的股票型基金有 20 只，混合型基金有 220 只，结论就是，拉长考察时间段后跑赢指数的基金数占比更低（有早期基金数量少的原因，统计数据压低了主动型股票基金的表现）。如果考虑基金成立时间与指数同期匹配，有数据统计，国内股票型、偏股型基金跑赢沪深 300 指数的比例在 50% 左右。说明不管按哪个口径统计分析，确实有不少国内偏股型基金实现了长期超过沪深 300 指数的回报率。

通过以上数据回测说明：一是主动型偏股基金跑赢指数不易，但并不罕见；二是总有些优秀者，特别是数据显示从业 6 年及以上，且年化回报率大于 20% 的基金经理有 25 位。三是仍然有一半以上的基金跑不赢沪深 300 指数。所以，如果投资者没有选择股票型基金的能力，也没有股票投资的意愿和能力，但又想分享经济发展的超额收益，定投指数基金，获得同指数相仿的长期收益率，也是一种较好的选择。

中国市场如此，那美国呢？有数据统计显示，美国 5 年期大盘股基金跑输基准指数的比例超过 80%，中小盘基金跑输标普 500 指数的比例则更高。2008 年，巴菲特曾用 50 万美元作为赌注，与门徒合伙企业立下 10 年赌约："任何一名职业投资人可选择至少 5 只对冲基金，在这段时间内，职业投资人选择对冲基金的表现，会落后于只收取象征性费用的标普 500 指数基金的表现"。这场备受瞩目的赌局 10 年过后尘埃落定，巴菲特赢了。10 年赌约教会我们：即使拥有最专业资产管理团队的富豪和机构投资者，购买低成本指数基金的投资建议仍然值得采纳。在美股，指数型基金战胜主动型基金基本已成定论。所以，巴菲特说："如果要立遗嘱，我对托管人的建议再简单不过了：把 10% 的现金用来买短期政府债券，把 90% 的资金用于购买成本非常低的标普 500 指数基金。"

综上所述，既然连机构投资者跑赢指数都不易，那作为个人投资者有没有希望跑赢指数呢？或者说，有没有值得学习的优秀投资人呢？如果没有可能，那我们的最佳选择就是定投指数基金。如果有证据表明投资人可以做到更好，比如有能力、有可能跑赢宽基指数基金的话，为了更好、更快地实现投资目标，为什么不能学习和复制他们的成功之路呢？

2. 优秀投资人战胜指数是可能的

在公开可验证的职业投资人业绩中，历史最长、回报最惊人的非巴菲特、芒格莫属，在 1965—2020 年，他们执掌的伯克希尔·哈撒韦年复合回报率

20%。远超同期标普 500 指数 10.2% 的回报率。投资人如果在 1965 年投入 1 美元到伯克希尔股票，到 2020 年底得到的将是 2.81 万美元，投资标普 500 指数的结果是 234 美元，投资伯克希尔·哈撒韦是投资指数基金所得结果的 120 倍。

那是不是仅此孤例呢？不是。詹姆斯·西蒙斯，管理的文艺复兴基金在 1989—2009 年，年化收益率为 35%。朱利安·罗伯逊管理的老虎基金，自 1980 年至 1998 年 8 月，每年的投资回报率为 32%，到 2000 年 5 月因不愿参与互联网泡沫，宁愿清盘时，其年均增幅也高达 25%。路易斯·辛普森有记录的收益率为 25 年年化 20.3%。彼得·林奇 13 年年化 29.2%。芒格与巴菲特合伙前 14 年年化 19.8%。李克·古瑞 19 年年化 32.9%。爱德华·索普 20 年年化 19.1%。巴菲特的同门师兄弟沃尔特·施洛斯 47 年年化 20.1%。纳普 & 布朗 16 年年化 20.0%。格雷厄姆 20 年年复利达到 21%。麦克·普莱斯在 21 年中取得 20.4% 的复合回报率。约翰·聂夫在 31 年中年均投资复利达到 13.7%。费雪穷尽一生追逐成长型股票，年均投资回报率达 20% 以上。邓普顿管理的邓普顿增长基金，创造了 38 年 16% 的复合回报率。大卫·斯文森从 1985 年接管耶鲁大学捐赠基金到 2019 年的 35 年里，耶鲁基金从最初的 10 亿美元，增长到了 2019 年中的 303 亿美元，年化复合回报率 14.3%。李录执掌的喜马拉雅资本，自 1997 年成立以来的年化复合回报率在 20% 以上，等等。

在威廉·格林所著的《更富有、更睿智、更快乐》一书中，描写了 40 多位优秀投资人的故事，他们不仅获取了长期惊人的投资回报率，更是收获了睿智、幸福的人生。约翰·罗斯柴尔德所写的《戴维斯王朝》一书记录了一家三代投资人的故事，老戴维斯是少数拥有超过 47 年投资记录的投资家，其间年化回报率 23.2%，将 5 万美元滚成了 9 亿美元的大雪球。戴维斯王朝第二代谢尔比，在 1988 年到 2014 年，年均回报率为 11.95%，而同期标普 500 指数年均回报率仅为 7.61%。孙子克里斯 26 岁就开始管理家族基金，30 岁正式接管家族投资事业，也是美国著名的基金经理之一。

如果我们继续梳理下去，还会有更多的优秀投资人将拉长这个名单。不管如何，历史记录已经足够证明，优秀投资者长期战胜指数，获得超越股票指数的复利回报是可能的。

那么，他们为什么成功呢？

有人说他们是主流的价值投资者，有人说他们是"会掷硬币的猴子"，运气好而已。但我觉得，根本原因在于他们都建立起了自己的投资哲学体系，把投资当作终身热爱的事业，更重要的是，发掘和投资了一些伟大的企业。巴菲特和芒格曾提到，如果把他们最佳的几个投资案例去掉，他们就是一个笑话。归根结底，这些投资人之所以成功，是搭乘了那些伟大复利机器——优质企业的便车而已。

2.1.3 公司层面的证明

东方财富网曾经统计了 A 股 30 年，企业上市以来涨幅榜前 50 榜单（表 2-1，形式上略有改动，价格数据为从 IPO 截止到 2020 年 11 月 30 日收盘）。这些企业是 30 年来 A 股市场的佼佼者，股价表现远超指数。这些佼佼者中的优秀分子，万科 A 上市以来复合回报率 32.5%，格力电器 33.7%，贵州茅台 36.2%，恒瑞医药 33.1%，均极为惊人。

假设投资者在他们 IPO 上市时即买入，并一直持有，期间该工作工作，该学习学习，该生活生活，企业经营方面什么也不用管，不到 30 年时间，投资收益即高达成百上千倍。

比如，榜单首位的万科 A，1992 年上市首年的开盘价 14.58 元每股，最低价 5.1 元每股，最高价 26.16 元每股，投资者当年以任何价格买入，持有到 2020 年收盘，相应收益为 137～699 倍，年复合收益率为 19.2%～26.4%。即便假设投资者无法参与 IPO，仅能在二级市场投资 1 万元到万科 A 上，到 2020 年底时，投资所得为 137 万～699 万元。按 2020 年年报万科 A 10 派 12.5 元的分红方案（股息率 4.7%），所得股息为 6.4 万～32.9 万元，也就是说，不管期间股价如何跌宕起伏，持有 28 年后一年的分红就是初始投入的 6.4～32.9 倍。如果以 IPO 上市首日开盘价买入，相应投资结果是 244 万元，28 年后一年的分红就是初始投入的 11.5 倍。

再比如，榜单第二位为格力电器，1996 年上市，上市首日开盘价 17.5 元每股，当年最低价 17.5 元每股，最高价 144 元每股，收盘价 77 元每股。投资者当年以任何价格买入，持有到 2020 年收盘，相应收益为 54～445 倍，年复合收益率为 18.1% ~ 28.9%。同样的，假设投资者无法参与 IPO，仅仅是在二级市场投资 1 万元到格力电器上，到 2020 年底时，投资所得为 54 万 ~ 445 万元。按 2020 年格力电器 10 派 40 元的分红方案（股息率 10.7%），所得股息为 5.8 万 ~ 47.6 万元，也就是说，不管期间股价如何跌宕起伏，持有 24 年后，一年的分红就是初始投入的 5.8 ~ 47.6 倍。若以 IPO 上市首日开盘价买入，相应投资结果是 445 万元，24 年后，一年分红就是初始投入的 47.6 倍。

当然，不管是万科 A，还是格力电器，如果投资者能避开上市时的疯狂炒作，在后续年份以更低的股价买入，期间相应复合收益率不仅更高，长期投资后的年分红收益，较初始投入的倍数也会更高。

即便是该榜单第 50 位的企业，人福医药（图 2-1）上市以来股价也涨了 70 倍（IPO 后的股价低点出现在上市 9 年后，投资者有足够的时间和空间入股，并获取更为惊人的收益）。

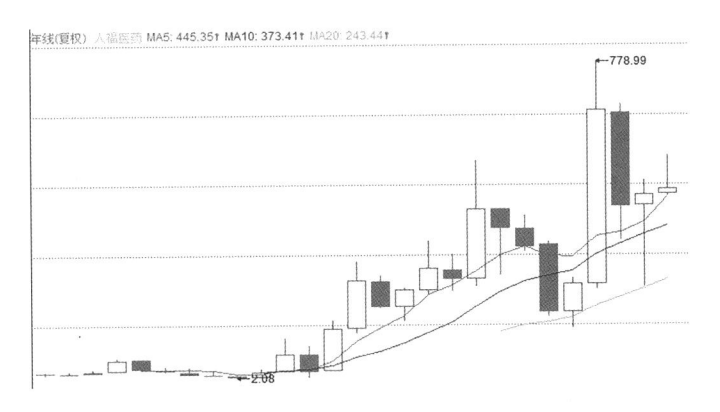

图 2-1　人福医药上市以来到 2023 年 2 月的股价年 K 线

除了以上数据，我们可以从如图 2-2 ~ 图 2-6 所示的公司上市以来的年 K 线图，直观感受一下长期投资优质股票的惊人复利效应。其中人福医药来自制药行业，双汇发展的主业为屠宰和肉制品，泸州老窖是白酒行业的龙头公司之一，伊利股份是奶制品行业的龙头，福耀玻璃专事汽车玻璃生产，海尔智家为我国家电行业"三雄"之一。这些公司均为在我国注册经营，人民币资产，以人民币定价交易和在 A 股上市的企业，他们既是我国各行各业的代表，也是中国经济腾飞的推动者和受益者，更是股东价值的创造者。

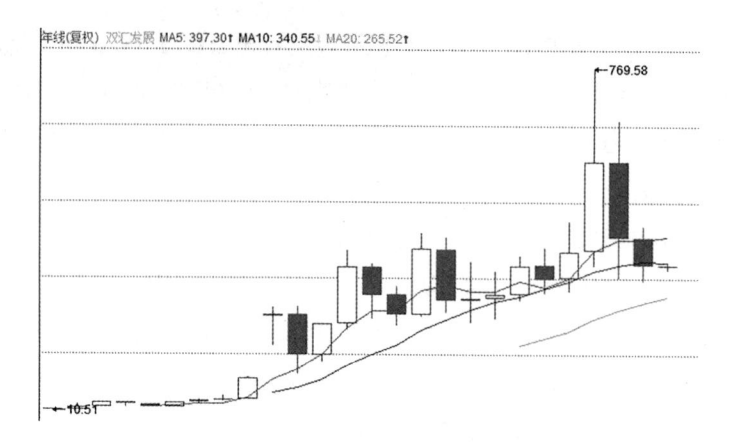

图 2-2　双汇发展上市以来股价年 K 线图

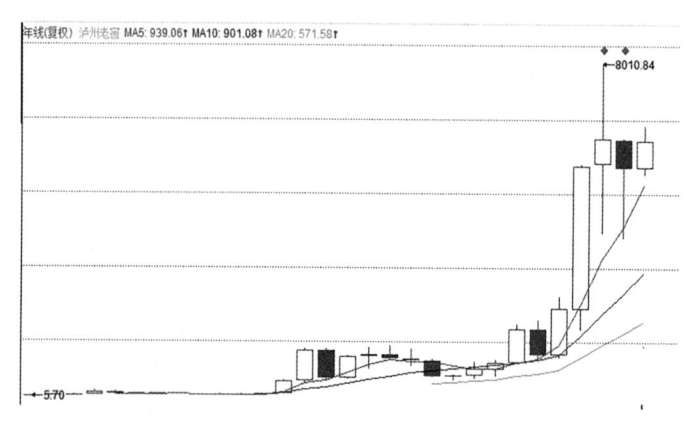

图 2-3　泸州老窖上市以来股价年 K 线图

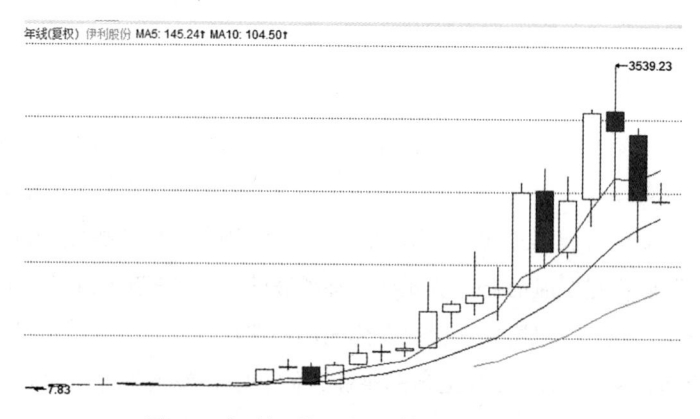

图 2-4　伊利股份上市以来股价年 K 线图

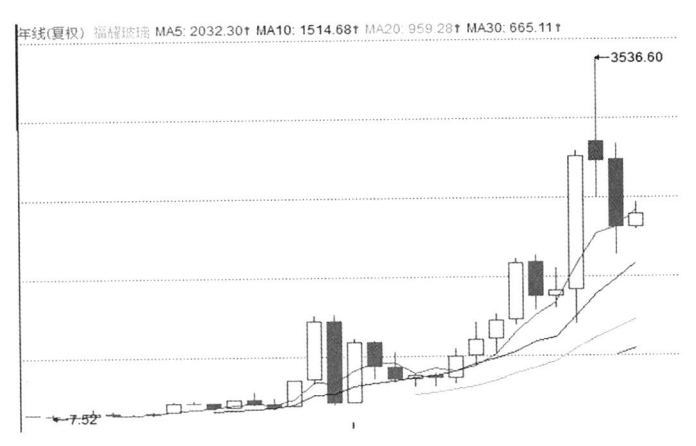

图 2-5 福耀玻璃上市以来股价年 K 线图

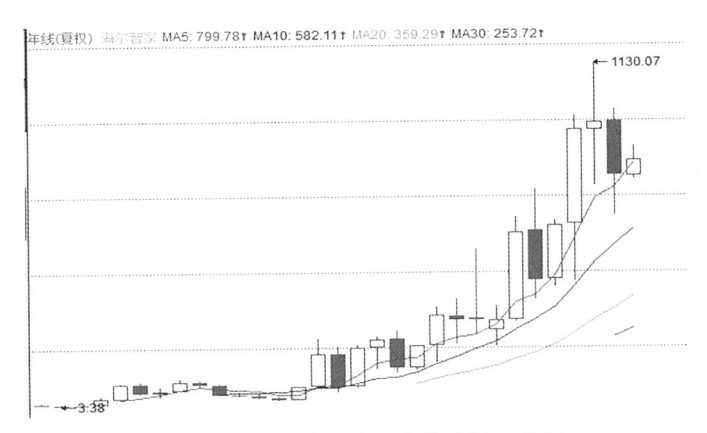

图 2-6 海尔智家上市以来股价年 K 线图

表 2-1 为 A 股 30 年股票涨幅前 50 榜单。

表 2-1　A 股 30 年股票涨幅前 50 榜单

序号	名　称	涨幅倍数	上市年份	行　业	序号	名　称	涨幅倍数	上市年份	行　业
1	万科 A	3510	1991	房地产	6	泸州老窖	791	1994	食品饮料
2	格力电器	3388	1996	家电	7	方正科技	462	1990	电子
3	*ST 飞乐	3227	1990	电子	8	伊利股份	436	1996	食品饮料
4	福耀玻璃	1809	1993	汽车玻璃	9	云南白药	376	1993	医药
5	申华控股	1363	1990	汽车	10	国投电力	365	1996	公用

续上表

序号	名称	涨幅倍数	上市年份	行业	序号	名称	涨幅倍数	上市年份	行业
11	贵州茅台	358	2001	食品饮料	31	亚泰集团	119	1995	建材
12	国电电力	326	1997	公用	32	老凤祥	112	1992	轻工制造
13	ST游久	309	1990	传媒	33	恒生电子	98	2003	计算机软件
14	恒瑞医药	305	2000	医药	34	天坛生物	97	1998	医药
15	长春高新	268	1996	医药	35	中国卫星	97	1997	军工
16	五粮液	257	1998	食品饮料	36	华鑫股份	92	1992	非银金融
17	万华化学	235	2001	化工	37	恒逸石化	92	1997	化工
18	山西汾酒	228	1994	食品饮料	38	复星医药	97	1998	医药
19	闻泰科技	217	1996	电子	39	国新健康	88	1992	医药
20	阳光城	209	1996	房地产	40	航天发展	87	1993	军工
21	航天电子	209	1995	军工	41	山东黄金	86	2003	有色
22	华域汽车	192	1996	汽车	42	重庆啤酒	83	1997	食品饮料
23	国农科技	178	1991	医药	43	广汇物流	83	1992	综合
24	川投能源	153	1993	公用	44	中天金融	83	1994	房地产
25	双汇发展	128	1998	食品饮料	45	华兰生物	82	2004	医药
26	小商品城	128	2002	商业贸易	46	水井坊	76	1996	食品饮料
27	海尔智家	127	1993	家电	47	第一医药	72	1994	医药
28	片仔癀	124	2003	医药	48	上峰水泥	71	1996	建材
29	通策医疗	123	1996	医药	49	宇通客车	71	1997	汽车
30	国际医学	123	1993	医药	50	人福医药	70	1997	医药

事实上A股并非特例，全球股市都不乏超级复利机器。

腾讯控股（图2-7）2004年7月上市，到2021年2月（下同），股价涨幅超过1 100倍。台积电（图2-8）1994年上市以来，股价涨幅229倍。苹果公司（图2-9）自1980年上市以来，股价涨幅超过1 100倍，其中1997年以来涨幅超过600倍。亚马逊公司1997年上市以来，股价涨幅超过1 200倍。微软公司1986年上市以来，股价涨幅超过4 200倍。奥多比（adobe）公司1986年上市以来，股价涨幅超过10 000倍。当然，巴菲特执掌的伯克希尔·哈撒韦也是一家上市公司，自1965年以来，股价涨了2.8万倍。

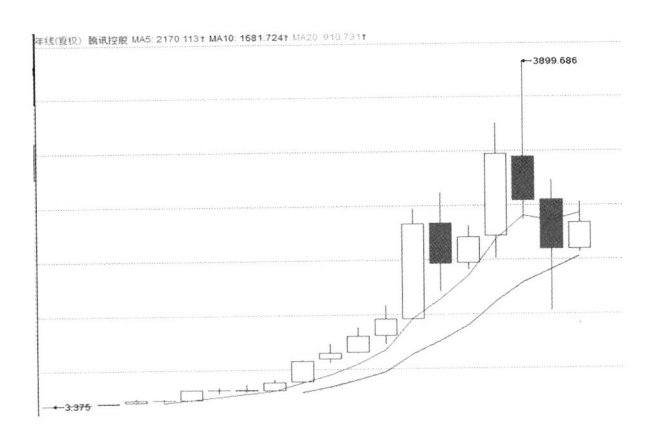

图 2-7 腾讯控股上市以来股价年 K 线图

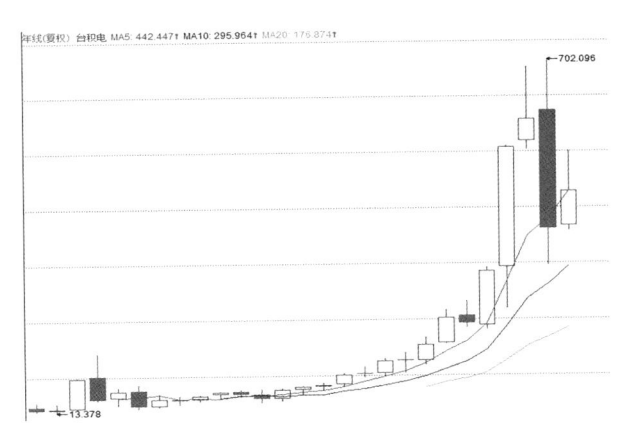

图 2-8 台积电上市以来股价年 K 线图

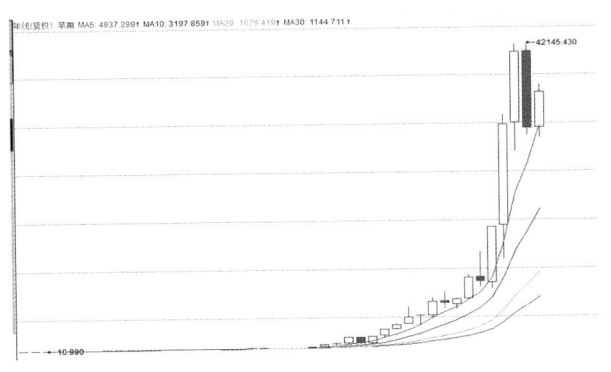

图 2-9 苹果公司上市以来股价年 K 线图

其实，类似的优质企业在股票市场尽管属于少数，尽管大部分企业流于平庸（复合回报率近似于指数或不如指数），甚至不少企业还会被时代淘汰，最终退市或归于破产，但类似优质企业——超级复利机器，在中外股市中却并不罕见。

股市历史证明，那些优质企业——超级复利机器，不管它们从事的行业有何不同，主要经营地和市场在哪里，在何处上市，用什么货币定价和交易，均不改以下共同点：它们不仅驱动了行业变革，改变了人类生活，创造了经济奇迹，也为长期投资者带来了惊人的投资回报。

2.1.4 无法忽视的股票投资

基于上述讨论，我们可以得出结论：比较各种大类资产的长期复合回报率，数据证明：优质企业＞优秀投资人＞宽基指数基金＞主动型偏股基金＞其他大类资产，也就是说，投资优质企业的股票，投资优秀投资人，才是分享经济发展超额收益的最佳途径，而投资指数基金能获取国民经济发展中代表性企业的平均回报率。

以上数据也说明，作为现代人，我们不投资股票确实避免了投资失败的风险，但同时相当于我们也放弃了分享经济发展成果，搭优质企业便车，实现资产增值，甚至实现财务自由的绝佳机会。个人投资如此，国家、大学、企业等无不如此，股票投资能力已成为各种组织、单位、家庭、个人实现财务目标的核心竞争力。

比如，挪威主权财富基金近七成财富投资于股票，1998—2019年22年间年化收益率6.09%，过去10年的年化收益率为9.81%（主要为尝到股票投资的甜头后，逐步将股票仓位从三成增加到七成的原因），截至2020年底，已为530万挪威人累积起1.3万亿美元的财富，人均24.5万美元，也就是说，挪威的男女老幼，人人享有一个价值24.5万美元的"储蓄罐"；更重要的是，只要该主权基金继续把财富雪球滚下去，这个"储蓄罐"里的资金还会持续复利增长下去。

再比如，截至2019年末，354所美国大学捐赠基金平均规模为14亿美元（并非全部投资股票），排名前10位的综合性大学平均为204亿美元，其中哈佛大学 409 亿美元，耶鲁大学 303 亿美元，斯坦福大学 277 亿美元，普林斯顿大学 256 亿美元，麻省理工学院 174 亿美元……而且预期仍会按照 8%～17% 的复合收益率复利增长。以《机构投资者的创新之路》作者大卫·史文森主导的耶鲁大学捐赠基金为例，在他 1985 出任耶鲁基金首席投资官后的 23 年间，将耶鲁基金从 13 亿美元滚大到了 200 多亿美元；期间学校每年还从该基金支取 5%，用于该校吸引全球最优秀的教员、学生，资助最优秀的研究创意，建设最优质的大学基础设施，耶鲁基金的资助额平均占到同期大学总预算的 45%。美国大学捐赠基金已经成为美国一流大学创新发展的主导性财力来源。

所以，在股权时代，不管是家庭、企业、大学，乃至国家福利等财政实力竞争，若无股票投资能力，或排除股票投资，我们将如何赢得未来？以上数据和事实反复提醒我们，要获取长期快速的复利增值，乃至实现财务自由，股票投资是现代人不该，也无法忽视的事物。

2.2 投资股票实现财务自由的可行性

财务自由是许多人的梦想，因为坚实的财务基础不仅能够支持我们安心地去追逐梦想，还可以用钱来做许多对社会有益的事情。下面我们用数据说明，通过股票投资，普通工薪族实现财务自由是完全可能的。

2.2.1 什么是财务自由

财务自由的标准一直是仁者见仁、智者见智的事情。个人觉得从精神属性上讲，只要不为钱财所困，而能从事自己热爱的事业和幸福生活，就已经算是财务自由了。从物质属性上来讲，当每年股息、利息所得能够覆盖家庭消费支出（更严格、更可持续的标准为家庭年收入），应该算绝对的财务自由了。按国内消费水平，以及储蓄和常见投资品的收益率，不考虑固定资产，1 000 万元可投资资产（股票），对应 30 万～50 万元的股息或者利息收益，应该是大多数人可以接受的财务自由标准。

当然，财务自由所需要的资金量因家庭而异，可以按下式估测：

$$B=S/x$$

式中：B——财务自由所需的最低可投资资金量（万元）；

S——年家庭支出/收入（万元）；

x——为投资收益率/股息率/利息率（%）。

即若投资收益率为5%，则达到财务自由状态的投资资金量约为20年的年家庭支出（收入）；如果股息率为3%，则需要33年家庭支出（收入）的资金量才算财务自由；当然，若具备超出一般人的投资能力，相应实现财务自由所需的资金量也越小。

所以，财务自由是一种有弹性，并且非常个性化的家庭财政状态，无法给出特定的金额标准。但客观上它确实存在，既决定于一定量的可投资本金，家庭收支状况，又受投资能力所决定的可持续收益率影响。

2.2.2 投资股票实现财务自由是可能的

表2-2测算了每月定投1000元，投资于不同投资年限、不同收益率的股票相关资产的投资结果。也就是说，10年累计投入12万元，20年累计投入24万元，30年累计投入36万元，获取前文所提到的，9种代表性复合收益率情景下的投资结果。

表2-2 每月定投1 000元的投资结果

情 景	收益率（%）	定投年限（年）	投资结果（万元）	相当收益率
1	6	10	16.5	挪威主权财富基金
		20	46.4	
		30	101.0	
2	8	10	18.4	一般大学捐赠基金
		20	59.3	
		30	150.0	
3	9	10	19.5	大学捐赠基金平均
		20	67.2	
		30	184.4	

续上表

情 景	收益率（%）	定投年限（年）	投资结果（万元）	相当收益率
4	10.2	10	20.9	标普500指数
		20	78.6	
		30	237.9	
5	10.9	10	21.8	沪深300指数
		20	86.2	
		30	276.9	
6	12	10	23.2	优秀大学捐赠基金
		20	99.9	
		30	353.0	
7	15	10	27.9	优秀基金经理
		20	151.6	
		30	700.1	
8	20	10	38.2	巴菲特、芒格
		20	316.1	
		30	2 336.1	
9	25	10	53.3	优质股票
		20	685.9	
		30	8 161.5	

从表2-2可见，每月定投1 000元沪深300指数基金，假设以沪深300指数历史上10.9%的收益率作为预期可实现收益率，定投30年，累计投入为36万元，积小为大，最终投资结果为276.9万元。也就是说，如果在30岁时坚持每月定投1 000元，看起来不起眼的投入，也能在60岁时积累起一笔比较丰厚的财富，从而为退休生活储备好物质基础。

我们把上述数据制成图，从图2-10中可以直观感受以上各种情境下，财富雪球指数级滚大的效果。

从以上测算可知，当投入本金不变时，最终滚出来的财富雪球大小取决于两个关键变量，一是复利增长的年限；二是投资收益率。

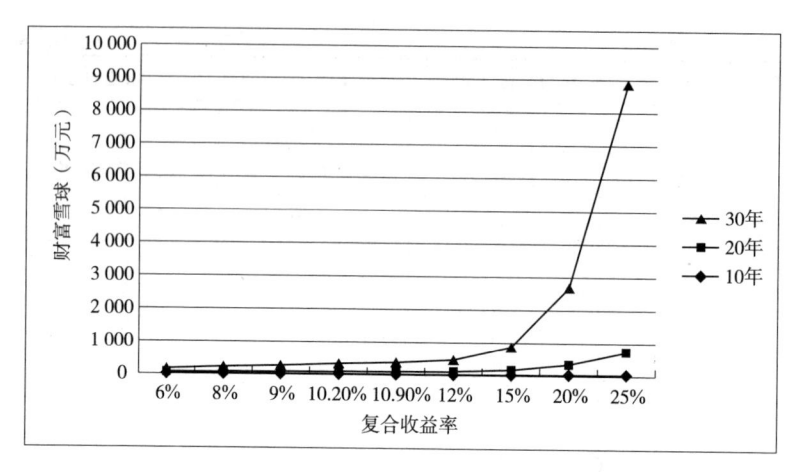

图 2-10 不同代表性收益率、投资年限的投资结果对比图

2.2.3 越早开始投资越有利于实现财务自由

从时间维度看，以上测算表明，当然越早开始投资越好。如果 30 岁开始投资，以 60 岁退休计，则投资年限会有 30 年，如果从 20 岁开始，则财富增值周期将长达 40 年。如果把投资作为终身的爱好或者事业，随着人均寿命的延长，投资年限无疑会更长。如果假设每月定投 1 000 元坚持 30 年退休后不再投入，仅继续持有沪深 300 指数基金 10 年，即投资周期达到 40 年时的投资结果是 779.2 万元。继续投资沪深 300 指数基金到 50 年时的投资结果是 2 192.6 万元。反之，如果只有 10 年可投资周期，哪怕复合收益率高达 25%，10 年后的投资结果仅为 53.3 万元；对于筹备退休或者大额资金需求而言，聊胜于无，也难以从根本上改变家庭财政状况。

所以，投资者若能尽早开始股票投资，而且又长寿，从而保证足够长的复利增值时间长度，对于实现财务自由和滚出更大的财富雪球而言，无疑是非常重要的。巴菲特 11 岁开始股票投资，20 岁就进化成为成熟投资人，此后一直享受着资产的快速复利增值，当他的有效投资年限达到 20 年，即 40 多岁时，在投资界还名不见经传；而在他滚雪球 40 年，即 60 岁后才广为人知。而且，其逾九成的财富都是 60 岁以后赚的，到 93 岁时，其修炼成熟后的有效投资年限已长达 72 年了，仍然在乐此不疲地继续着复利增值事业。巴菲特的投资案例不仅体现了股票投资的复利魔力,投资能力强,更是得益于其开始投资早,修炼成熟得快,当然还有,活得长。

2.2.4　收益率越高越有利于实现财务自由

从收益率看,长期复合收益率当然越高越好。如果有能力选择优秀投资人或者直接投资优质股票,投资结果会极其惊人。假设每月定投 1 000 元,坚持 30 年的条件不变,当收益率达到 15%(优秀基金经理)时,30 年的投资结果是 700.1 万元。当收益率达到 20% 时(优秀投资人),投资结果是 2 336.1 万元;当投资的是优质股票——复利机器时(复合收益率 25%),投资结果是 8 161.5 万元。这几类投资结果,对绝大部分工薪族而言,应该已经属于财务自由了。

需要提醒的是,以上测算均未考虑通货膨胀的影响。保守起见,可以计入通货膨胀的影响,以保证退休时的购买力达到财务自由,测算所用收益率还需要减去长期通货膨胀率。比如,某只股票的长期收益率预期为 20%,长期通货膨胀率为 3%,则当前购买力的长期复合增长率实际为 17%;或者将长期 20% 复合收益率的测算结果,按照 3% 的折现率折现也可以,从而确保远期购买力足够财务自由。

如果投资的是海外股票资产,还需要按长期汇率进行换算;比如投资的是美元资产,当前美元∶人民币汇率是 1∶7,未来结算时的汇率可以按双边经济增长率、通货膨胀率影响进行估算,若中国经济增长更快、通货膨胀更低,则远期汇率会相应升值,反之,则会贬值。若相应汇率变化到 1∶5,则投资美股复利增值所得的美元资产,即可按 1∶5 的汇率折算为远期人民币财富雪球。如果投资的是港股或美股上市的中概股,股票的底层资产本就是人民币资产,仅仅是以港元或美元计价交易,最终结算货币也是人民币,则汇率变化不会影响人民币结算结果,长期而言,无须考虑汇率变动的影响(但如果是短期投资,则汇率短期变动的影响不可忽略)。

2.2.5　本金是实现财务自由的关键变量

前面着重讨论了投资年限和收益率对实现财务自由的影响。其实,读者应该已经看出来了，要实现财务自由还有一个关键变量，而且是对年轻人而言最重要的变量——就是本金的多少。没有本金谈何投资？没有足够的本金，何谈财务自由？

对股票投资而言，此处本金指的是至少10年以上不用的闲钱，甚至只要是投入股票市场的资金，即使亏完也不影响生活才好。如此，不仅能够确保足够长的投资周期，更有助于避免短视或者被迫短线交易，从而可以专注于长期投资目标，还有助于保持良好的投资心态。闲钱投资这一点对投资成功极为重要，具体原因我们将在第3章股票投资风险部分，用数据和事实说明为什么投资股票的本金，一定要是10年以上，甚至永远不会动用的闲钱才好。

我们可以进一步测算，比如定投的本金不是每月1 000元，而是加大到每月1万元，即每年12万元，则以沪深300指数历史收益率估测，30年后积累的财富雪球为2 769万元。如果以1 000万元为财务自由标准线，定投沪深300指数基金，反推约需要每月定投4 300元，且坚持30年。如果一次性投入50万元，以沪深300指数历史收益率估测，10年后的投资结果为413万元，20年后的投资结果为3 848万元，30年后滚出来的财富雪球为35 834万元。当然，如果我们将本金投资到优质股票上（25%的年复合收益率），哪怕仅5万元的起始本金，当投资年限达到30年时，财富雪球也会达到惊人的4 039万元。

从以上测算可知，长期收益率和复利增值年限确实很重要，但如果投入的本金越多，相应实现财务自由所需投资年限将越短，需要的复合收益率也越低，自然地，实现财务自由的可能性也越大，投资心态也会越从容，未来滚出来的财富雪球也会愈加惊人。

从我国城市中产阶层收入和资产状况来看，不管是每月定投4 300元，还是一次性投入50万元，能够负担的家庭并不少。根据易观《2018中国家庭金融市场分析报告》，2018年中国家庭户均可投资资产为45.05万元。据国家统计局发布的《2021年国民经济和社会发展统计公报》，2021年，全年全国居民人均可支配收入35 128元，以3人户家庭计，中国家庭年可支配收入超过了10万元；人均消费支出24 100元，扣除消费外的年家庭结余有约33 000元。所以，从实现财务自由所需的本金来看，无论从可投资资产端，还是可支配收入端来看，许多中国家庭是有能力负担的。也就是说，仅从本金的影响来看,对于工薪族实现财务自由而言,前述每月定投1 000元的测算是相当保守的。

如果把我们可能滚出来的财富雪球看作一个空间异形体,这个空间异形体的最终大小决定于三个方向的"扩张量",其一是本金量,其二是收益率,其三是复利增值年限(图2-11)。

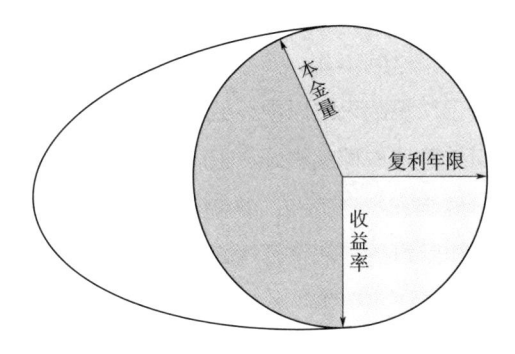

图2-11 财富雪球大小及三个变量

既然投资结果是本金、投资年限和复合收益率的函数,为了便于读者测算,投资结果可表述为:

$$E=C\times(1+y)^n$$

式中:E——投资结果(万元);

C——投入的本金(万元);

y——复合收益率(%);

n——投资年限(年)。

通过以上公式,还可以结合自身财务自由所需要的资金量,按本金和投资年限,反算出所需要的复合收益率;或者按预期复合收益率和本金,可反算出需要的投资年限;当然,也可以根据预期复合收益率和投资年限,反算出需要的本金额度。

为什么要反复讨论这些"常识"性的内容呢?因为很多表面的道理大家都懂,甚至说起来可以滔滔不绝、头头是道,但在认真测算和评估之前,多半很难认真对待,或者能够让人清晰地认知到,原来我们自己也是可以实现财务自由的。纸上谈兵,浮在表面,不如算一算到底有没有可能实现财务自由,算清楚到底是什么在阻碍我们实现财务自由。如果是缺本金,那就努力挣钱加大本金投入;如果是投资年限限制,那就尽早开始投资,保持良好的生活习惯,力求长寿;如果是投资收益率太差,那就认真修炼提升投资能力。

俗话说,道阻且长,行则将至。只有出发了,才有可能到达财务自由的彼岸。至于困难,任何时候,做任何事,都会有的,困难是留给我们一个一个去解决的。对实现财务自由而言,最可怕的就是一开始就觉得"不可能",或者根本就不知道有财务自由这回事儿。

就像第一个人登顶珠穆朗玛峰以前,或者第一个人到达美洲大陆以前,人们根本就不相信有可能登顶珠穆朗玛峰,根本就不知道有美洲大陆的存在,当然就永远不可能登顶珠峰或达到美洲;或者知道是知道了,但由于认知不够受生命长度的限制,结果就真的无法登顶珠峰或抵达美洲一样。财务自由也是如此,如果一代代的人认为"不可能",事实上就让家庭财富一代代地错失了财务自由的可能。

从我个人经历来看,也是在动手"算清楚"以后,才对退休时实现财务自由有了一份自信,更重要的是,由此带来了持股的淡定和从容;也正是在测算清楚后,才走向价值投资之路,并按部就班地去做,结果还没到退休年纪,却提前实现了财务自由。

这也说明,做任何事,认知到位是实现目标的前提,找到了正确的道路,只要无问西东地走下去,结果总不会太差。

不信您就先算一算吧!

对于年轻人而言,投资本金是最重要的变量,若能早开悟,投资年限长是最大的优势。年轻人越早积累起足够本金,就代表着越长的投资年限,越快、越早地实现财务自由可能,以及仅需更低的复合收益率就能实现财务自由;或者说,越快地积累起越多的本金,则实现财务自由的概率不仅越大,未来滚出来的财富雪球也必将愈加惊人。

2.2.6 做好本职工作是实现财务自由的前提

对绝大多数人而言,积累本金只能靠工薪收入,要取得工薪收入,当然要有一技之长,要靠做好本职工作才能获得。而且,不管从事任何行业,只有将本职工作做到极致的人，才能获得丰厚的薪金回报。所以，以积累本金而论，做好本职工作确实是实现财务自由的前提。

而且，相比实现财务自由，有自己热爱的工作，能够幸福圆满地生活无疑是更重要的。遗憾的是，在股票市场，有太多的人，以为财务自由就是可以"躺平"的人，甚至打着专职投资名义逃避社会的人，最后不仅难以实现财务自由，反而生活过得一团糟，乃至最后投资失败的案例并不罕见。

归结起来，之所以说做好本职工作是财务自由的前提，原因有以下四点：

一是没有热爱的事业、勤勉的工作，难以获得较高的收入和投资本金。我们对付工作时，工作必然就随意打发了我们，我们做不好工作，别说获取本金，还有可能被社会选择或边缘化。

二是连本职工作都干不好的人，很难具备投资成功所需的价值观和方法论。正如洛克菲勒所说："哪怕有一天，有人将我剥的身无分文丢在沙漠，只要有驼队经过，不久之后我又能建立起一座商业帝国。"反之，很难相信连工作都不认真负责的人，自己都没活明白的人，能够认真负责地对待投资，进而取得可持续、可复制的投资成功。对投资和人生而言，工作中接触的人、事、物都是来促进我们成长的，都可为投资积累不同的资源和体验。比如，尽管我的本职工作是在大学教书，并非从业于某个特定商业领域，但也会接触到工程、材料、研发、政府等机构和人员，识人、析事、逻辑思维、学习能力和研究方法等积累，都来自我的本职工作。很难相信，一个人如果封闭地宅一生，能够习得识人、选股、估值和打理投资组合等，所需的正确理念和方法论。

三是有持续的工薪收入现金流，对加快复利增值和保持良好的投资心态都极为重要。这一点在熊市时体会尤为深刻，见到股市"下金子"时，却无钱加仓的那份痛苦，只有亲历了才会深有体会。巴菲特说他熊市时就像"一个腰缠万贯的乡下小伙子，头一次来到城里。"如果我们眼见优质股票在不断下跌，却无钱买进，那是多么让人遗憾。反之，有可持续的薪金现金流买进，我们就可以更淡定地对待股市下跌，甚至乐见股价的下跌，借此买入更多优质低估的股票，进而有助于我们更快地实现财务自由，滚出更大的财富雪球。即使无法熊市买进，有薪金收入做后盾，至少能帮助我们抵抗恐惧，避免在熊市底部卖出股票。

四是人活着并不是为了积累财富数字，钱财只是工具而非目的，真正的幸福来自内心的安宁，来自取得成功，赢得尊敬和信任。人是社会性动物，工作让人有价值感、成就感，更有利于身心健康和获得圆满的人生。而一旦解决了财务问题，马斯洛需求层次理论告诉我们，我们需要的将不再是衣、食、住、行等动物属性的事物，而是被信任、被需要、被尊重的精神需求，不断地取得胜利，乃至自我实现的需要。而这些都不是钱财能带给我们的，而往往只有职业的成就，良好的声誉，被他人和社会需要才可以带给我们这些。

总而言之，财务自由重要，但远没有热爱的事业、生活和家人重要。如果我们本末倒置，因为股票投资影响了学习、工作和生活，那还不如退出市场，放弃主动投资股票，改为定期投资宽基指数基金，或者从此不再投资股票基金，对于圆满地度过此生而言，反而要好得多。

2.2.7 阻碍家庭投资股票实现财务自由的原因

根据中国家庭资产配置和投资偏好，有数据表明，阻碍家庭实现财务自由的原因有三：首先在于缺乏实现财务自由的相关意识和认知；其次是资产配置失衡；最后是投资能力欠缺。

首先，"不知道""不可能"这六个字就阻碍了绝大部分中国家庭思考、谋划和获取财务自由。炒股是赌博，股市是赌场，公司上市就是圈钱等认知，导致很多家庭根本就不做股票投资，从而失去了通过投资股票实现财务自由的可能。

其次，从家庭资产配置结构来看，房地产占比过大，股票资产配置比例严重偏低。据中国人民银行的数据，截至2021年底，我国有4.94亿个家庭，住房普及率高达96%，持有2套房的家庭占比41.5%，持有3套房及以上的家庭占比10.5%。也就是说，拥有2套房以上的家庭达到了2.05亿户，而拥有3套房以上的家庭也有0.51亿户，房产占国内居民总资产的77%，金融资产仅占23%。住房资产中有房贷的家庭达1.05亿户，房贷总额达38万亿元（加住房公积金贷款后的贷款总额为66.8万亿元）。据易观《2018中国家庭金融市场专题分析》，在中国家庭金融资产中，存款占比高达45.8%，其次是社保、股票、借出款和理财产品。从以上数据可见，买房、存钱、放贷成为中国家庭的资产配置优选。这种资产配置结构决定了中国家庭资产的涨跌严重受制于房地产市场，而且负债高企。

另外，家庭仅有的 23% 的金融可投资资产配置，也大半都是固收产品，由此推算股票基金等权益类资产，占家庭总资产的比例约为 5%，相比发达国家严重偏低。比如，美国家庭的权益类资产配置占总资产的 38%。如果从股票资产占金融资产的比例看，发达国家一般高达 30%～70%，基本上都在 50% 以上，甚至高达 80% 以上，体现出高度的股权偏好。对比起来结论依然不变，中国家庭的股票资产配置比例严重偏低。

另据华西证券推算，截至 2022 年 2 月底，个人投资者持股市值占市场总市值的 33.78%，约为 28 万亿元。相对中国城乡居民超 100 万亿的存款总额，占比有限，相对全国房产 400 万亿的总市值（估算）更是显得尤为边缘化。

所以，中国家庭整体资产低配股票，本金投入有限，必然导致绝大部分家庭难以通过股票投资实现财务自由。只有极少数有股权偏好的家庭，才有可能通过股票投资实现财务自由。

最后，从投资收益率反映的投资能力来看，更是不乐观。据西南财经大学中国家庭金融调查与研究中心发布的《疫情下中国家庭的财富变动趋势——中国家庭财富指数调研报告（2020 年度）》，2020 年家庭投资理财平均收益率为 2.3%；其中偏存款类家庭投资收益率为 1.1%，偏权益类投资的家庭收益率更是亏损 0.7%。尽管单年数据缺乏足够的说服力，但总体而言，中国家庭的投资能力欠缺，以及股市"一赚、二平、七亏"的现实来看，推论出中国家庭股票投资能力欠缺的结论是没有问题的。以这种整体投资收益率来追求财务自由，几乎等于不可能，更别说实现资产的可持续复利增值，就是对抗通货膨胀，实现保值都会成为问题。

但是，从中国家庭财富存量来看，通过股票投资实现财务自由确实不容易，但也不能用罕见来形容。据胡润研究院发布的《2021 胡润财富报告》，中国富裕家庭坐拥 160 万亿元的总财富，其中可投资资产 49 万亿元，占总财富的 30.6%。家庭总资产超过 600 万元的富裕家庭达 508 万户，1 000 万元资产的"高净值家庭"达 206 万户，1 亿元资产的"超高净值家庭"达 13.3 万户。其中，创业者、企业家、企业高管群体占比 80%，股票投资者占比5%。如果以千万元为界，按占比推算，全国通过股票投资实现财务自由的家庭，有10.03万户，达到亿元净资产的有6 650户。

据中国证券登记结算公司数据，2022年2月末，A股投资者达20 014.73万（含自然人和非自然人）。在近2亿自然人投资者中，活跃账户数约为5 000万。其中资产在1万元以下的账户占比23.15%，1万～10万元占比48.48%，10万～50万元占比21.65%，50万～100万元占比3.75%，100万～500万元占比2.62%，500万～1000万元占比0.22%，1 000万元～1亿元占比0.12%。由此推断，1 000万元以上股票账户约24万户，大概占1‰，比上述胡润财富报告的数据大（可能包含已解禁的企业主、高管股票持仓），但也印证了通过股票投资实现财务自由的人并不罕见。其中，50万元以上的账户占比仅6.71%，说明股市并非中国家庭资产配置的"主战场"。但是，以资本市场短短30余年的时间，就已经造就了一批通过股票投资实现财务自由的家庭，也是事实。

综上所述，无论是从家庭资产实力、可投资本金来看，还是从通过股票投资实现财务自由的家庭户数来看，通过股票投资实现财务自由是完全有可能的，且并不罕见。但是，从中国家庭资产配置结构和投资能力来看，囿于股票资产占比极低和投资能力，股票投资仍难以扛起家庭资产保值增值，乃至享受复利增值实现财务自由的重任。

数据表明，创业和出任企业高管才是实现财务自由的主渠道。通过股票投资实现财务自由远未蔚然成风，根本原因不是不可能，而是受阻于缺乏股票投资的意识、能力和本金投入。

2.2.8 通过股票投资实现财务自由的现实途径

通过以上测算说明，工薪族通过股票投资实现财务自由是可能的。但国内家庭财富分布状况说明，要真正实现并不容易：一是绝大部分人根本就没有追求财务自由的意识。二是获得长达30年的快速复利增值更是不易。测算是一回事儿，做到完全是另外一回事儿，没有坚定的股权信念，坚实的股票投资认知，极少有人能够向前看30年那么远，更不可能坚持30年那么久，也就更不可能通过股票投资实现财务自由。

第 2 章　为什么要投资股票

如果我们已经知道了通过股票投资实现财务自由是可能的，那么大概率的、最可能的实现途径又是如何呢？简单来说，我们该如何做呢？

A 股历史到 2024 年也才 33 年，从全球股票市场历史来看，投资年限长达 30 年的优秀投资人也并不多见，有的也不对外提供投资理财服务，所以，搭优秀投资人的便车属于可遇而不可求的事情。如果我们能有幸找到类似巴菲特、芒格这样的投资人，他们能把投资当作终身热爱的事业，既有优异的历史投资收益率记录，又值得信任和长期托付，投资他们的公募、私募产品当然是实现财务自由的极佳途径。

但有统计数据显示，A 股公募股票基金经理的平均任职年限仅 3 年左右，美国基金经理的平均任职年限也仅 9 年左右，即使不谈投资能力和信托责任是否值得托付，从滚雪球的时间长度上看也无法长期托付，所以，搭优秀投资人的便车是个好办法，但并不容易实现。

既然优秀投资人的便车不好搭乘，可以退而求其次，定投宽基指数基金，获取股市平均收益率，也是一种较好的现实路径。

比搭优秀投资人便车和定投宽基指数基金实现概率更大的办法，那就是直接投资那些复利机器。基业长青的优质股票，不仅有着更为惊人的复合回报能力，而且事实证明是可以被发掘和投资的。仅 A 股短短 30 余年历史，就诞生了一大批 10 倍股、100 倍股和 1 000 倍股。但是，现实又说明，要找到并成功投资这些复利机器可并不容易。需要投资人的价值观、投资能力和心理特质等，修炼成熟才有可能。这也便是我写作本书的核心内容和目的所在。

综上所述，工薪族通过股票投资实现财务自由是完全可能的。其中，定投指数基金获取市场平均收益是较为现实的途径，适合大多数人；前提是本金足够大，同时具备坚实的股票投资信仰，并且无论股市牛熊，能够始终如一地坚持投资 20 ~ 30 年。搭优秀投资人的便车，理论上比定投指数基金可以更快实现财务自由，但实际上可遇而不可求。

直接投资那些复利机器，财富雪球会滚大得更快、更惊人，历史上的优秀投资人和投资案例说明，是可以实现和可复制的途径。但这条路仅适合那些热爱投资，勇于和善于向优秀投资人学习，每天都能聪明一点儿的人；属于那些在投资路上持续进化，不等不靠不空想，立志自己做一位成熟投资人的人。

要想投资股票实现财务自由,那就努力做一个兼具股票投资意识、能力和本金之人。如果我们能有 20～30 年,甚至更长的复利增值时间,投入 50 万～100 万元的本金,能够获取不低于宽基指数的长期复合收益率,实现财务自由就是大概率的事件了。

2.3 投资股票的其他美妙之处

投资股票除了可以获取财务自由,拥有投资成功之后的处世独立的自由之外,还有促使我们向优秀靠拢,促使人终身学习和向上向善等其他美妙之处。

2.3.1 投资股票让我们追寻优秀和卓越

投资股票可以入股最优质的生意,让最优秀的团队为自己工作,向最优秀的人和事物学习。哪怕是经营面馆的小生意,想想要具备哪些前置条件,办哪些证照手续,每天有多操心操劳,就让人头皮发麻,并会深深地觉得殊为不易。而投资股票,可以以逸待劳,当个甩手掌柜就能与最优秀的人合伙做最优质的生意,对比自己开面馆,就别提有多美妙了。何况我们还可以自由地"转行不同生意",随时参股那些能为社会创造惊人价值的企业,并分享企业创造的财富增值。

当然,最重要的是,追寻商业世界中那些优秀的人和卓越企业的过程,思考为什么是他们创造了伟大事业,怎样才能做到优秀和卓越,不仅有助于让我们深刻理解什么叫优秀,什么叫卓越,也会促使我们在学习、工作、生活中,甚至在子女的教育中思考、追寻和对标优秀和卓越。至少,让我们懂得始终与优秀为伍的道理,对人生而言也是意义重大的。

2.3.2 投资股票促使人终身学习

自有股市以来,金融和科技、产业的结合,带来了人类知识的大爆炸和经济的指数化增长,也对我们终身学习的能力提出了越来越高的要求。不管我们身处哪个行业，任何觉得我们所学、所知已足够，可以停下脚步的想法，都会让我们被抛下时代的"列车"，或者迟滞我们前进的脚步。

而股票投资可以促使人不断学习新知识、新科技、新事物，让我们的目光追及过往，对未来保持敏感性和感知力，洞悉各行各业激动人心的未来前景。且在此过程中，所修得的终身学习习惯和能力，不仅有助于投资成功，对事业成功和生活幸福的意义无论如何强调都不为过。

2.3.3 投资股票促使人"进化"

投资股票能放大人的优点和缺点，促使人"进化"。俗话说，人教人教不会，事教人一次会。人都有高估自己的弱点，而且越是无知的人，越可能自以为是。除非自己切身体会，往往很难用他人的经验教训来指导和优化我们的生活，甚至易于堕入"信息茧房"，被自己的头脑禁锢思维，很难主动修正航向，或改变错误方法、不良的习惯。

而投资股票就是这种可教人的"事"，能够通过账户市值数据，快速、直观地把人的贪婪、恐惧、自负、浮躁、懒惰、短视、盲从、取巧、不诚实、嫉妒、虚荣，遇事逃避、透过他人、做决策凭感觉、靠运气等缺点，毫不留情地通过账户亏损显性化和放大，让人有彻骨之痛。

当然，勇于持续改正缺点错误，优化方法，修正人生"导航仪"，修得进步进化后，股票投资也会慷慨地通过财富的复利增值来褒奖正直、客观、理性、严谨、勤奋、独立、自信、乐观、包容、专注、坚定、耐心、诚实、远见，遇事向前看、求共赢、看长远、抓主要矛盾、直击本质，做决策依靠严密的数据、事实和逻辑、缜密的情景推演和压力测试等优点。

投资股票，当我们做对了能得到丰厚奖励，做错了就会得到惩罚，从而促使有反思精神的人不断"进化"。股票投资让我深切体会到："我若盛开，蝴蝶自来""不争则无人能争""厚德载物"等道理。如果你想得到某样美好的东西，不管是财务自由，美满的婚姻，圆满的人生，还是成功的事业，不管是育儿育人，还是改变行业、改变世界，最好的途径不是抱怨、旁观，而是行动；即使改变不了环境，改变不了他人，我们还可以改变自己。投资成功、生活幸福无关他人，也无须与他人攀比，做好我们自己就好，我们能依靠的是自己的努力，内在的提升和人性的升华，并最终享受人生旅途的快乐。

投资还可以让我们体认到个体的渺小。投资领域山外有山，天外有天，能让我们体认到谦逊、自省、内求、宽容的重要。世界上很多事情自有其运行规律，人类经济社会发展趋势浩浩汤汤，能让我们知晓顺势而为才能事半功倍。特别是，当我们的目光能够追及过往和穿透未来时，世间纷争和烦恼都不值一提，从而更能宽容、友爱、正直地对待周围的人事物。

2.3.4 投资股票也是做实业

投资股票也是做实业，充满了价值和成就感。对国家、社会而言，股票投资也是参与国家建设和资助实业的一种方式。钱在不同人手上，其价值是不同的，通过股票市场和股票投资，让个人闲散资金变成资本，通过资本、人才和技术的融合，不仅能催生企业价值和经济的指数级增长，还能给行业、国家，甚至人类带来巨大的获益和进步。

比如，我们参与恒瑞医药、信达生物、百济神州等生物制药企业的募资，让企业有资金去"出海冒险"，从而支持了 PD-1 等新药的研发和上市，让企业能够以发达国家同类产品 1/30 ~ 1/20 的价格向市场供货，让更多的癌症患者能够用上 PD-1 等药品，从而让人类最新的科技成果福泽全球更多患者。由此，我们投入的资本既促进了制药企业和产业的发展，节约了医保资金，也惠及了广大癌症患者和亿万家庭；同时还获得了投资收益和资产增值，属于个人、他人、社会，甚至全人类共赢的事业。

投资人即使不参与企业融资，仅仅从事二级市场交易，我们的每一次出价，都是对企业内在价值的估测，都在决定和影响着企业的市值，而市值不仅代表的是企业市场价值，也是企业融资能力和竞争力的某种体现。所以，理性投资者的每一次定价，都是在优化资本和金融资源的配置，从而间接对经济、科技发展，人们生活水平的提升作出贡献。

所以，投资股票，尽管确实存在投机、泡沫，也没有参与企业经营管理，但本质上也是在参与国家建设，也是在从事实业"冒险"，也是在默默地推动人类进步和福祉提升。股票投资者不仅不是社会的蛀虫、贪婪的食利者和搭便车的人,可以自豪地说,我们也是资本的提供者、实业从事者和国家建设者。

哪怕投资人的出发点确实只是为了获取复利增值,"唯利是图"的投资者事实上也促进了经济社会的发展,就像亚当·斯密在《国富论》中所论证的,"即使资本是出于私利,却从事实上推动了社会全员生活水平的提高",集中体现了商业就是最大的慈善,也印证了资本和市场的力量。

2.3.5 投资股票是没有天花板的事业

通过投资股票,投资人能时刻与全世界最新科技,最先进的生产力,最优质的生意,最优秀的人才,最有趣的创意,最有价值的事业相连接,投资时可以加入他们,事业有成后可以资助他们,成功后甚至可以引领他们。成功的股票投资,会让滚大的财富雪球无止境,人生进化无止境,由此带来的无限可能更是无止境。

此外,股票投资能力也有时间复利效应,从事投资越久,不仅成功的概率越大,时间带来的指数化增值的财富雪球也会越大。只要我们的思维还正常,时间、空间、工作环境、体力、职业生命等,都不会成为做好股票投资的限制,做好了反而越老越精通,越老越富足,越老复利增值的效应越明显。技术会换代,行业会消失,职业会被替代,而股票投资却可以一代代永续。

从投资属性上讲,相比其他资产,只有股票兼具几乎无限的资产容量,长期复利之"王"的收益率和随时可以变现的流动性。它不会如胶卷一样过时,它不像现金易被通货膨胀吞噬,它不像面馆一样需要精心打理,它不像金条那样需要小心保存,它不会如艺术品一样易于毁损,它也不会像邮票一样容量有限,交易不便……而正是这些特性,让我们能够把股票投资当作终身的兴趣爱好,乃至毕生的事业。

以上这些好处都是我随着投资年限、经历的增长才逐步体会到的。我要是能早一些开悟,说不定我就能做到像巴菲特一样呢?即使我做不到像巴菲特一样,谁敢说,后来人中就没有人能做到呢?即使无法滚出超1 000亿美元的财富雪球,能滚出来巴菲特万分之一、千分之一的财富雪球,是不是也足以改变人生呢?甚至达则兼济天下,可以为社会创造无限可能呢?

尽早开始"滚雪球"之旅吧！在股票投资领域，没有什么是不可能的，不管是获取财富，收获人生境界的提升，还是以滚出来的财富雪球帮助他人、贡献社会为目标，股票投资都是值得毕生坚守，且没有天花板的事业。

本章小结

本章从国别指数、投资人和企业层面，以收益率数据证明了，股票是大类资产复利之"王"，同时有着长期收益率高、流动性好、容量大等特点。而且长期复合收益率存在着优质企业＞优秀投资人＞宽基指数基金＞主动型偏股基金＞其他大类资产的规律。也就是说，投资优质企业的股票，投资优秀投资人，才是分享经济发展超额收益的最佳途径，而投资宽基指数基金能够获取国民经济中代表性企业的平均回报率。

通过数据和测算证明了家庭通过股票投资实现财务自由不仅是可能的，事实上也并不罕见；阻碍家庭投资股票实现财务自由的原因，一是缺乏股票投资相关意识和认知，二是权益类资产配置过低，三是缺乏股票投资能力。所以，要想通过投资股票实现财务自由，我们需要尽早地开始投资，尽快地积累足够本金，并尽速地提升股票投资能力。当我们修炼成熟后的有效投资年限越长，投入本金越多，复合收益率越高，则实现财务自由将越快，未来滚出来的财富雪球也会越大。一般而言，若以家庭年收入20～30倍的可投资资产为财务自由标准，当我们投入的本金达到50万～100万元，有效投资期限达到30年左右，并能获取不低于宽基指数基金的长期复合收益率，实现财务自由就是大概率的事件了。

此外，投资股票，除了获取财务自由，也是支持实业发展和参与国家建设，还具有促使人向上向善，促使人终身学习，让我们追逐优秀和卓越等其他美妙之处。总而言之，股票投资是一种可以以逸待劳，没有天花板，且值得我们终身坚守的事业。

第 3 章

股票投资风险与"死亡"清单

　　股市入市门槛极低,而投资成功的门槛却极高。通过股票投资实现财务自由这件事确实诱人,但投资成功从来就不是"低垂的果实",反而充斥着投资失败的各种风险。股市里大多数个人投资者亏损的事实也说明了,当我们努力的方向错误,方法不对,对风险认知不足,应对不当时,不投资股票,要远远好过盲目投资股票。

　　在讨论如何投资股票实现财务自由之前,有必要先谈股票投资的风险,特别是如何避免那些致命性的错误。就如芒格所言:"如果我知道我会死在哪里,那我将永远不会去那个地方。"

　　本章从全球宏观及国别风险、指数波动风险、投资人组合波动风险、个股风险四个方面讨论股票投资风险;并结合股市典型案例及个人亲历的教训,归纳总结了四种致命性错误,以时刻警醒自己永不再犯。以下文字若能帮助读者少走一段弯路,让投资之路走得顺畅一些,至少不犯致命性错误,就善莫大焉了。

本章主要内容:

➤ 全球宏观及国别风险

➤ 指数波动风险

➤ 投资人组合波动风险

➤ 个股风险

➤ 股票投资"死亡"清单

3.1 全球宏观及国别风险

股市既然是经济发展的晴雨表，其表现难免会受全球、国别宏观政治经济波动的影响，而且人类历史上发生的各种战乱、瘟疫、社会动荡、恶性通货膨胀、通货紧缩等事件并不罕见。在类似的严酷时刻，股市有哪些风险？对长期投资结果有多大影响？投资人该如何应对？搞清楚这些问题，对于坚定长期投资的信心，坚定股权信念，进而获取财务自由而言，其重要性是无以言表的。否则，很容易流入杞人忧天，时刻担惊受怕的痛苦境地，更别说长期投资、快乐投资和成功投资了。如是，我们有必要回测股市历史中的全球宏观及国别风险，并基于事实和案例讨论相应的应对建议。

怎么办？对待类似宏观国别风险，我们既要有股市总会走出危机的自信，也要清醒而理性地应对风险。

其一，与成功者为伍。世界上确实有些幸运国家，比如北欧、北美、大洋洲等地区的国家，国家治理体系稳定、法治昌明、历史记录良好、未来可预期性强，经济上有比较优势，地理上不易受战火波及，永远投资那些成功者，对降低类似风险是有益的。

其二，投资抗风险能力强的国家。有些国家往前看 100 年一定还在，有些国家就未必还能存在。在抗风险能力弱的地区、在风险爆发阶段投资，无异于自找风险。

其三，分散地域投资。从地域上、股票仓位上分散投资，不将鸡蛋放在一个篮子里面，一直是股票投资中既简单易行，又可以从实质上降低风险的好方法。

其四，投资任何时代、任何社会环境都离不开的行业企业。比如不可替代的龙头医药、医疗企业，人类必需的衣、食、住、行等产品和服务，不可或缺的重大基础、民生设施、矿产资源、农地林地，等等。

当然，以上是做最坏打算，底线思维。个人还是深信人类未来值得乐观以待，和平与发展仍然是世界的主流，国别风险远没有公司信用风险来得大，只是不管是股票投资，还是学习、工作和生活环境的选择，乃至行业、企业、朋友、伴侣的选择，永远选择与成功者和优秀者为伍，总是大概率错不了的。

另外，风险永远都会存在，相比漠视，想清楚了风险到底有多大，反而有助于减弱担心。若动辄如惊弓之鸟，或者杞人忧天一般地投资股票，是难以做到长期投资和淡定持股的，每轮熊市不被跌死也会被自己吓死，更别说享受复利增值，收获财务自由了。

3.2 指数波动风险

除了以上讨论的政治经济宏观风险，在股市内部，股票指数自身也会发生大幅度波动的风险，而且对股票投资组合的影响更为常见和直接。

3.2.1 美股指数波动的历史记录

指数涨跌会反映宏观风险，并由指数成分股的业绩和估值变动来显现，我们以美股道琼斯指数为例来说明指数波动的风险。比如，从1929年开始的大萧条期间，道琼斯指数从1929年顶部381点跌到1932年底部41点，指数跌幅达89%以上，而指数新高是在1954年，已经是25年后了。

在这漫长的熊市及后续的震荡市中，人们已经忘记了股市还会再创新高，股票让人们避之唯恐不及。想象一下，如果我们刚好是在1929年高点入市，买入了道琼斯指数，我们将不得不面对长达25年的亏损，要熬到1954年才再创新高。人生能有几个25年？毕竟许多人的股票投资年限都很难有25年，这种风险就是此处所言的指数波动风险。

大萧条后，第一轮牛市是1942—1973年牛市，历时31年，道琼斯指数首次突破1 000点；随后因石油危机引发恶性通货膨胀，1973—1974连续两年下跌至570点，跌幅达43%。其后道琼斯指数站稳1 000点是在1982年，也就是说是9年之后。

随后道琼斯指数迎来了波澜壮阔的大牛市，从 1982 年的 1 000 点，到 1999 年底 2000 年初时涨到了 11 500 点，历时 17 年涨幅超过 10 倍。如果从 1974 年底部算起，这轮波澜壮阔的大牛市历时 25 年，涨幅 19 倍。

2000 年科网股泡沫破裂后，道琼斯指数连续 3 年下跌，到 2002 年 10 月跌到 7 200 点见底，跌幅 37%。2002—2007 年牛市，历时 5 年，突破 2000 年的指数高点，最高涨到 14 200 点，5 年涨幅 1 倍。

随后被 2008 年金融危机打断，跌至 2009 年 3 月的 6 400 点，跌幅 54%，5 年后才突破前高，到 2023 年中，道琼斯指数突破了 35 000 点，从 2009 年起步的牛市已经持续了 14 年，涨幅已超过 4 倍。

回测美股历史，每次牛市顶部都对应着低利率、流动性泛滥、股民汹涌入市和高估值，指数估值通常高达 25 ~ 32 倍 PE。每次熊市底部要么是流动性陷阱（2008 年），要么是恶性通货膨胀带来的高利率（1973 年 12.9% ~ 1981 年 19% 的高利率）。如果投资者在牛市高点全仓买入道琼斯指数，则理论上处于浮动亏损状态的时间将长达 5 ~ 25 年。

如果排除大萧条等早期股市不成熟阶段的异常波动，仅看第二次世界大战后，美股每次熊市跌幅也达到了 37% ~ 55%，重新突破前高的时间也长达 5 ~ 9 年。所以，投资指数基金或者投资股票，要确保大概率挣钱，10 年是必要的最短投资年限，这也是为什么在第 2 章讨论本金问题的时候，要求本金一定要至少 10 年不用，最好是永远无须动用的闲钱的根本原因。

当然，如果是定投指数基金，通过分散入市则会进一步熨平波动，定投时间越长挣钱的确定性越强，即使入市在最高点被套，投资人熬到挣钱的时间也会比 5 ~ 9 年要短，且定投时间越长，越趋向于获得指数长期复合收益率。当然，如果投资者具备基本的股票投资能力，能够主动选择在指数估值低估区间加大投资，不仅有助于摊低成本，更快地盈利，也有助于获得超过指数长期复合收益率的回报，进而更快地实现财务自由。

3.2.2 A 股指数波动的历史记录

美股如此，那么 A 股呢？A 股的历史较短，但规律相同。上证指数 2007 年创下的 6 124 点迄今仍未能突破，17 年后，指数还在 3 500 点左右震荡。如果看沪深300指数（图3-1）从2005年的1 000点，到2007年顶部5 890点（PE估值48.4倍），两年牛市，股指涨了近5倍，随后于2008年跌至1 600点（PE估值8.1倍），跌幅72.8%。直到2021年初略微新高后，回撤到5 100点左右震荡，也是17年仍未能再创新高。也就是说，如果投资者于2007年指数最高点那个交易日，全仓买入沪深300指数基金，理论上到2024年仍然未能盈利。但这是极端不利情形，而更多的人是定投指数基金。比如，我家小宝2016年出生后，截至2021年底，给他定投的沪深300指数基金，已经获得了接近1倍的收益。同样的，如果投资者有基本的股票投资常识，不采用等额定投的方式，而是有意识地在指数估值低估区间，比如10倍PE左右加大投入，将会获得超过指数的长期复合回报，也就是说，可以轻松跑赢沪深300指数。

股市历史记录和内在规律表明，指数长期收益率是相对确定的，约等于指数的长期ROE，而买入时的估值会显著影响长期回报率。但遗憾的是，投资者大多是在不应买股票的牛市时奋勇入市或加大投入，而在本应大力买股票的熊市时视股票如洪水猛兽，这应该就是许多基金和股票投资人，长期投资回报乏善可陈的主要原因。

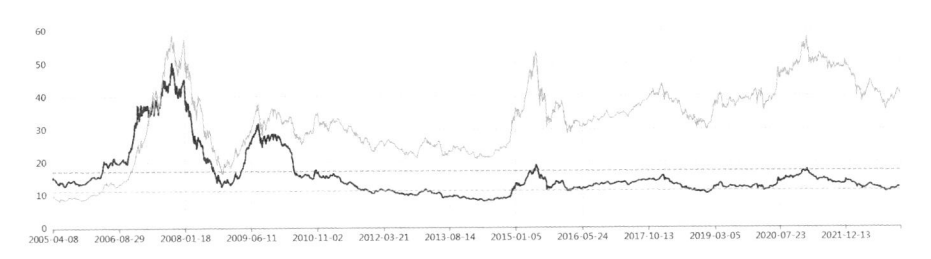

图3-1 沪深300指数2005—2023年2月股价及PE估值走势图

综上所述，美股如此，A股也差不多，世界上其他股票指数都类似，从指数波动风险上看，股票投资周期起码要10年，如果有长达20～30年的投资周期，则指数波动风险已被大大化解，反而转化成了长期赚钱的确定性。也就是说，指数层面的风险可以通过拉长投资周期，选择买入估值而大幅度降低。对成熟投资人而言，指数波动不仅不是风险，反而是提供了低估买进或高估卖出股票的良机。若能正确应对指数波动风险，无疑会极大地提升实现财务自由的概率和速度。

长期而言，只要经济指数级增长继续，历史上任何一个指数"高峰""低谷"，都只是股票指数增长中的一朵小浪花而已。但是以上回测表明，指数波动的风险是客观存在的，投资人入市前，对此应有清醒的认识，并做好合理的应对。

3.3 投资人组合波动风险

股票投资组合净值波动是难免的，有时候还会很惊人。比如，截至 2020 年 12 月，国内公募基金经理投资年限超过 7 年，且从业期年化回报率超过 20% 的基金经理有 18 位，他们的复合回报率介于 20.6% ~ 44.8%，应该说是非常惊人的回报率了。但同样惊人的是期间最大回撤也高达 23.4% ~ 58.9%，期间基金净值回撤超过 50% 的基金经理有 5 位，只有 3 位基金经理回撤不超过三成。也就是说，如果投资者于高点买入这些基金，短期少则跌去 25%，多则跌去近六成。这还是 A 股中最优秀的一批基金经理的基金净值表现。

作为最优秀的长期投资人，在巴菲特执掌伯克希尔·哈撒韦的 55 年投资历程中，伯克希尔的股价曾经 3 次发生高达五成的下跌，这些波动巨大的回撤，并没有影响伯克希尔·哈撒韦长期高达 20% 的复合回报率。

在个人有限的投资历程中，早期组合投资做得不彻底的时候，账户动辄发生 50% 的回撤，转向组合投资后波动有所改善，但仍然在 2015 年发生了一次 37% 回撤，2021—2022 年发生了一次接近 50% 的回撤，但并没有影响个人组合获取可观的长期复合回报率。

其实，以上波动数据并非特例，只要投资组合的主要标的是股票，无论古今中外，即使是长期投资业绩优异的投资人打理的投资组合，净值发生大幅回撤，或者说大幅波动是股票投资难以避免的宿命。

好在，一般 3 年以内，优秀投资人的组合往往会比指数更快地走出下跌，继续以波动上升的方式，从新高走向另一个新高。也就是说，优质投资组合的波动风险，尽管无可避免，但优质组合长期而言往往比指数跌得少，还能比指数更快地走向新高，并能跑赢指数。而较差的投资组合，长期而言往往比指数跌得多，还比指数涨得慢。但也不能绝对，因为再优秀的投资人，也有短期跑不赢市场的时候，而这个短期可能长达 3 年，比如 1998—2000 年互联网泡沫期间的美股，那些不参与互联网泡沫投机，坚守价值投资的投资人不仅严重跑输指数，甚至还因为净值表现萎靡，连历史表现优异的老虎基金等，都因投资人赎回而被迫清盘；当时巴菲特甚至也被市场质疑廉颇老矣。

历史数据表明，股市仅有 5% 的时间发生趋势性上涨，发生趋势性大跌的时长也差不多，绝大多数时候，股价都是毫无章法地随机漫步。有没有可能既躲过下跌，又抓住涨升的办法呢？只能说截至目前，从来没有看到可复制、可持续的成功实例。不排除碰巧有高点卖出、低点买回的情形，但谁要是声称能做到这一点，必然很快富可敌国，但真正富可敌国的企业家、投资人没有一个人声称能预测短期股价涨跌。

所以，应对优质股票投资组合波动的风险，理性的选择就是坦然接受。因为躲过下跌的另外一面，就是可能错失上涨，碰巧蒙对一次不难，次次踏对节奏绝不可能。一旦错过主要上涨，不仅严重有损长期收益率，还会扰乱投资心态。股市历史表明，只要我们组合投资的是优质股，估值合理或低估，始终待在市场，才是获取长期回报的正确方式。不回避下跌，必然不会错过上涨，正所谓"打雷的时候你必须在场"。我们完全可以以逸待劳，静待优质股票的内在价值随时间的指数化增值，推动组合净值从一个新高走向另一个新高。

综上所述，股票投资组合的波动是难免的，有时候还会很剧烈，投资人在入市时就应该清楚，基金、股票组合随时可能会发生 50% 的下跌，若不能接受这一点，该考虑的是我们到底是否适合投资股票。当然，对成熟投资人而言，优质股票投资组合的下跌不仅不是风险，反而是低价买入，加大投入优质组合的良机。若能抓住这种波动机会，无疑将有助于我们更快地实现财务自由，并滚出更大的财富雪球。

3.4 个股风险

前已述及，股票指数、投资组合的波动风险，可以通过定投、选择买入估值和拉长投资周期来应对，股票指数、投资组合的波动尽管可能造成短期浮亏，但却提供了低价买入优质股票资产的良机，所以，实际操作中无法、也无须去回避。但个股风险相对指数、投资组合风险而言，无疑要大得多，也要复杂得多。个股的股价波动性、随机性、不可预测性更大，有些风险同指数、投资组合波动的风险类似，是可以接受甚至可以利用的风险；但是，值得警惕的是，还有一类个股风险带来的不仅仅是股价浮亏，而是股价跌下去后再也涨不回来（价值折损），甚至公司破产，股票退市（价值毁灭），也就是说，对个股而言，存在本金永久损失的风险。毫无疑问，要想股票投资成功，必须识别并回避此类风险。

3.4.1 优质股的股价波动风险

股票市场的历史表明，从来就没有只涨不跌的股票，哪怕是长期表现最优异的那些股票，也难免会因为各种企业基本面、宏观政治经济或者股市系统性风险的原因，导致股价发生巨大波动。更有意思的是，有时候找不到任何可信的原因，也会见到股票大幅下跌，甚至单个交易日内股价就会发生30%~90%的下跌，或者成倍的上涨。如1997年上市以来股价涨幅超过1 200倍的亚马逊，在2000年科网泡沫破裂后，2000年股价跌79.6%，2001年继续下跌30.5%（图3-2），股价从113美元跌到最低点6美元，累计跌幅95%，9年后股价才再创新高。2008年再次发生44.7%的下跌，2022年股价跌49.6%，还有三个年份发生15%~23%不等的下跌。亚马逊如此，在互联网泡沫破裂的同时期，微软股价从38美元跌到了13美元，5年后才创新高；英特尔股价从48美元跌到了8美元，18年后才创新高。

在A股市场，股价表现极其优异的贵州茅台，在2008年大熊市中股价跌去了53%，7年后股价才创新高。读者如果感兴趣，可以去翻一下任何一只优质股票的长期年K线，就会发现这些股价波动并非特例，而是一种再正常不过的股市普遍现象。

投资股票，在畅想能够获取亚马逊上市以来1 000多倍的股价涨幅以前，是不是需要先考虑一下，我们是否能够经受住过程中95%的股价下跌考验呢？并且我们应该如何应对呢？

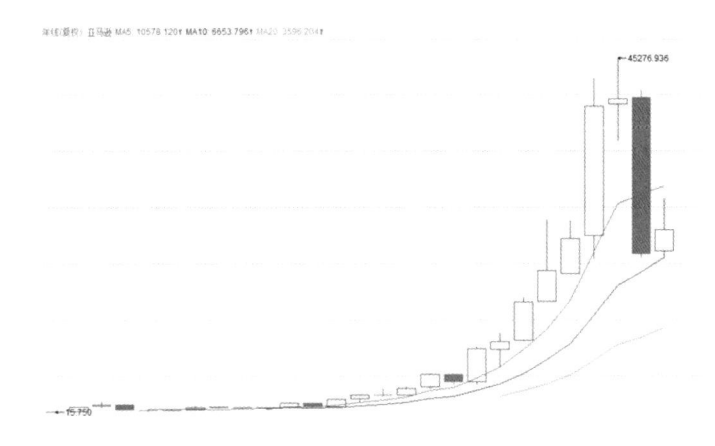

图 3-2　亚马逊上市以来的股价年 K 线图

A 股、美股中最优质的股票尚且如此，基本面平庸的股票或垃圾股的股价波动往往会更大。所以，从个股层面来讲，也有类似于股票指数因业绩、估值波动而放大的股价波动风险。同样的，对优质股而言，这种风险也可以通过长期投资、定投和选择买入估值而得到消解，甚至股价大幅下跌恰恰是可以利用的买入或加码良机。因为同指数一样，只要企业价值指数化增长的前景是确定的，股价随价值增长驱动而新高，必然也是迟早会发生的事情。

所以，优质股票的股价波动风险应对相对简单，因为它只是带来短期浮亏，而不是价值折损或价值毁灭，相反，企业价值无关股价涨跌，一直在随着时间的推移而快速指数化增长。同样的，可以通过拉长投资周期、选择买入估值、定期投资等办法来应对，还能通过个人组合的整体仓位、个股仓位控制，以组合投资来应对。总之，优质个股的股价波动不仅不是实质性的风险，相反，若能抓住优质股大幅下跌的良机，将有助于我们加速实现财务自由，也有助于我们滚出更大的财富雪球。

3.4.2　必须回避的个股风险

必须回避的个股风险是那些可能导致价值折损或价值毁灭的风险，也就是会造成永久性本金损失的风险。主要来自股票估值的过度泡沫，企业信用风险和经营失败的风险。

1. 估值泡沫

从郁金香泡沫，运河、铁路投机，到互联网、生物医药、新能源繁荣，估值泡沫一直同股市历史如影随形。如果是适度泡沫，比如价值5元钱的股票，以6元甚至10元的股价交易，优质企业价值随时间指数级增长的特性决定了，股东长期持有的话，只是牺牲了时间和收益率，并不会导致永久性亏损。甚至适度的泡沫，还会刺激社会资金涌入特定领域，通过资源配置促进科技进步和经济发展。比如，互联网泡沫后，留下了亚马逊、微软、谷歌、英特尔、苹果等一大批科技巨头，在企业发展壮大的同时，事实上也促进了各行各业的发展，提升了人们的生活质量。

但如果价值5元的股票，被市场疯狂地定价到50元，甚至500元时，即使企业仍然优质，但由于难有足够长的投资寿命来等待价值增长支撑股价，所以，此种情形，投资者买进的时候实质上已经亏损了45元或者495元。不要以为这种事情不可能发生，荷兰郁金香泡沫时人们就干过，在2000年互联网泡沫中，许多公司连存活下去都希望渺茫，但是，只要带".com"，就能很快上市并卖到天价。因为泡沫发生时，人们猜测和下注的是它还能涨多少，而不是它价值几何。

在2014—2015年创业板牛市时，创业板指数整体估值超过130倍PE，个股估值也极度高估，PE估值达到200倍甚至更高的股票比比皆是。由于估值极度泡沫，许多正常经营的公司，到2023年初，股价离当年泡沫高点时仍然有10～20倍的距离，也就是说，跌幅仍然高达90%以上。比如，全通教育（图3-3），2015年创下的近100元股价高点，到2023年2月时，股价仍在8元一线震荡，快8年过去了，自高点跌幅仍然高达92%。如果投资者在当时的泡沫时段买入，无疑将陷入长期亏损，而且这种亏损并不是优质股由于股价下跌导致的暂时浮亏，而是由于买入时估值泡沫严重所致。所以，投资者买进类似股票，已经造成了不可避免的本金损失。可见，过度的估值泡沫对长期投资而言，风险有多么大，危害有多么严重。也间接说明，如果是人造牛市，不仅不能增加市场参与方的整体福祉，反而会带来整体性的价值折损或价值毁灭。

所以，投资股票，对个股的估值泡沫风险必须予以回避。再好的股票也得有个合理价格，再优质的公司，买入估值太贵，将严重损及长期收益率，甚至造成永久性本金损失。当然，平庸乃至垃圾公司的估值泡沫，造成本金损失的危害必然更为严重。

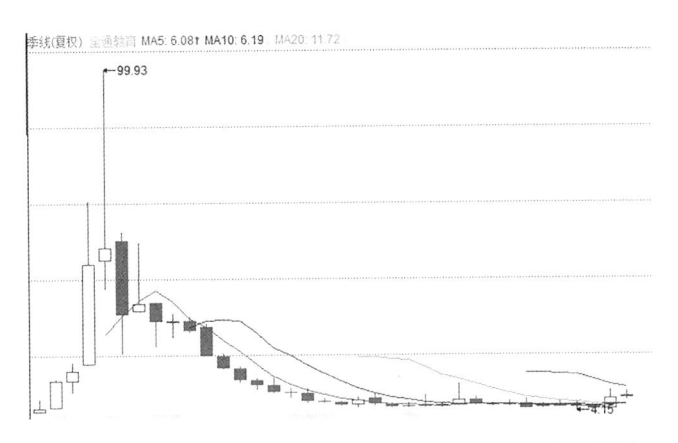

图 3-3 全通教育从 2014 年上市到 2023 年 2 月的季 K 线图

2. 财务造假

财务造假一直是资本市场的"毒瘤"。比如 A 股历史上的蓝田股份、风华高科、绿大地、康美药业、雏鹰农牧、康得新、凯乐科技、獐子岛、神雾节能、神雾环保、乐视网（图 3-4）……美股的安然公司、法尔莫公司、泰科公司、世界通讯公司，等等。

图 3-4 乐视网从 2010 年上市到 2020 年退市时的季 K 线图

不良企业和管理层之所以冒险财务造假，是因为利益驱使或经营压力，当然核心原因是做人、做事缺乏敬畏和底线。不良企业常常通过虚增营收、利润、资产等，将垃圾企业"打扮"成基本面欣欣向荣、竞争优势突出的"优质企业"，以吸引市场追捧和给予高估值，并维持上市地位和融资。当然，既然是造假，能造出的财报无非就是海市蜃楼，股价缺乏真实价值支撑，这种企业信用风险危害大、迷惑性强，投资者一旦踩雷，就会发生本金大幅折损，甚至归零。类似安然公司这样的大型企业造假，甚至一度导致市场对企业财报失去信任，造成股市发生大幅度调整。

财务造假在股市早期历史中更为常见，随着市场监管体系日益完善，违法惩处日趋严格，投资者保护日渐加强，当前较股市早期的蛮荒时代，无疑要少得多了，但总会有人抵抗不住利益的诱惑，而以身试法。

那投资者该怎么办呢？

其一，提升对财务造假企业和行为的鉴别力是根本。造假企业或多或少都有以下共同点：

（1）异于行业的优异业绩表现，又得不到合理解释或证实。

（2）经营业绩如上好的发条，总是符合甚至优于业绩指引。

（3）利润表、资产负债表、现金流量表之间，母子公司之间，关联方之间财务数据不能互相印证，逻辑无法自洽又得不到合理解释。

（4）应收、存货、在建工程、商誉等发生异常变化，或与同行相比不成比例的异常巨大。

（5）账上现金盈门的同时又有息负债压身，俗称"大存大贷"。

（6）业务、资产等复杂，分布广袤不易核查。

（7）频繁或无理由地调整业务统计口径、会计政策。

（8）关注股价胜过公司经营，过分热衷与市场沟通。

（9）热衷跨行业并购和改名，哪个行业火热就往哪里"转型"。

（10）所聘中介机构诚信记录差，爆雷多，更换审计师等。

如果展开讨论的话，财务造假又将是一个非常宏大的课题。投资者可以追踪典型案例学习，逐步积累、提升鉴别能力。有时候即使看不懂也没关系，如果一家公司符合上述条件三条以上，甚至一条都值得严重警惕，就可以考虑排除出自选股名单。再说，股市有那么多好生意可以合伙，把看起来不放心的归入存疑，或者太难的类别就好了。不碰、不眼红、不嫉妒，不买又不会损失什么，也不会有人强迫我们必须买什么。反正我们拒绝"与狼共舞"，拒绝与不诚信的人和企业打交道，不懂不做总是可行的。

其二，选择与优秀、优质为伍。A股5 000多种生意，作为个人投资者我们需要的只是3～10种生意而已，永远与优质为伍，永远投资那些上市历史长、历史记录好、业务好接触、财报简单明了的公司投资，永远只和那些价值观、品行端正的优秀管理层合伙做生意，总归错不了。远离劣质、远离高难度、远离垃圾，自然离风险和意外就远了。

其三，组合投资。我们选择投资某一只股票，分配股票仓位的时候，除了评估未来可能挣多少，更重要的是，还要反过来思考，假设这笔投资亏完我们能不能接受？如果可以，那就投。如果承受不了，那就放弃或者减仓总归是错不了的。

我一直坚持以上三点应对办法，幸运的是，投资17年以来，从来就没有买到过财务造假的股票，也从来不参与类似乐视网的投机。这些笨办法既然以前有效，未来我还会这么坚持下去。

3. 经营失败

企业和人一样，也会有生老病死，市场竞争又激烈，优胜劣汰是市场的常态。所以，企业发生经营失败、破产、退市并不罕见。

A股相对成熟市场，尽管退市不多，但仅仅过去30余年，最早上市的"老八股"仅有3家存续经营至今，其他5家都因为各种原因被重组或重整。近年来，强制退市力度逐步加大，2020年退市22家，2021年20家，2022年43家，2023年上半年，因各种原因而退市的公司已近50家。相信未来随着退市常态化，退市力度和速度还会进一步加大。

从全球股市和美股来看，根据世界交易所联合会（WFE）数据，2007年至2018年10月期间，全球上市公司退市数量累计达21 280家，超过全球IPO数量累计值16 299家。沃顿商学院数据平台（WRDS）数据显示，1980—2017年期间，美股市场已上市和新上市公司共26 505家，期间退市公司14 183家。在美国资本市场近百年的发展历程中，已有超过30 000家上市公司退市，道琼斯指数初始成分股无一延续交易至今。根据创建研究所的数据（Innosight），标普500成分股公司的寿命从1958年的61年，缩短到了1980的25年，到2011年时只有18年了。

从企业寿命统计数据来看，中国企业的平均寿命只有3.9年，中国大公司的平均寿命7～9年，上市公司由于退市少，应该要长一些，但已有业务经营失败的并不少见，之所以未退市，部分是被借壳、并购转型等掩盖了。美国中小企业的平均寿命只有7年，大企业的平均寿命不足40年。世界500强企业的平均寿命是40～42年，世界1 000强企业的平均寿命为30年。尽管上市企业寿命比企业总体平均寿命要长，但这些数据说明，能够基业长青的企业少之又少，百年老店更是极为罕见。如果我们投资的企业自身都难以存活30年，如何能期待参与合伙并获取复利增长30年呢？

从企业经营层面来讲，即使未发生破产退市，一旦经营失败，股东价值也会发生大幅折损，甚至毁灭。如果投资了这种企业，或者在企业发展顶峰后的没落阶段参与合伙，轻则会跌去七至九成市值，重则损失全部本金。而且，相比优质股的股价下跌，这种价值损失是无法恢复的。尽管任何行业都可能发生经营失败，但确实有些生意经营起来要难一些，发生经营失败的可能性更大一些。比如以下几种情形：

一是夕阳行业。类似柯达胶卷这样的企业，产品、服务被时代淘汰了，未能及时转型，或者未能在新时代构建起差异化的护城河。

二是过于朝阳的行业。技术迭代快、技术路线多变、竞争格局不稳定，且竞争激烈的科技行业。比如，互联网泡沫期间，剩下的公司都是凤毛麟角，绝大部分公司都破产消失了。再比如，福特公司推出T型汽车时，美国市场有500多家汽车公司，最后只剩下2～3家大企业，其他涌入汽车制造业的资本都折戟沉沙了。

三是高负债行业企业。比如银行、地产、保险等行业，对企业经营管理的要求尤其高，受宏观政治经济波动的影响尤其大，而且由于高负债经营的生意模式变得极为脆弱。且无论它们历史上经营得多么成功，一次致命错误就会导致股东价值严重折损或者毁灭。比如，2008年金融危机前后的雷曼兄弟、贝尔斯登已经从历史中消失，AIG（图3-5）、花旗集团（图3-6）等尽管受到救助，还算幸运没有破产，但由于资产减值，叠加新股东加入导致老股东的股东权益被严重摊薄，到15年后的2023年初，原企业股东价值仍然折损了八至九成。

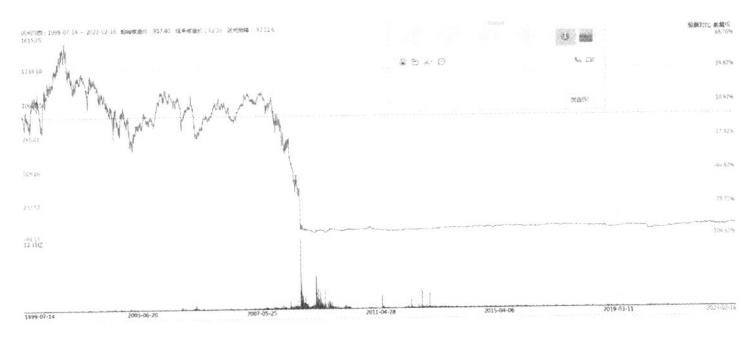

图 3-5　AIG 美国国际集团 2000—2023 年 2 月以来的股价走势图

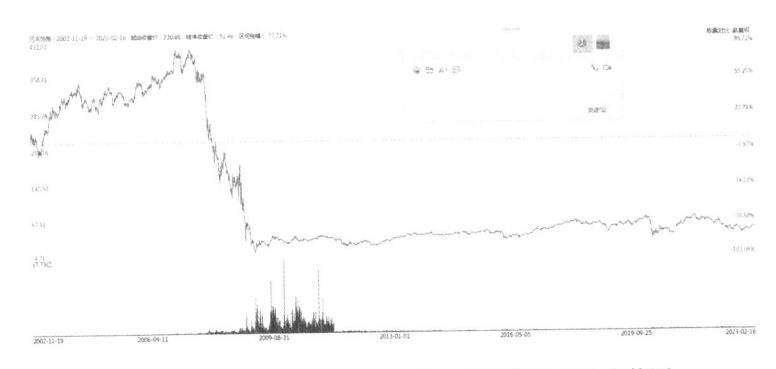

图 3-6　花旗集团 2002—2023 年 2 月期间的股价走势图

比如，当时的全球保险龙头 AIG，尽管在金融危机中因政府出手救助而避免了破产的命运，但是，当年老股东持有的股东价值却折损超过98%，到2023年2月，股价仍然较金融危机前跌去了94%。金融危机前的老股东们，尽管拥有的股票仍在，但实际已经遭受了严重的价值折损，从而发生了永久性本金损失。尽管老戴维斯以成功投资保险股而著称，但我在看完《戴维斯王朝》之后，就对保险股敬而远之了。因为我发现老戴维斯的巨大成功，并不能掩盖保险公司商业模式上的高负债风险，即便如戴维斯这样的保险行业专家，其投资的保险股仍然有三分之一最后破产，何况我一介保险门外汉呢，更是看不懂保险公司，更不要说成功投资它们了。

再比如，2021—2022年期间在A股、港股上市的房地产企业，华夏幸福、融创中国、建业地产、阳光100中国、新力控股集团、正荣地产……受房地产市场基本面急转直下的打击，原有的高负债、高周转模式无以为继，由商票、美元债无法按时兑付等引发危机，最后，企业资不抵债濒临破产，或者在行业底部被迫大幅折价贱卖资产求生，导致企业价值发生大幅折损。

还有银行业，确实有许多常青树型企业，但天然高负债经营的生意模式决定了，任何宏观风险、经营错误都会被放大，再强健的金融企业都难以承受储户、客户挤提的风险。中国市场银行监管严格，国有体制决定了一夜清零的可能性不大，但并不能排除类似风险。美国、欧盟、日韩等发达市场银行破产或重整并不是什么罕见的新闻，2023年前后见诸报端的就有瑞士信贷、硅谷银行、第一共和银行、签名银行，等等。

四是强周期。比如，远洋航运、航空运输等行业，生意模式决定了重资产、服务高度同质化，受宏观经济波动影响大。比如，美国历史上航空运输业一直是财富毁灭的典型，经过大鱼吃小鱼，发展到今天，五大航空公司已经形成了高度的市场集中，但仍然没有改变生意模式糟糕的本质，在疫情打击下，还是一度濒临破产。巴菲特于1988年、2020年，两次买入航空股，最后都认错退出。类似的，如果投资者感兴趣远洋航运行业，可以去了解下行业代表性企业的发展史，比如马士基、中国远洋等。我拜读和研究后的感觉，就是经营类似企业，企业命运波澜起伏，竞争波谲云诡，企业管理层时刻如履薄冰。看罢之后还是算了，不参与这些生意合伙，至少可以睡得安稳一些。

当然，行业并不能决定一切，企业是非常个性化的，值得投资与否还是得落实到自下而上的研究上来。比如，主业为自行车制造的企业，按道理属于明显的夕阳行业，但也有意大利FRW辐轮王这样的企业专攻运动自行车，结果发展得比自行车时代更好的案例。即使是市场公认的好行业，比如我国白酒行业，2017年规模以上白酒企业有1593家，到2019年时仅剩下1176家，到2022年上半年，规模以上企业又减少到了961家，5年间600多家规模以上白酒企业消失了；直到贵州茅台、五粮液等头部企业仍然暴利的今日，白酒行业亏损面仍高达近两成。也就是说，同样是白酒企业，有的能为股东创造价值，有的却在毁灭价值，甚至破产。

只是有些行业天生命好，有些行业也确实不幸，而不幸的行业发生企业经营失败的概率要大一些而已。经营失败的企业原因各不相同，但带来的企业价值折损、价值毁灭，进而导致本金损失的风险是相同的。

那我们该如何应对？

同应对财务造假企业类似，一是提升研究能力，二是与优秀为伍，三是组合投资。永远做大概率的事情，永远让自己站在时间一边，永远只冒即使亏完也能承受的风险，总归是错不了的。

4.个股风险典型案例

表3-1列出了发生典型个股风险的公司及股价表现，尽管无法尽列所有风险类别，供读者参考还是可取的。类似的风险案例在股市中并不罕见，而是可能就隐藏在我们的自选股、持股名单中，投资者如果平日能多梳理研究一些失败的案例，对于避免"踩雷"，或"跌到坑里"，都是极有意义的事情。

表3-1 发生典型个股风险的公司及股价表现

风险成因	公司名称	股价表现或结局
财务造假	乐视网	2017年，连续10年财务造假曝光，股价从16元跌到0.18元，退市
	康得新	2019年1月首次发生债务违约，但是财报显示其账上有122亿元现金。2020年9月被查实财务造假，股价从8元跌到0.2元，退市
	安然公司	2001年，造假事发，股价由90美元跌至0.3美元，破产退市
	辉山乳业	2016年12月，浑水即发报告，质疑辉山财务造假，2017年3月24日，无预警股价单日（实际只有29分钟交易）下跌85%，从2.8港元跌到0.42港元停牌，后退市
高负债企业商票、贷款、债券、外债等信用违约	中国恒大	2021年，商票违约后，股价从17.4港元跌到1.42港元
	华夏幸福	2020年7月—2021年7月，因债务逾期爆雷，股价从18元跌到3.05元
	正荣地产	2022年初商票违约，爆雷后，2个交易日从3.78港元跌到0.88港元
	雷曼兄弟	2008年6月公告亏损，到9月申请破产后，股价由23美元跌至0.079美元，破产退市

续上表

风险成因	公司名称	股价表现或结局
高负债企业受金融危机打击	贝尔斯登	2008年债务违约后,由159美元跌至2.84美元,后被摩根大通以10美元每股收购
	AIG	2008年,由1 177.42美元跌至5.47美元,15年后的股价仍只有60美元
	花旗集团	2008年,由440.18美元跌至8.28美元,14年后股价仍只有66美元
股东质押被强平风险	新力控股集团	2021年负债违约,大股东质押股票被强平,2021年9月20日,股价单日跌幅87%,从3.8港元跌到0.5港元,停牌(图3-7)
产品质量风险	伊利股份	2008年奶业受三聚氰胺事件打击,股价跌幅67%
	酒鬼酒	2013年受白酒塑化剂事件打击,单月股价下跌46%,股价从56元跌到10元
	长生生物	2018年7月,国家药监局通告疫苗生产记录造假,2019年触发重大违法强制退市,疫苗质量造假事发后股价从30元跌到0.77元,退市
重大研发项目失败风险	重庆啤酒	2014年12月公告临床数据,证实市场炒作了多年的乙肝疫苗研发失败,股价从71元跌到11元
	开拓药业	2021年12月,公告治疗新冠全球多中心三期临床试验失败,股价单日下跌70%,最多跌85%
政策风险	新东方	2021年7月,国家发布K12教培"双减"政策,股价由19.97美元跌至1.52美元
	好未来	2021年7月,国家发布K12教培"双减"政策,股价由90.96美元跌至3.23美元
	滴滴	2021年7月,国家网安办发布滴滴网络安全审查公告,暂停新用户注册,后App被下架,股价由18美元跌至2.29美元,后退市
大客户依赖风险	欧菲光	2021年3月,被苹果剔除供应商名录,受影响营收占比22.51%,3个月股价下跌超过50%
	歌尔股份	2022年,被大客户苹果罚款、转移订单,股价跌幅69%
	广田股份	2020年来自中国恒大的营收占比44.9%,2021年中国恒大债务违约后,连带受损,2021亏损55.9亿元,2022年继续亏损39.2亿元,股票已被ST风险警示,股价从4元跌到1.7。广田只是中国恒大信用违约受害者之一,影响波及建筑装饰、建材、家居等上游行业40多家供应商

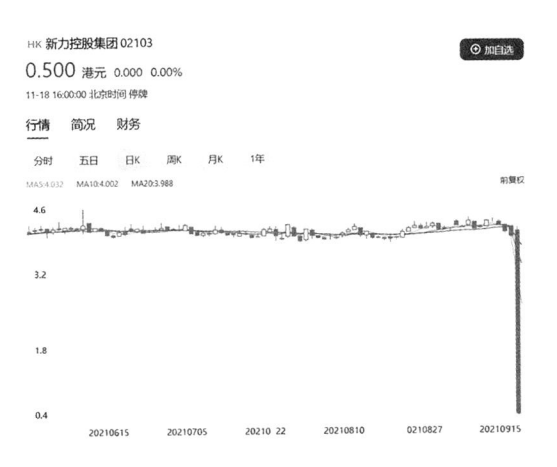

图 3-7　新力控股集团爆雷前后日 K 线

由表 3-1 可见，尽管未能尽列所有风险类别，但足以说明，相对股票指数，或者优质股票投资组合而言，个股风险不仅更大，而且可能导致企业价值折损、价值毁灭的原因也更多，投资人有必要识别和有效应对相应风险。因为一旦风险来临，轻则价值折损，重则直接破产归零。投资者的本金要么血本无归，要么持仓股价大跌，要走出股价低谷需要许多年，甚至永远都难以新高，从而造成永久性本金亏损。

总而言之，股市里有指数化复利增值的股票，也有名不符实或毁灭价值的股票，还有单日股价归零的股票。在回答股票投资如何赚钱时，巴菲特讲："有三条，第一，保住本金；第二，还是保住本金；第三，牢记前面两条。"所以，在追求复利增值之前，回避掉以上可能造成本金损失的风险，是投资者必须画出的一条红线，也是理应坚守的底线。

3.4.3　应对个股风险的三点建议

以上对不同类型的个股风险做了梳理，并讨论了部分应对建议，此处再次予以强调，并总结如下：

一是要区分优质个股的波动风险与本金永久损失的风险。优质个股波动的风险，确实会带来短期浮亏，但只要不在大跌后卖出，更好的做法是在底部加仓，则这种波动风险不仅不会造成实质亏损，反而有助于加速财务自由目标的实现，有助于滚出更大的财富雪球。即使无钱在股价大跌后加仓也没关系，优质企业价值随时间指数化增长的特性，也会推动股价新高，所以，优质股票波动的风险很多时候无法、也无须回避。而可能造成本金永久损失的风险，比如估值泡沫、财务造假、经营失败等风险，会造成企业价值折损或价值毁灭，是必须识别和回避的个股风险，因为一旦风险来临，股价很难回到前高，这时的股价下跌就是实质本金亏损。

二是"做好人买好股"。三观正，走正道的投资人，价值观能指引我们哪些钱能挣，哪些钱不能挣。选择企业和合伙人时天然有"洁癖"，不和那些有"污点"，或者不诚信的管理层合伙做生意，仅此一点就可以规避大部分个股风险。不懂不投，存疑不投，太难不投，毕竟，我们不需要太多标的，完全可以把选股标准设置得高一些，以弱水三千只取一瓢饮的心态，永远与优秀而诚信的人为伍，永远站在时间这边，永远选择可追溯历史长，经过市场和时间反复检验，产品或服务符合人们对美好生活的需求，一直在为人类和社会创造价值，长期未来前景靓丽，且估值合理或低估的企业股票，是规避本金损失风险的根本途径。

三是组合投资。构建一个优质低估股票组合，是对不确定性的基本尊重，是对人的认知能力缺陷和市场的基本敬畏；通过组合投资，做到组合中任何一家企业破产也不影响投资结果，是回避个股风险的终极保护伞。

3.5 股票投资"死亡"清单

投资股票，除了市场或股票自身的风险，还有一些投资人交易体系层面的致命性风险，此处称其为股票投资死亡清单。在股票市场不犯错的人还没有出现，犯错是必然的，底线是不犯致命性错误。不杜绝致命性错误，轻则严重迟滞实现财务自由的进度，重则导致投资失败。毕竟贪婪和恐惧，自大和自负，厄运自身例外论等，一直是人类基因中的固有缺陷。

我深信，即使专门用一节的篇幅予以讨论，且抱着美好的愿望期待读者能够避免致命性错误，但股市历史说明了，人们总是相信自己英明神武，选的股票怎么看怎么"优质",好运又会永远相随。避免致命性错误这种事情,非亲身经历,不挨教训,很难有切肤之痛和深刻认同。下面结合亲身经历及股市历史中的惨痛教训,对四种致命性错误予以讨论,并留给读者检验。

3.5.1 单一持仓

单一持仓是中小投资者最易犯的错误,常常让自己身处险境而不自知,所以,我把它放在"死亡清单"的首位。

我们可以找到很多单一持仓暴富的案例,也可以找到很多单一持仓投资失败的案例,特别是每一轮牛市的后期,股价鸡犬升天,"股神"一时满地,许多人错把运气当能力,总能看到、听到很多某某人,单一持仓某某股而暴富的例子。

但是,前面讨论个股风险时,已有足够案例说明,投资人若单一持仓的是不幸单日跌八成、九成,甚至破产退市的那些股票,会如何?除非我们觉得自己会一直幸运下去。否则请记住以下算术,股价跌九成,需要涨 10 倍才能恢复原有市值;再大的市值数字乘以零,结果等于零。也就是说,哪怕单一持仓赚 10 次,但只要实质亏一次,就会被打回原形或者血本无归。因为股市还有一个铁律,以错误方法侥幸赚到的钱,大概率会还回股市,甚至亏更多。

有人会说,高管、大股东就是典型的单一持仓啊。但是,他们不仅对企业知根知底,而且,他们的持仓市值跌九成,仍然财务自由。而我们跌九成就是灭顶之灾,所以,即使他们可以单一持仓,不代表我们也可以,毕竟,我们相对他们毫无优势。

当然,单一持仓暴富或者破产都是极端情形。对于股票投资成功而言,单一持仓最大的危险是故步自封,一旦"爱上"某只股票,大概率会戴着玫瑰色的眼镜看自己投资的企业,进而为自己的懒惰找到了借口,失去了研究不同行业企业、积累投资知识、经验、扩大能力圈和提升投资能力的动力;甚至掩耳盗铃,视而不见对自己持仓股票不利的事实和观点,从而失去客观理性的分析和鉴别能力。我见过不少在股市追涨杀跌 10 年、20 年,甚至更久的人,投资能力毫无长进,投资记录乏善可陈,核心原因就是全仓杀进,全仓杀出的单一持仓错误方法所导致的。

此外，单一持仓还会影响持股心态，易受贪婪和恐惧支配，在股价顶部和底部时受弱点所限，做出错误决策的概率大增；并且，选择了单一持仓，就是放弃了战略性机遇出现时调仓的灵活性，反而承担了投资失败的风险。

单一持仓的危害在亲身经历之前，很难有切身体会。2008—2009 年，个人买的第一只股票新安股份，就是单一持仓的，结果从 32 万元亏到 10 万元，每天都期待着"好消息"，每天都指望股价涨，容不得任何人说新安股份不好，结果却损失惨重，后在 2009 年初股市二次探底的恐慌中，选择了斩仓出局。2011—2014 年，读了不少投资书籍，便以为自己懂了，原来投新安股份是犯了投在周期股业绩顶点的错误，且仍不觉得单一持仓有什么错，仍然觉得自己选股的眼光不可置疑。基于勤奋学习和"货比货"，发现消费医药多长牛，于是精心选择了华海药业，并集邮式的全仓买进，地毯式的搜集华海药业相关信息，跑企业现场调研，建 QQ 群分享交流，还梦想着通过 20～30 年的复利增长实现财务自由。结果原料药、仿制药重资产、竞争激烈的生意本质决定了，华海药业业绩波动大，股价也动辄涨 1 倍跌 50%，持股期间账户市值波动巨大，收益却比较有限。并且长期局限于华海药业，投资能力进步有限，视野狭窄，阻碍了对优质企业复利机器本质的认知建立。

加之单一持仓影响持股心态，股价涨也担心，跌更怕，在持股市值几次大幅涨落后，担心又坐股价过山车，从而在牛市初起浮盈约 1 倍多时，越涨越减仓，以投机性的心理期待还能买回，结果却操作成了清仓华海药业。该笔投资尽管挣了 1 倍多，但回头一看，同期恒瑞医药的股价波澜不惊地涨了 2 倍多。到 2020 年医药股牛市高点时，华海药业股价又涨了 6 倍，同期恒瑞医药涨了 10 倍。也就是说，华海药业的股价 9 年涨了 12 倍，恒瑞医药涨了近 30 倍，但和我有什么关系呢？

回头看当时的经历，单一持仓时心态不稳，小聪明过度，赚不到 10 倍股、30 倍股的利润空间才是正常的。而且，在单一持仓时，市场没有给我致命一击，有的只有感恩，以及在股市侥幸存活下来的后怕。

还有人觉得资金量小，买一只股票就够了，甚至必须"搏一搏"。现在才知道，单一持仓和资金量大小没有关系；单一持仓是投资体系上的缺陷，根源要么是贪，要么是懒，要么是自负，和专注及资金量大小无关。实际上，企业并不会因为我们研究得勤，跟踪得细而变优质，也不会因为"专一"而奖励我们的账户。反而容易影响投资心态，错失投资机会，降低了投资决策的容错性，甚至因踩雷而投资失败。

所以，即使是单一持仓贵州茅台而致富的人，也只是"幸运"和偶然性而已，不代表其具备了可复制、可持续挣钱的投资能力。但运气不可复制，更无法终身依靠，运气作为成功人士谦虚的托词倒是可以，投资者若把运气当作能力，必然是难以令人安枕的，而且，失败的教训，大概率就在前方等着我们的。

3.5.2 重仓融资

融资就是借钱买股票，杠杆投资，重仓融资的本质是贪婪且自负，实质就是把命运交给了市场。

来到股票市场，绝大多数人想的是暴富，人人都觉得自己股神附体或者幸运之神会额外垂顾。所以，总有人对融资炒股趋之若鹜，其诱惑在于一旦侥幸"成功"时，会成倍地放大收益。以1∶1的融资杠杆为例，100万元本金，融资100万元投资股票，股价涨1倍时，账户获利300%。涨2倍时，账户获利500%。随着杠杆倍数的增大，相应暴利效应愈加惊人。

但是，重仓融资投资股票，即使一切看对、做对，只要市场先生发疯一次，甚至正常的股价波动，结果就是爆仓归零。历史表明，在港股、美股市场，公司股价因利空打击，甚至找不到任何原因，没有任何征兆，股价发生单日五成及以上下跌的情形并不罕见，此时，股票账户有融资和没有融资的区别在于，当股价巨幅下跌时，没有融资，投资者可能还没有反应过来股价就恢复了，只要公司内在价值支撑还在，股价迟早会涨回来，甚至还能借股价大跌加仓而获利；而有融资，在股价下跌过程中账户就爆仓了，既然已被市场消灭，后续股价上涨再多都和我们无关。

1930年，投资经典《证券分析》《聪明的投资者》的作者格雷厄姆，认为大萧条最糟糕的时期已经结束，全仓杀入股市，并且在部分品种上加了融资杠杆，最终让多年的投资积累付诸东流并破产。利弗莫尔14岁时以5美元入市，几次通过融资做多或做空成为巨富，其个人交易量一度大到可以影响股票市场，却因为前后爆仓4次而破产，最后婚姻失败，自杀身亡。

2015年，在A股"杠杆牛市"中，市场场内融资余额超过2.2万亿元，场外还存在1∶10～1∶5的伞形配资。当潮水退去时，市场连续熔断，个股连续跌停板，融资者完全无法卖出平仓，大批的融资账户发生踩踏爆仓，区别就是50万资金量的赌徒归零，1亿资产的赌徒最后负资产2000万元。1∶10的杠杆什么意思？一个跌停板–10%的股价波动，就会导致账户净资产为负了。

自2012年开始，美股对冲基金经理Bill Hwang（比尔·黄），惯常使用3～4倍的杠杆投资，并因美股"十年大牛市"一路顺风顺水，个人财富从2亿美元飙升到2021年的150亿美元。2021年，却因为持仓中一家叫Viacom的公司意外增发股票导致股价下跌，蝴蝶效应引发账户被强制平仓，不仅个人破产，并连带借钱给他炒股的野村证券巨亏20亿美元，瑞士信贷亏损70亿美元（瑞士信贷最终破产同此事不无关系），高盛等因及时发现风险，迅速平仓了其账户190亿美元的持股，才侥幸摆脱连带受损的命运。

以上列举的都是杠杆投资破产的案例，除了爆仓破产之外，融资还会影响持股心态和导致交易短期化，极易放大人性弱点和犯错的危害。其中最常见的危害，就是在股价底部时，不得不卖出优质股票仓位，让浮亏变成事实上的本金损失，会极大减损实现财务自由的概率和速率，甚至彻底打乱投资节奏和心态。哪怕是顶级的投资人，也会被杠杆投资伤害。比如，芒格在2023年2月回答在2022年的下跌市中Daily Journal（每日期刊）为什么减仓一半阿里巴巴股份时说："阿里巴巴是世界上最好的公司之一……（之所以减持）当初我们用了一些杠杆。"该公司建仓阿里巴巴的均价约181美元，下跌中减仓时的均价约108美元。

很多人觉得自己很理性，对投资又精通，怎么会那么傻，在该买进股票的时候，却反而卖出优质股呢？聪明人确实很多，但再聪明的人一旦把命运交给市场，就难免有不得不在底部减仓的时候，而且很多时候熊市底部的最后一跌，往往就是杠杆资金爆仓杀跌出来的。比如，有太多的杠杆投资者在熊市反思的记录中提到，我知道自己持有的股票优质又低估，但当信用账户维持担保比例越来越低，收到券商追加账户保证金的提醒电话和短信时，心态就彻底崩溃了。不减仓、不追加保证金将予以强制平仓的压迫感，让人没有选择，必须不计成本、不管未来的减仓，那时唯一的决策动因，只剩下求生的本能。当然，如果还认为自己能理性面对的人，只有亲身经历此时此境时，再来看自己还能不能淡定面对爆仓的风险。

之所以限定重仓，是因为轻仓玩融资就和其他投机、赌博活动一样，属于玩玩，无伤大雅。无伤大雅的前提是我们清醒地知道这就是赌博，而不是投资，而且必须有严格的纪律。遗憾的是，对绝大部分人来说，融资一开就是通往地狱之门，因为大多数人想的都是赌把大的，赚"够了"之后就不再融资了。但股市历史证明，采用错误的方法滚到再大的雪球，难免最终归零，因为贪婪和侥幸难以改变，即使赌"对"再多次，但归零只需要一次。

在股票市场什么事情都可能发生，历史反复证明，赌运气并不可靠，哪怕出现概率为百万分之一的事件，也并不代表不会降临到自己身上。2015年，因嫉妒和羡慕有人通过杠杆投资招商银行赚了2 000万元以上（后因杠杆投资又还给了市场），我也决定融资赌一把，赌的时候还觉得自己很保守，因为仅加了30%的融资，而且也没有单一持仓，赌的又是流动性和业绩兼具的长安汽车、浦发银行、五粮液等优质大盘蓝筹股，结果却在牛市后的大跌中，几个交易日账户就回撤了37%。当时盛夏极寒的感觉，一辈子也忘不了，好在融资比例不高，及时减仓认错，才没有被市场消灭。

现在回头看时，有的只有冷汗和后怕。这才深切体会到，确实慢就是快，欲速则不达，功到自然成。被市场教育后，才明白必须牢牢地把命运抓在自己手中，而不是交给市场。不管是投资还是做任何事情，一旦我们指望运气加持时，厄运往往就不远了。

3.5.3 重仓做空

重仓做空具有重仓融资所有的风险，如把命运交给市场，影响心态和交易频率高，会放大错误，等等。此外，做空需要归还的是特定证券，不像融资平仓方式灵活，如是更多了三层风险：一是除了融券利息，股票价值一般随时间是在指数化增长的，做空者相当于让自己站在了时间的对立面。二是因长期停盘或轧空等原因，无券可平仓的风险。三是市场发疯时，融资只要不爆仓还可以低价买入，这种买入潜在收益率是提升的，对投资者有利；但被轧空时，贵到不应该买股票的时候，倒要被迫买股票平仓。也就是说，市场向下发疯还会有个价值底，向上发疯是没有顶的。所以，一直没有想明白，这种收益最多为百分之百的本金，亏损可能无限大的游戏，明显风险收益不对等的事，为什么会存在，并有人热衷于去做。

2008年10月29日、30日，德国大众汽车公司的股价连续飙升，涨幅分别为147%和82%，从200欧元最高涨到1 000欧元，市值一度高达3 700亿美元，并短暂成为当时全球市值最大的公司（图3-8）。

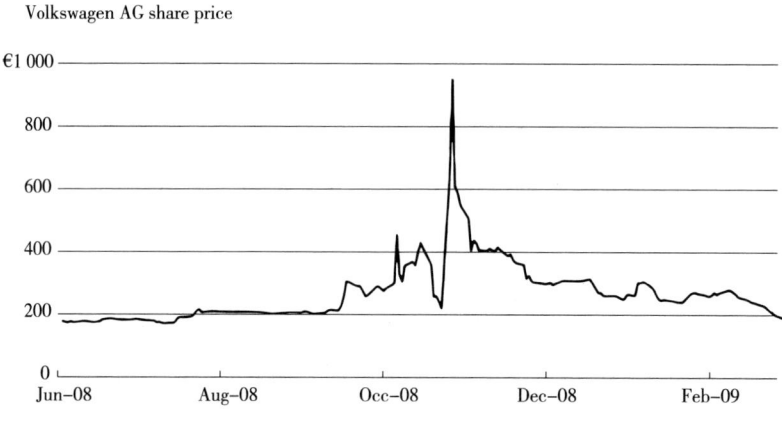

图3-8　2008年大众汽车股价被轧空前后的股价走势

显然并不是大众公司的基本面有如此巨大变化，也很难相信是股票多头如此暴力建仓。其实，这次股价暴涨的原因是做空者被轧空。当时，融券做空的股票竟然占到了流通盘的13%，而此时扣除大股东保时捷和官股，市面上可交易的大众公司股票只剩5.8%。也就是说，可流通的股票数量已经少于融券总量，即市场中可交易的股票即使全部让空头买来平仓也不够。消息一出，法兰克福市场爆发了股票史上最大的一波轧空行情，空头为了平仓，疯抢那5.8%的股票。在此次事件中，德国第五大富豪阿道夫·默克勒因做空大众公司股票，而不得不在股价1 000欧元附近回补平仓，导致亏损高达10亿欧元。

在2016—2021年，特斯拉股价一路上涨，同时一路被做空。直到2021年，该公司一年也仅卖出93.6万辆电动汽车，不及丰田汽车的10%，且公司还在亏损之中，但市值却超过了全球传统汽车制造商市值的总和。无论从哪个角度评估，特斯拉股票均属于显著高估，所以引来了大量做空机构，结果股价并没有因为做空而下跌，包括知名做空机构香橼（Citron Research），尼克斯联合基金，曾经因做空安然而成名的 Jim Chanos，Kynikos Associates 联合创始人吉姆·查诺斯，浑水，绿光资本等知名投资人或机构，均因做空特斯拉而铩羽而归。有数据统计，几年间做空特斯拉的对冲基金亏损了 400 亿~800 亿美元。

如果说做空优质股就是站在了时间对立面，是做傻事，即使是做空垃圾股也有危险，甚至更危险。在 2021 年美股牛市中，美国新一代年轻散户们将一只卖游戏光盘，行将退市的垃圾股 GME（游戏驿站）从 3 美元一路抱团炒到了 300 美元，1 年间股价涨了 100 倍。从基本面来说，GME 确实是只垃圾股，股价从 2016 年的 28 美元一路跌到 2019 年底的 3 美元多。鉴于公司前景趋于破产，看不到任何生机，如是被空头盯上，2020 年 GME 成了美股做空最多的股票，空头净头寸是股票流通量的 138%。就在 GME 行将破产、面临退市的局面时，网络股友们看到了这些持仓的空头机构，居然一呼百应，玩大型真人网络游戏般的抱团合力买入 GME 的股票和期权，以期轧空空头而暴富。喜剧的是，居然还真奏效了，随着网络股友们群情激奋地买进，股价一路飞涨，20 美元、40 美元、73 美元、159 美元、76 美元、147 美元、300 美元。200 万抱团散户与做空机构鏖战，股价上下翻飞。在此经典案例中，曾经发布 150 多份沽空报告，先后狙击 20 多家中概股，导致其中 10 家以上公司惨淡退市或股价从此一蹶不振的大空头——香橼公司，规模超百亿的对冲基金梅尔文等著名空头机构，都被轧空而巨亏投降。只能说，世界之大，没有什么不可能，在股市，从来就没有绝对的确定性。

其实，做空垃圾股还有一种亏法，即因并购重组、增发融资、资产注入等，导致资产被做实。比如，某股票真实价值为 1 元，空头在股价 10 元时做空，按理讲已经很理性了吧，但不幸的是，股价被市场炒到了 100 元，此时企业按市价增发 20% 的股份，则股票价值被做实到了 20 元，此时不管空头平仓与否，10 元做空已经发生了实质本金亏损。当然，还可能像前述案例一样，因为垃圾股没有机构对手盘，预期又坏得不能再坏，任何一点儿哪怕是朦胧的"利好"火星，都会点燃股价并导致空头被轧空，从而进入平仓与股价暴涨的轧空循环。

当然也有做空获利的，做空造假公司等有利于净化市场，做空还有利于促使过高的市场估值回归合理水平。但是，我总觉得如果说重仓融资是用子弹拦截来袭的子弹，重仓做空就是用飞镖拦截来袭的子弹。以前不敢、不愿参与做空，以后我也不会参与。因为我已经明白了，根本没有必要为了再多几个铜板，而去赌，人生也无须富有两次。

3.5.4 坚持错误方法

在股票市场，绝大多数方法错误虽不致命，但如果不反思，拒绝改变，甚至怨天尤人，日积月累也会致命的，所以，加了"坚持"二字，故步自封，死不悔改的意思。坚持错误方法本质上属于一种错误累积，因为小亏不断，最终亏光本金或者丧失投资信心的情形。俗话说，哀莫大于心死，当一个人失去了投资信心时，比缺乏投资能力更可怕，结果必然是永远离开股票市场，也就是完全失去了投资股票实现财务自由的可能。

比如，常见的不知优劣贵贱，频繁交易，追涨杀跌，买卖失据，恐高拿不住优秀标的，等等。这些都是可以通过学习，反思，历练，修正方法体系和修炼心性而改掉的。当然前提是常有学习之志，常思自身之过，常怀感恩之心，日积跬步，才可能建立起正确的投资方法体系，练就投资必备的心性。

好在方法错误是完全可以改正的错误。哪怕成功如巴菲特，也犯过很多错，犯错不可怕，重要的是犯错后能做到"不二错"，能不断地学习进化，完善投资体系。不过遗憾的是，在股票市场，大部分人赚了以为是自己的能力，亏了要么怪机构追涨杀跌，要么认为受某人误导，要么觉得是运气不好，反正就不是自己的错。所以，哪怕混迹市场再多的 5 年、10 年，结果无外乎坚持错误方法更久一点儿，损失更大一点儿。我曾经碰到一位 1996 年就入市的老股民，说曾经买过 3 元的长安汽车股票，后来股价涨了 10 多倍，遗憾拿不住……每次亏得受不了了，就退出市场，每次看到市场火热了又杀进来，明知道只要拿住了就能挣钱，可就是拿不住。这就是典型的坚持错误方法。

让我们来做道算术题。每次亏损 10% 的交易，做 5 次，就会损失本金的 41%，10 次后就会损失本金的 65%。如果不改变交易模式和投资体系，再多的钱也会亏完的，所以叫错误累积。每次亏 1% 的交易，持续 365 天，结果是亏损97%。如果把炒股或者亏钱当作爱好，不影响生活，那也无妨。但如果是来投资和追求财务自由的，坚持错误方法不仅亏钱，对投资信心，甚至生活信心的打击必然是巨大的。

2009年，我清仓新安股份后，从此就迈上了在股市杀伐果断，追涨杀跌的征程。2009—2010年，赚小钱亏大钱，从新能源行业杀到奶业，从牛奶行业杀到煤炭开采行业……我都记不清楚自己买过多少，买过哪些股票了，只记得手起刀落利索，追涨杀跌刺激，反正年底回头一看，没赚到啥钱。如果2008年亏损，还可以安慰自己几乎所有股票都在跌，2009年可是个小牛市呀。几乎每一只自己曾经交易过的股票，当年股价都涨了1~3倍。到2010年时，股票账户仍然一片惨绿，从新安股份割肉出来的10万元，继续亏到了8万元。亏钱尽管没有影响生活，但是本来在工作中，生活上挺自信的一个人，却在股市亏到信心尽失，严重怀疑自己是否适合投资股票，最后清仓退出了股市。

回想当日，仍能体会那份沮丧和无助。只是幸好没有得出股票不可靠的结论，没有服输，并不断反思，持续研究和学习股票投资，坚持优化投资体系，提升投资能力。现在想想，尽管初入市时交了24万元的"学费"，这段经历尽管惨痛，但对后来的投资之路帮助极大。进而因为勇于改正错误，持续地优化投资体系，并在彻底进化开悟之后，收获了财务自由。

历史表明，股市里面没有神话，如果认可自己也是芸芸众生中的普通一员，对风险和不确定性有基本的敬畏，能够避免以上致命性错误，才能在股市活得久、活得好，由此才可能享受到复利增值的快乐，并顺利实现财务自由的目标。

本章小结

股票投资是充满着风险的，有些风险，比如股票指数、优质投资组合、优质股票的波动风险，是难以回避的，甚至是可资利用的"低买高卖"良机，且可以通过分批买进，选择买入估值，加长投资周期等得到消解；而有些风险，比如个股信用风险和经营失败的风险，是必须回避的。要规避个股信用风险、经营失败的风险，从根本上要靠买优质、买低估，始终与优质为伍，并通过组合投资构建起终极保护伞。

而单一持仓、重仓融资、重仓做空、错误累积等是投资者需要引以为戒的四类致命性错误。当然，读完本章后，读者难免仍然认为自己具备超能力，觉得自己一定会永远幸运，我们也不用急于下定论和辩论。我深信，时间和教训会提醒我们，什么叫南墙，从而让有反思精神的人修正错误，并不断进化。只不过，每多错一次，我们离财务自由的目标就远了一点儿，未来能够滚出来的财富雪球就小了一圈。

第 4 章

股价涨跌的秘密

股价到底为什么涨？又为什么跌呢？对股价涨跌规律的认知，不仅有关炒股和投资的分野，甚至决定了股票投资的成败。有人说是资金决定的，有人说是"庄家"炒作，有人说是"市场先生"决定的，有人说是主管货币政策的中央银行决定的，还有人说是企业价值决定的……那股价涨跌到底是由什么决定的呢？我曾经花了5年时间，才搞明白股价涨跌的秘密，而后才能理性地对待股价涨跌，才不至于持仓股价涨了担心，跌了也怕，这才迎来了投资组合的稳健复利增值。

本章主要内容：
- 短期股价无法预测
- 资金决定不了长期股价
- 价值才是股价之锚
- 影响股价的其他因素
- 股价增长的三种模式
- 投资者该立志赚什么钱
- 股价下跌才是真利好

4.1 短期股价无法预测

股票是企业的部分所有权,当然也是一种商品,而商品就会有供求买卖,所以,股票市场供求关系确实也会影响股价。

对确定股票而言,当需求增加(买得多)而供应紧缺(卖得少)时,短期股价就会上涨,反之则会下跌。所以,当出现新增资金入市、大股东增持、公司回购等情形时,股价多半会上涨;而在发生限售股票解禁、公司增发新股、重要股东减持等事件时,股价多半会下跌。此处,之所以说多半,是因为在股市待得越久,我们越会发现短期股价完全是随机漫步,比如,见到增持公告时股价却下跌了,而见到减持公告时看到的却是股价上涨。至于企业业绩大增等"利好"公告后,股价却下跌,业绩亏损或下滑等"利空"公告后,而股价却上涨的例子,几乎每个交易日都在发生。

我们还会发现,在牛市中大多数股票会上涨,但也有下跌的股票;而在熊市中,大部分股票都会下跌,但也有逆势甚至在暴跌市中上涨的股票。个人经历的最极端的例子,是在2020年3月全球股市崩盘时,微创医疗的股价却逆势启动和暴涨,短短1年多时间上涨10倍。至于在牛市中,别说股价下跌,就是破产退市的股票,也多了去了。

股市反复证明,以日、周、月、季度、年,甚至3年以内的短期而言,股价走势就是随机漫步,在股价演绎出K线前,谁也无法准确预测其短期走势。但是,预测短期股价,期待抓住事件性机会又很诱人,因为大家都会按计算器,比如,如果每天能挣1%,一年200个交易日后,本金会增值到7.3倍。如果每个交易日都能抓个涨停板上涨10%,则一周就能赚61%。2009—2010年,我就算过这个账,而且还很自信,玩短线、画K线我总比一般人强一点儿吧?可是结果却事与愿违,不仅抓不到涨停板,多半我买进就跌,卖出就涨;偶尔赚点小钱，最终也难逃亏得更多的结局，就好像股市故意和我过不去。盯盘、画线，玩得不亦乐乎，实质就是想通过预测短期股价赚快钱，这么玩，追涨杀跌刺激倒是很刺激，可还是亏钱。

后来我才明白，这种短期追涨杀跌和赌博无异，劳神费力，夜不安枕，偶尔挣点儿钱实质是交易对方的亏损，属于零和甚至负和游戏（税费、佣金等损失）。也没有见到靠预测短期股价而持续致富的案例，总想通过炒股赚快钱，应该就是股市里"二平、七亏"的根本原因。如果此路可行，我们将见到的是，可提前预知半日股价的人，不仅会很快富可敌国，整个股市的市值都不够他赚的。但这种好事，可能吗？

当然，现在我能确信，能预测短期股价，并基于此可持续、可复制、规模化赚钱的只有两种人，一是神仙，二是骗子。

4.2 资金决定不了长期股价

当大量资金集中追逐某只股票时，受供求关系影响，股价短期确实会上涨，反之，当有人集中卖出股票时，短期股价会下跌，也就是说，短期股价确实是买卖双方资金博弈所决定的，特别是大股东、机构等资金实力雄厚的"大资金"，手握重金或者大量股票，即大伙所称的市场"主力""庄家"，他们确实有能力影响个股，甚至市场的短期股价走势。刚入市时，我也迷信他们，每天关心网上的投资者多空调查，查看资金流进流出、涨跌幅榜、龙虎榜、机构进出、做空仓位……财报出来后，赶紧看看股东名册，看看哪些人在买，哪些人在卖，分析"主力"的成本……以求找到牛股密码。可是，实践证明，做这些事，当作娱乐可以，指望以此作为投资决策的依据，想要以此预测股价走势并获利，要么徒劳无功，要么事与愿违。

那到底靠资金实力能不能决定股价呢？能，但又不能。能是指短期确实能影响股价，但一定决定不了长期股价。否则，一定会有只涨不跌的股票，那些靠雄厚资金操纵股价的人一定会可复制、可持续挣钱，可事实如此吗？

2015年9月18日，证监会通报，袁某于2015年6月1日到7月31日之间，利用资金优势、持股优势连续买卖、在自己实际控制的账户之间交易、虚假申报等方式操纵蓝光发展和苏宁云商的股价。2个月的操纵期间，袁某亏损2.78亿元；在其操纵股价期间，蓝光发展和苏宁云商的跌幅分别达到37.55%、25.58%。

2017年12月4日，证监会通报，牛散吴某2015年2月9日至8月27日期间，通过集中资金优势和持股优势连续买卖、在实际控制的账户之间相互交易、虚假申报和尾市交易的方式，影响"新华锦"股价，累计亏损1.78亿元，并处以100万元罚款；其在2015年7月到8月操纵"得利斯"股票股价时，还亏损1.85亿元。

2019年11月25日，证监会通报，金利华电董事长赵坚与公司董秘、财务总监楼某、配资中介朱某合谋，在2015年10月8日至2018年4月27日期间，以拉抬自家公司股价获利为目的，控制利用112个证券账户，采用多种手段操纵、影响金利华电交易价格和交易量，结果亏损1.57亿元，且被市场禁入。

2019年12月2日，证监会公布，朱某于2016年10月14日至2017年4月19日期间，控制使用74个账户组集中资金优势、持股优势连续买卖"神开股份"股票，结果巨亏4.34亿元，被罚款300万元。

2021年初，证监会通报熊某、吴某操纵"华平股份"案，在操纵期间账户组亏损3.24亿元，对二人处罚390万元，同时，对吴某采取3年证券市场禁入措施。

当然，也有操纵短期股价而"盈利"的。2018年8月10日，证监会公布了一则操纵股市案，高某通过一人控制16个账户，通过信托计划等方式放大资金杠杆，集中资金优势，以连续封涨停等手段，操纵"精华制药"股价，短期从2015年1月12日的22元/股，涨到同年6月5日的91.8元/股，涨幅超300%（图4-1），留下了精华制药股价K线图上的91元的历史股价"针尖"，3个月后股价即跌回起涨前，随后逐级震荡下跌，直到2023年初股价都没能新高。通过操纵股价，引诱跟风盘出货套现，半年时间高某非法获利8.97亿元，后被罚没18亿元。

图 4-1 精华制药被异常操纵的股价 K 线图

无论古今中外股市，操纵市场历来有之，在早期不规范时更为常见，读者如果感兴趣，可以去追踪研究 2000 年前后，曾经叱咤市场、财大气粗的"德隆系"崩盘事件。结果无外乎证明，靠资金优势仅能影响短期股价，"大资金"不仅决定不了长期股价，甚至也无法确保短期盈利。而参与"庄股"投机，与狼共舞的中小投资者无疑是最大的受损者。仅最近几年，证监会查处和通报的股价操纵案就有广东百灵信等操纵股市案、厦门北八道集团操纵股市案、罗山东操纵股市案、江苏现代操纵证券市场案、广东中恒信操纵证券市场案、郑某操纵嘉美包装案等，涉案机构、个人动辄调集几亿元、数十亿元资金操纵股价，即使非法获利，最后也难免落得个人财两空，甚至锒铛入狱的下场。

如果读者愿意，还可以找到更多"大资金"决定不了长期股价的案例，甚至董事长等内部人士操纵自家股票都不乏失败的案例；事实证明，资金确实决定不了长期股价，最多只能影响短期股价，制造出一些 K 线图上的"浪花"而已。

4.3 价值才是股价之锚

股票作为企业的部分所有权，决定了股票的价值源自企业价值，而股价就是企业部分所有权价值的价格体现。与一般商品购买者得到的是使用价值不同，投资者购买股票得到的并不是某种使用价值，而是企业部分资产的所有权和收益权。更重要的是，这部分企业所有权的价值随时间的推移可能指数级增长，也可能归零，也就是说，股票的价值随时间的推移是会发生变化的。

我们还是以面馆来作比，投资者出价10万元，买入了一家面馆10%的股权。买进交易时，该面馆每年盈利10万元，分红5万元，则其出价对应面馆总市值为100万元，PE估值为10倍，股息率5%。假设由于经营得法，5年后，该面馆每年盈利30万元，仍然保持50%的利润分红比例，即年分红15万元，则10%份额对应盈利从1万元增长到了3万元，对应分红从0.5万元增长到了1.5万元。显然，5年后这10%的面馆资产更有价值了，以盈利或股息计，已增值为原来的3倍。

5年后，若该投资者拟转让该10%的面馆份额，该如何定价？

作为理性的投资人，因为面馆的盈利能力和股息提高了，以市场上类似资产的投资收益率为参照，卖家理应提高转让价格。即使买家仍想以10万元成交，由于卖家很清楚该面馆更"值钱"了，只要卖家不接受则不会成交，还可以不断寻找新的买家以求得公允的转让价格，直至买卖双方均认可的价格，交易才能达成，即形成新的转让价格——新的股价。而在股市里，同样10%面馆份额的成交价，牛市时投资人会乐观很多，可能报出100万元的高价；熊市时悲观过度，而以15万元的价格成交；还有可能的是，市场估值不变，则10%面馆份额的成交价从10万元增长到了30万元。当然，前面举的是面馆内在价值随时间增值的例子。实际上，该面馆也完全可能因为经营不善而破产，则10%份额对应的价值归零，则5年后该面馆的转让价格也应该归零。

所以，从表面上看，10%面馆的价格是由买卖双方交易确定的，其实本质上是由面馆的价值所决定的。在第1章我们已经述及，上市公司实质上就是规模大一些、业务复杂一些的"面馆"，而股票作为企业的部分所有权，企业价值决定股价的规律同以上面馆案例毫无二致。只是股市中买家、卖家众多，相比实际面馆转让成交的频率和效率高得多而已。当然，以上为了方便读者理解，仅以盈利和分红来讨论股票的价值，实际上，对于永续经营的企业，除了即期的盈利和分红，企业存续期的自由现金流的折现值才是价值的决定因素，未来自由现金流折现值才是股票价值之锚。

也就是说，尽管股价会受牛市、熊市、短期供求关系、股市内外各种因素的影响，但长期而言一定决定于企业价值——未来自由现金流折现值。就如科斯托兰尼所言："股价和价值就如狗和遛狗的人之间的关系，狗有时候会跑到主人前面，有时候会落到主人后面，但不管如何，狗总是围绕主人前后跑动。"

比如贵州茅台，自2001年上市到2021年，20年的时间，营业收入从16.2亿元，增长到1 090亿元，增长约66.3倍，复合增长率约23.42%；净利润从3.3亿元，增长到520亿元，增长约156.6倍，复合增长率约28.79%；而年度收盘股价（后复权，未计分红收益），从38.55元（上市发行价31.39元，开盘价34.51元），增长到了12 085.6元（后复权，未计分红收益），增长约312.5倍，年复合收益率约33.29%。也就是说，股价涨幅超300倍的内在原因，是在于营收和利润的持续高速增长，也就是企业价值的指数化增长。只不过由于PE估值在8 ~ 73倍变化，股价的波动远大于营收和利润的波动，导致股价走势时而落后于利润的增幅，时而超前于利润增幅而已（图4-2）。

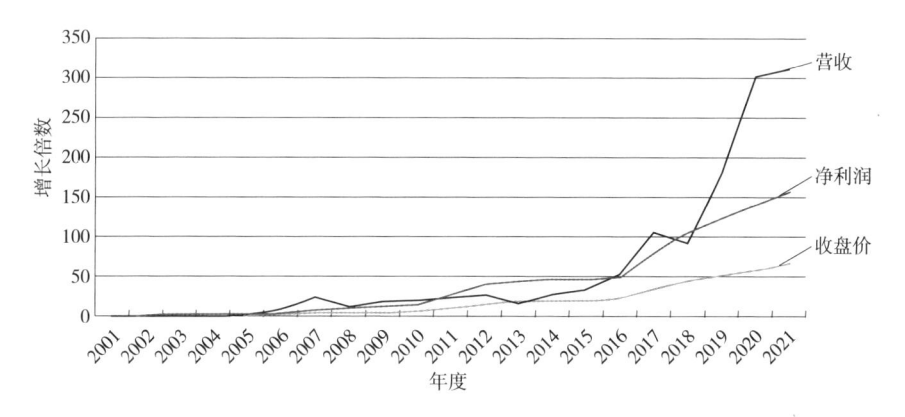

图4-2 贵州茅台上市以来营收、净利润、收盘价增长对比图

同样的，格力电器1996年上市，开盘价17.5元，该年营收28.41亿元，净利润1.86亿元，到2019年，也就是上市23年后，营收增长到1 981.5亿元，净利润247亿元，23年间格力电器营收复合增长率约20.27%，利润复合增长率约23.68%，期间股价涨到了9 694.3元（后复权，未计分红收益），增长了553倍，年复合收益率约31.61%。

投资者如果感兴趣可以继续去梳理那些优质股的相关数据，这些复利机器的股价之所以持续快速指数化增长，背后的驱动因素在于企业价值的增长，表现为营收、利润、自由现金流的持续快速指数化增长。

就如前述章节所举的例子，万科 A、格力电器等股票每年分红都可达上市时市值的 30～50 倍，股市给它们的股票定价能不涨吗？贵州茅台、伊利股份等优质股，也是如此，当前每年的分红都远超 10～20 年前的总市值。作为投资者，即使不懂自由现金流折现估值，也不懂什么 PE 估值，任何会算术、买过东西的人都不难看出，企业的价值相对 10 年前已经惊人地增值了。当然，反过来，如果企业经营不善，企业价值的折损也会导致长期股价下跌，甚至破产归零。

综上所述，短期股价是无法预测的，再雄厚的资金实力也决定不了长期股价，而长期股价的涨跌一定决定于企业价值。就如格雷厄姆所言："市场短期是投票机，长期是称重机。"只有认清了这一点，才会将目光从市场涨跌、股市牛熊，转移到企业价值的变化上来。也就是巴菲特所说的："在球场上打球要盯住的是球（价值），而不是记分牌（股价）。"

所以，只要企业价值是指数化增长的，股价自然会反映价值的增长，哪怕发生类似 2008 年金融危机导致的股价和价值偏离，长期而言，股价总会得到修复。这便是美股道琼斯指数、A 股上证指数等历经各种风云，总能在"跌倒"之后爬起来，不断从新高走向新高的根本原因。优质企业也一样，企业价值的指数化增长必然驱动股价的指数化增长。

我曾经很担心股票再怎么有价值，如果没有人气，无人买进也不会有公允市值，后来才明白，要担心的是自家股票是不是真的有价值，当真有价值的股票跌出吸引力时，自然会有聪明资金买进，只要企业内在价值指数级增长，作为企业份额所有权的股价也必然新高。这种信念，这种规律才是买入持有优质股票，甚至在市场发疯打折出售优质资产时，敢于兴奋加码买进，敢于抱牢优质企业股票安睡、穿越牛熊的底气所在。

当我明白并实践这一点时，在股票投资路上终于从"猿"进化成了"人"。便再也不担心复利机器们的股价不涨了，从而促使我将目光和精力，从"牛市、熊市、成交量、K 线、涨跌幅榜、资金流进流出、市场热点、行业板块、资金偏好、股东户数、加息降息、宏观信息、企业鸡毛蒜皮的动态"等市场噪声，转移到挖掘、买入和抱牢那些优质企业——复利机器上来了。

在搞清楚了股价涨跌的秘密后，有时候我还会臆想，要是我持有的某只股票总市值能跌到1元钱多好啊，这样我就可以用给儿子买棒棒糖的价钱，为他买一家优质企业。遗憾的是，我的这个梦想，从来就没有实现过。

4.4 影响股价的其他因素

除了以上各种影响股价的因素之外，市场偏好、通货膨胀率、利率等市场或宏观因素，也会影响股价。下面逐一予以讨论。

4.4.1 市场先生

本杰明·格雷厄姆在《聪明的投资者》中提出了"市场先生"的概念，市场先生会不会影响股价呢？每当牛市来临，市场先生极度乐观，指数持续上涨，投资者蜂拥入市，股票需求增加和股价上涨互相强化。熊市时市场先生又极度悲观，股价持续下跌，需求愈加萎靡，需求萎靡和股价下跌也会互相强化。个股也是一样，市场先生时而乐观爆棚，会忽视公司各种不利因素，报出越来越高的价格，让我们害怕错失机会而追涨；时而又沮丧抑郁，完全忽视公司各种利好，报出难以置信的低价，让我们因恐惧而杀跌。

市场先生是谁呢？其实就是我们自己，就是参与股市交易的所有各方对股票价值共同的出价，尽管看起来是市场先生决定了股价，而实际上，市场先生只是一个忠实的报价员而已。

市场先生是个大嗓门，每天都在大声地吆喝股票报价，诱惑我们买卖，不管我们是买还是卖，出高价还是低价，市场先生都会忠实地执行我们的指令。所以，尽管市场先生时而理性，时而狂躁，时而抑郁，他能够影响短期股价，但由于他并不能决定企业价值，所以，他必然决定不了长期股价。

如果我们能够客观理性地利用市场先生的出价，市场先生就是我们忠实的仆人，当他报出超高的价格时卖出股票，当他报出远低于价值的价格时，买进优质股票资产，从而在享受企业价值复利增值的同时，还能额外获取市场先生带来的波动收益。反之，如果我们搞不懂企业的价值，反而受贪婪和恐惧所支配，我们就成了市场先生的奴隶，如是便可能干出高买低卖，追涨杀跌的傻事。

4.4.2 通货膨胀与利率

尽管决定股价的锚在于企业价值,但通货膨胀会影响企业盈利和市场利率,利率又会影响企业业绩和股票估值,所以,通货膨胀和利率对股价有着重要的影响。

1. 通货膨胀对股价的影响

通货膨胀是"隐蔽的税收",会在睡梦中偷走我们的购买力。但适度的温和通货膨胀有利于刺激消费,促进经济增长,从而影响企业盈利(不同企业利弊不同),通过影响企业盈利,当然会最终影响股价。而且,由于股票代表已有的生产性实物资产,一般情况下,企业能够随通货膨胀调高产品价格,从而使股票具有天然的抗通货膨胀特性。除了通货膨胀,驱动股价增长的还有企业自身盈利增长,这也便是股票的长期收益率能够跑赢通货膨胀的原因。

但是,恶性的通货膨胀往往代表着经济过热或经济崩盘,发生恶性通货膨胀时,因为各行各业产品竞相涨价,此时,尽管企业的名义营收、利润可能随通货膨胀飙升,民众名义收入也会增长。但恶性通货膨胀会严重扰乱宏观经济、侵蚀居民的购买力,从而最终打击经济发展,恶化企业的盈利,进而影响股票价格。比如在20世纪70年代的美国,名义工资的增加,并未提升居民的购买力,实际上因为所得税的递进税率特性,名义工资的增加导致更多人要交税,交更高税率的所得税,税负加重叠加通货膨胀侵蚀,居民的实际购买力还下降了。一边是飙升的商品价格,一边是下降的购买力,严重打击了居民消费和宏观经济,那段时间也是美股历史上表现较差的时期。

另外,与恶性通货膨胀伴生,央行为遏制通货膨胀不得不快速加息,如是,一边是受损的经济和企业盈利,一边是高企的利率,还有收缩的市场流动性,这些会同时打击股价。

2. 利率对股价的影响

利率被称为股票估值的"地心引力",往往随通货膨胀而同步变动。由于股票内在价值为未来自由现金流折现,所以,正常情况下股价反映的是企业价值的长期变化趋势。

也就是说,考虑股票长期投资的属性,市场往往以长周期无风险收益率,

第 4 章 股价涨跌的秘密

比如，10 年期国债收益率作为股票估值之锚，以 10 年期国债收益率加上个性化选择的风险溢价，作为现金流折现模型估值的折现率。读者如果感兴趣，可以参见阿斯瓦斯·达莫达兰的《估值：难点、解决方案及相关案例》、尼古拉斯·斯密德林的《估值的艺术》、杰拉尔德 E·平托等著的《股权估值》等著作，他们对此问题有详细论述。

简言之，由于股权的未来收益并不确定，股票作为风险资产，对其潜在收益率的要求理应高过 10 年期国债利率，否则投资者理性的选择应该是投资国债而不是股票。所以，股票投资人对股票收益率的要求，通常为 10 年期国债收益率加上风险溢价，比如 10 年期国债的收益率是 3%，投资者可接受的风险溢价是 5%，则选择股票投资品种和时机时，最低收益率要求，也就是折现率就是 8%。一般情况下，当利率走高时，10 年期国债收益率和风险溢价往往会同步升高，这毫无疑问会导致投资者可接受的潜在收益率，也就是折现率升高。而折现率对自由现金流折现值的影响非常敏感，折现率的提升会显著压低股票估值，从而压制股价表现。反之，降息则会驱动股市估值扩张，通常有利于股价上涨。

比如，我们绘制了从美联储成立以来，1914—2021 年分年度平均通货膨胀率、10 年期国债收益率、道琼斯指数市盈率倍数走势对比图（图 4-3）。从图 4-3 中可以看出，在过去的 107 年中，总体上，美国市场 10 年期国债收益率随通货膨胀率同向波动，而道琼斯指数市盈率与 10 年期国债收益率有反向波动的规律。如果考察联邦基准利率、其他期限的国债收益率同长期股票估值的关系，会发现规律大体是相同的。其他国家市场缺乏美国市场如此长期和完备的数据，但不管哪个市场，考察利率同股票估值的关系，不管历史长短，股市波动性大小，以上市场利率和估值走势反向波动的总体规律并没有什么不同。所以人们常说，"利率是股票估值的锚""通货膨胀无牛市"，就是这个原因。

如果单看 1980 年时，当时美国的通货膨胀率接近 14%，1 年期银行存款利率高达 11.37%，10 年期国债收益率达 15%，利率高企导致股市杀估值，大量大型股票跌至 5 倍 PE，优质股可口可乐估值也跌到了仅 10 倍 PE。与此相反的例子是，2020—2021 年，美联储紧急降息，并向市场注入天量流动性，

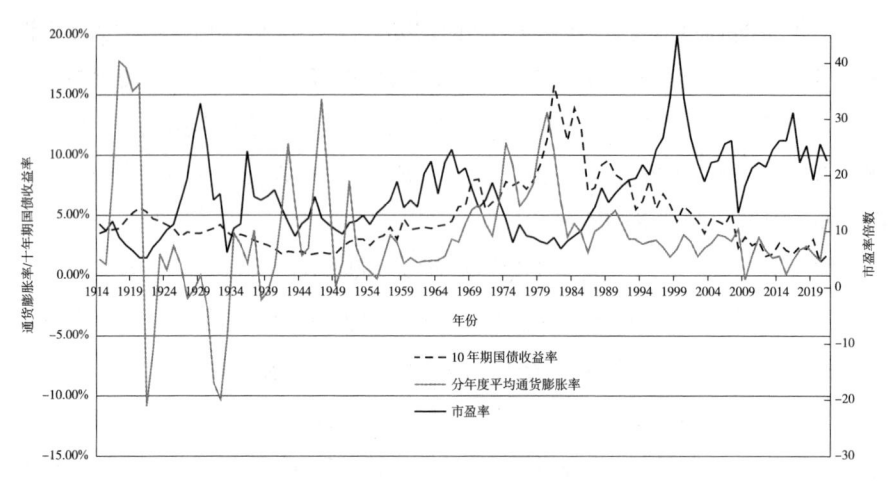

图 4-3　1914—2021年分年度平均通货膨胀率、10年期国债收益率、
道琼斯指数市盈率倍数走势对比图

美国10年期国债收益率一度走低到0.52%，美股估值则膨胀到25～29倍PE，而同期可口可乐估值约30倍PE。

如果考察美股长期估值变化，除早期大萧条时期外（当时因金本位限制，不能无限印钞和注入流动性），基本上长期围绕着16.5倍PE波动（PE估值的倒数，即隐含收益率为6.1%，约等于股市长期收益率），历史市盈率方差为6.5。也就是说，绝大多数时候，股市估值波动区间为10～23倍PE，仅有少数时间低于10倍PE，极端情形为5～7倍PE。而2002—2022年期间，最低市盈率为11.5倍，当估值低于16.5倍市盈率时，持续时间均不到1年，特别是随着10年期国债收益率的趋势性走低，市场估值系统性抬升到了20倍PE以上。1983—2000年牛市，道琼斯指数估值从6倍膨胀到45倍，区间估值膨胀即带来了9倍的收益。从美股估值变动区间看，每当道琼斯指数估值位于25～45倍区间时，就属于值得警惕的牛市高估区间；每当道琼斯指数跌到10倍PE以下时，就属于市场低估区间。

回测美股历史发现，利率对股市估值的影响具有客观性、长期性和规律性，但是，由于股票市场股价短期随机漫步的特点，市场整体估值变动同加息、降息进程并不严格同步，也就是说，尽管从长期趋势来看，加息会导致估值下降，降息会推升股市估值。但股市在加息时短期反而上涨，在降息时反而下跌的情形比比皆是。还是那句话，短期股价无法用理性解释，而这个短期可能长达 1~3 年。美股如此，A 股也一样，如 2006—2007 年，中国人民银行一路加息，股市却一路飙升，加息被市场看作了经济扩张的注脚。2008 年年中后，中国人民银行一路降息，股市却大幅下跌，此时市场把降息看作经济走坏的信号。事后看，不管是 2006—2007 年期间的加息，还是 2008 年的降息，尽管市场短期都没有遵从利率同估值反向波动的规律，但长期而言，利率的变化通过股市估值变化影响股价的规律，仍然得到了充分体现。

综合而言，利率确实是影响估值的重要因素，但仍然受市场当时本身的估值、经济基本面和其他非利率、非经济的短期因素影响，是各种因素及市场情绪共同作用的结果。所以，市场短期股价或估值完全无法预测，比如 1987 年美国股市单日急剧下跌 22%，2008 年金融危机打击，都发生过短期估值急剧下降的情形，在指数 K 线上留下了历史性的"坑"。哪怕是利率对长期估值的影响，比如欧洲许多国家、日本 10 年期国债利率长期低于 1% 或者为负利率，股市也没有出现系统性高于美股的估值。由此可见，利率对指数估值的影响尚且如此不确定，利率对个股估值和股价的影响，必然更是无法预测。

这也许就是巴菲特说"就是格林斯潘（时任美联储主席）提前告诉我未来两年的利率决定，也不会改变我的投资决策。"的原因吧。也说明投资股票，最终还得看企业竞争力和长期价值。在任何宏观环境下都能稳健复利增值的优质企业，才是投资者获取复利增值的依靠，而不是靠预测利率、通货膨胀、估值等变化来获利。

基于以上讨论可知，通货膨胀和利率确实会影响股市估值，也确实存在着利率升高会压制股市估值，利率降低会推升股市估值的一般规律，只是通货膨胀和利率对市场短期估值的影响无法预测。以美股 107 年的历史回测表明，道琼斯指数估值在 10~20 倍 PE 时，都可以算作合理估值，指数估值通常在 10~23 倍 PE 变动，极端低估区间为 5~7 倍 PE，极端高估区间为 25~45 倍 PE。回测沪深 300 指数的估值，会发现指数估值也多在 10~20 倍 PE 变动；港股恒生指数历史估值多在 9~17 倍 PE 波动。历史估值基本反映了利率对估值的"引力"效应。股票指数长期估值倍数区间也印证了股票指数估值的倒数，即为指数长期收益率（6%~10%）。

另外，由于估值的影响因素众多，而且市场指数估值，在短期内发生涨 3 倍，跌 70% 这样的波动，是完全可能的。指数如此，个股短期波动往往会更大、更无序，毫无理由的估值短期涨 1 倍，跌 50% 更是常见。也说明想靠预测短期估值，进行股票投资决策，并不是一种可靠的路径，只有企业价值的长期变化，才是我们可以依靠的决策依据。

当然，尽管估值无法预测，但买卖估值却是我们可以选择的，也是可以充分利用的。比如，如果我们能在 1983 年前后的美股入市，或者加大仓位买入股票，到 2000 年时，仅仅期间估值变动，就能推升我们的持股市值增长 9 倍左右。叠加期间业绩增长带来的股价增幅，这才是同期美股投资人股票投资业绩惊人的根本原因，正所谓时势造英雄。如果投资者在 2000 年时入市，则将面临互联网泡沫破裂带来的股市估值和业绩下降双重打击。港股、A 股也一样，股指如此，个股也一样，投资者选择长周期的入市时机，实际上就是选择入市估值，买入估值无疑对长周期收益率有显著影响。

所以，我们常说的"低买高卖"，并非指股价和炒股，而是选择长周期的买卖估值。在长周期投资中，买入卖出估值把握得好，无疑犹如顺水行舟，必然会加速财务自由的实现，并有助于投资者滚出更大的财富雪球。反之，估值上的"高买低卖"，要想挣股价增长的钱，必然需要企业价值的更大增幅来对冲估值的降低；所以，买贵了，会严重损及长期收益率，甚至导致亏损。

4.4.3 市场偏好

还有一个影响股价和估值的重要因素就是市场偏好，实质上反映的还是资金"投票"的影响，只是有时候影响会长达数年。比如 20 世纪 60 ~ 70 年代美股备受追捧的大盘股行情，市场大型优质股的整体估值被推升到了 48 倍；在 2000 年的美股科网泡沫中，公司触网即股价升天。2015 年的 A 股创业板，资金追逐创业板，只要是创业板个股股价都发生了 10 倍、20 倍的上涨，最后落得一地鸡毛。2018—2021 年中国"核心资产"行情，把优质股的整体估值推升到 70 倍 PE 以上。市场偏好导致资金追逐某国、某行业、某板块，甚至某人看好的公司，如 2021—2022 年，特斯拉引爆的新能源汽车行情，只要沾上新能源智能汽车概念，股价就能大幅度上涨。特斯拉仅卖出了 50 万辆车时，其市值却一度超过全球老牌车企（全球汽车销量 8 000 多万辆）市值的总和。国内造车新势力蔚来、理想、小鹏汽车等仅卖出数千、数万辆新能源车，市值却超过年销 286 万辆汽车的上汽集团等传统车企。相反，市场偏好也会导致某国、某行业、某类公司的估值因为忽视、厌恶和恐惧，而压低到几倍 PE，甚至出现市值低于净现金的情形，这种情况也并不少见。

市场偏好引起的极端低估或极端高估，对投资人来说，尽管无法预测，但却可资利用，往往会带来极好的逆向投资机会。劳伦·C·邓普顿在其著作《逆向投资》中详细记录了约翰·邓普顿，充分利用市场偏好带来的美国、日本、韩国、中国等市场的逆向投资机会，从而取得了 38 年 14.5% 的年化收益率的案例。

以上讨论了影响股价涨跌的主要因素，实际上除了企业价值、市场估值、供求关系、市场偏好，通货膨胀和利率等因素外，大到政经时事，小到管理层、公司业务的任何风吹草动，甚至一则最后被证明子虚乌有的传闻，都可能会影响股价。但由以上讨论可知，绝大部分因素只能影响短期股价，影响的方向又完全是随机漫步，所以，想靠预测股价短期涨跌而致富，不是事倍功半，就是缘木求鱼。而只有公司价值才是股价之锚说明，通过评估企业的发展前景和竞争优势，基于企业长期业绩预测进行投资决策，盯住企业价值，抓住主要逻辑，静待企业价值指数化增长驱动的股价增长，才是可把握、可持续、可复制的投资大道。

进而也说明，市场内外的绝大多数所谓消息、内幕，对投资决策而言都只是噪声而已。大道至简，股价涨跌的秘密，原来就是没有秘密，股价的涨跌从根本上而言，只决定于企业长期价值的增减，即决定于企业未来自由现金流折现值。

4.5 股价增长的三种模式

基于以上讨论，我们就可以开始讨论投资者如何才能享受股价涨升，获取持仓市值增长的问题了。综合而言，市场中市值（股价）增长模式有三种：即估值膨胀、盈利增长、估值膨胀 + 盈利增长。

4.5.1 估值膨胀驱动

以PE估值为例，股价 = 每股盈利 × 估值倍数。比如2019年2月时，创业板指数加权PE约为32倍，到2020年2月时为62倍（图4-4），也就是说，即使期间板块整体盈利不变，创业板平均股价也会增长1倍。个股也是一样的，比如PE 50倍的股票，短期估值膨胀到100倍，股价也会增长1倍。实际上股票估值膨胀别说1倍，甚至1年3倍、5倍的多了去了。所以，估值倍数确实是影响股价的重要因素，很多时候比业绩的影响要大得多，快得多，毕竟短期业绩增长1倍、3倍谈何容易。

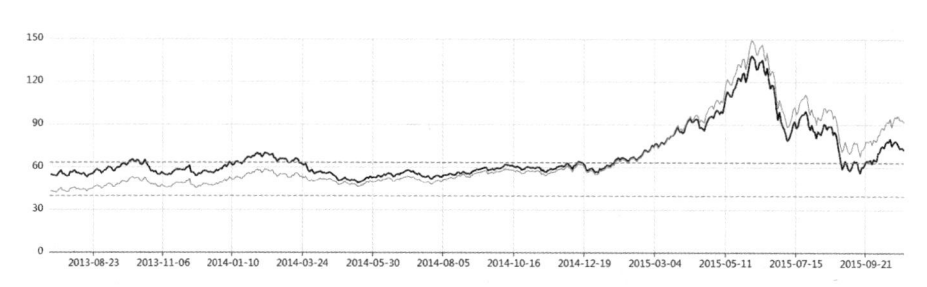

图 4-4　创业板指数 2013—2015 年 PE 估值变动

4.5.2 盈利增长驱动

盈利增长通常体现了企业价值增长，当估值不变时，盈利增长也会驱动股价增长。比如格力电器，是A股历史上的一家标志性企业，自2008年底到2020年2月期间，估值一直在10倍PE左右波动（图4-5），期间股价涨幅12倍，2008年净利润19.67亿元，到2018年净利润262亿元（图4-6），股价或市值增长驱动因素几乎完全来自于盈利增长。股价表现极为惊人，而且如果考虑分红除权，投资者如果从2008年底持有到2020年2月，期间不仅收获了12倍的市值增长，还收获了丰厚的股息，分红除权都会将持仓成本降低为负5元左右；也就是说，靠分红就收回了初始投资，还"白捡"了12倍初始投入的持仓市值。自从搞明白格力电器是怎样给投资者赚钱的后，我一直在追寻，我的格力电器在哪里。这样的企业如果多起来，股市怎么可能不走牛呢？

图 4-5　格力电器 2008—2018 年历年 PE 估值变化

图 4-6　格力电器 2002—2018 年历年净利润

4.5.3　估值膨胀 + 盈利增长驱动

实际上，长期股价受估值和盈利共同影响才是常态。比如贵州茅台，2013 年前复权收盘价为 60 元，到 2019 年收盘股价为 1 241 元，2013 年净利润 151 亿元，2019 年净利润 412 亿元，期间利润只增长了 1.68 倍（图 4-7），可股价却涨升到原来的 20 倍，20 除以 2.68 约等于 7.4，也就是说，有 7.4 倍的股价增长来自估值的膨胀，原因就是贵州茅台的市场估值从当年 8 倍 PE 增长到超过了 40 倍 PE（图 4-8）。期间股价涨幅比格力电器更为惊人，但从股价增长的归因来讲，属于业绩、估值双增的共同驱动，且主要是来自于估值膨胀。此种模式，俗称"戴维斯双击"，是投资者最为称道，也是最为盈利的一种股价增长模式。

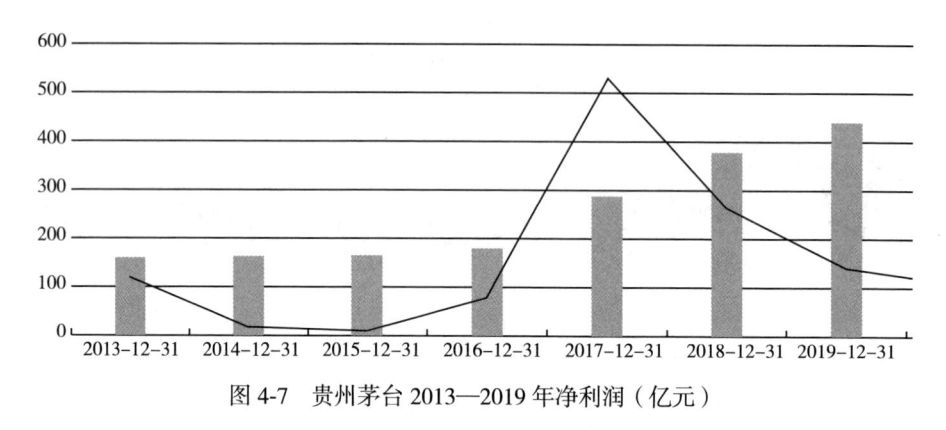

图 4-7 贵州茅台 2013—2019 年净利润（亿元）

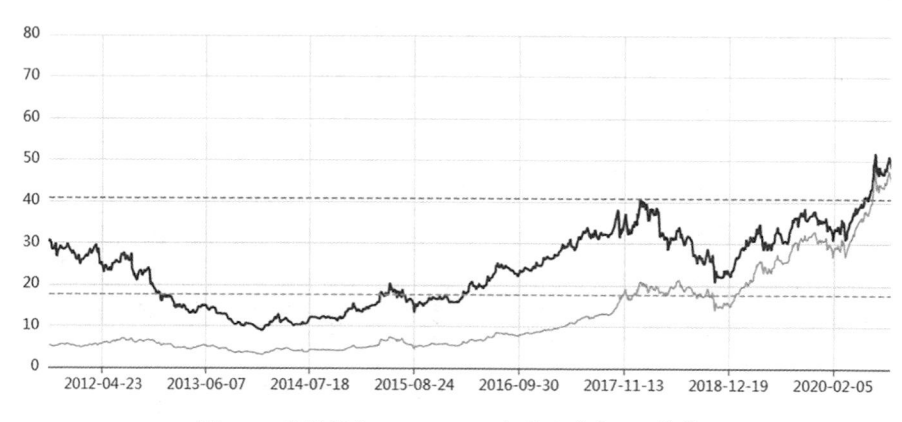

图 4-8 贵州茅台 2012—2020 年的股价与 PE 估值

反之，股价下跌的归因，也对应着业绩下滑，估值下降，业绩与估值双降，俗称"戴维斯双杀"三种模式。

4.6 投资者该立志赚什么钱

搞清楚股价增长的三种模式后，那我们应该追求哪种模式，从而获取长期复利增值呢？也就是立志赚什么钱呢？这是一个老生常谈和极为重要问题，同时又是一个不那么容易想清楚，但必须解决和慎重选择的问题。初进股市，难免都想挣快钱，而且挣的什么钱不是钱？管他什么钱，能挣就行。在挨了许多惨痛的教训，付出了宝贵的时间和金钱成本后，才切身体会到，来到股市，立志挣什么钱，是首先需要想清楚的问题。有些钱能挣，有些钱不能挣，立志挣什么钱的初心，会导致投资和投机的分野，甚至决定了我们股票投资的成败。

4.6.1 赚估值膨胀的钱不可靠

由于估值靠"风"，"风"即短期资金和市场偏好，无法掌控也无法预测。"风"说来就来，说走就走。2005—2007年的A股大牛市，2014—2015年创业板牛市本质上都是短期资金推动，导致估值膨胀的"大水牛"，随着潮水退去，股价怎么涨上去的，就怎样跌下来，靠牛市的风口涨上去的股票，跌八九成的比比皆是。

我们来看一个组合，在2015年创业板牛市巅峰时，我创建了一个名为"烟花绚丽"的看空雪球组合（图4-9），该组合在2015年5月12日开仓，挑选了当时创业板股价涨幅大，每股股价最高的10只股票，等比例各配置10%仓位，持有不动，7年多时间过去后，到2022年7月22日收盘，该组合净值为0.18，也就是说10只股票，期间平均跌幅为82%。组合成分股牛市期间表现及随后跌幅见表4-1。

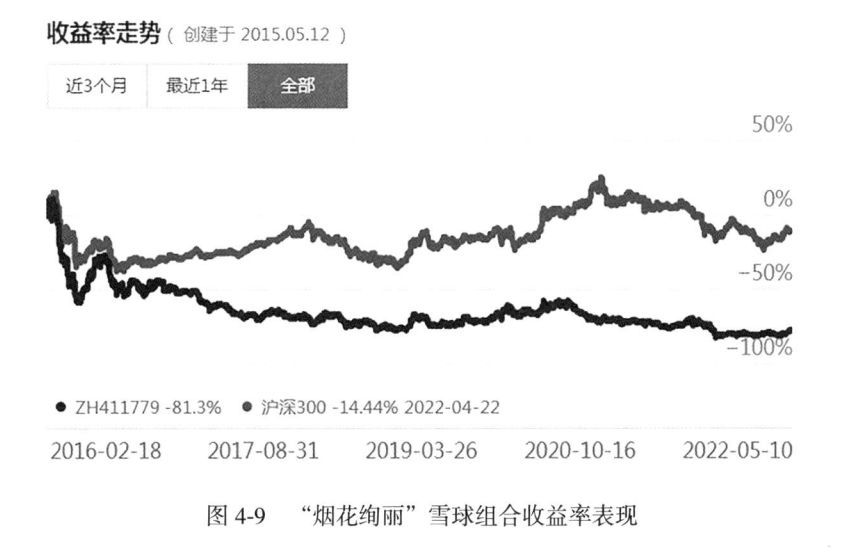

图4-9 "烟花绚丽"雪球组合收益率表现

表 4-1　"烟花绚丽"组合成分股表现一览表（表列均为前复权股价）

序号	股票名称（代码）	启动时股价（元）	牛市巅峰股价（元）	涨幅（倍）	2015-5-12股价（元）	2022-7-22股价（元）	期间涨幅（%）
1	飞天诚信（SZ300386）	8.5	55.15	5.5	41.74	11.42	−72.5
2	赢时胜（SZ300377）	1.79	40.22	21.5	38.98	8.69	−77.7
3	长亮科技（SZ300348）	1.22	51.87	41.5	27.15	9.58	−64.7
4	安硕信息（SZ300380）	14.27	236.34	15.6	224.34	14.13	−93.7
5	天利科技（SZ300399）	5.71	126.98	21.2	115.42	11.07	−90.4
6	光环新网（SZ300383）	2.07	39.09	17.9	17.99	9.56	−46.9
7	乐视退（SZ300104）	15.15	179.03	10.8	179.03	0.18	−99.9
8	全通教育（SZ300359）	5.98	99.93	15.7	77.20	5.12	−93.4
9	三六五网（SZ300295）	8.7	104.28	11.0	97.46	9.02	−90.7
10	暴风退（SZ300431）	9.43	327.01	33.7	229.87	0.28	−99.9

由表4-1可见，2014—2015年间，10只成分股中最低涨幅5.5倍，最高涨幅33.7倍，平均涨幅19.4倍。可见当时"风"来的时候，股价表现有多么疯狂。是企业价值集体发生了10数倍的急剧增长吗？价值的增长肯定解释不了这个涨幅。实际上，2014年创业板全市场421家公司合计实

现营业收入 3 431.46 亿元，平均每家公司为 8.15 亿元，较上年同期增长 27.03%；合计实现净利润 393.53 亿元，平均每家公司为 0.93 亿元，较上年同期增长 22.71%。也就是说基本面对股价增长的驱动不到 30%，十数倍的股价涨幅几乎全部来自于市场估值的膨胀。

回测数据表明，2014 年创业板牛市启动时，创业板指数的整体 PE 估值为 52 倍，到 2015 年牛市巅峰时的估值为 133.8 倍。市场飙升的本质为：从高估值膨胀到异常高估值的泡沫行情。当年我没有参与任何创业板个股交易，因为我很自信我挣不到这个钱，因为我深知，即使参与也不敢重仓，即使重仓了也拿不住，即使拿了也睡不安稳，所以，也没有觉得错失了什么。因为股市的历史和规律表明，没有人能在市场整体估值 52 倍 PE 时，能预测到市场整体估值短期会涨到 133 倍 PE，如果我能预测到，肯定会参与，但我不能，迄今我也没有看到谁有这个能力。

股市就是这么有意思，假设有新股民不懂估值也不懂选股，恰巧在 2014 年底部时入市，扔飞镖买进了表 4-1 中的任何一只股票，尽管从投资上来讲是错误的决策，但到 2015 年 5 月时，其账户会莫名其妙地增值 5～30 倍，即做错也可能得到"奖赏"。

但事实是，入市就得到错误奖赏的代价往往也是最大的。除非牛市后期刚好有其他资金需求，导致减仓或退出股市，否则，参与泡沫行情的人，更可能的剧本是会觉得自己"股神"附体，错把运气当能力，甚至信心爆棚，贪婪会驱使我们继续待在市场，想着挣更多；甚至在市场极度高估时加大投入，从而"顶部加仓，一把亏光。"因为股市历史反复证明，但凡靠错误的方法挣到的钱，最后都会加倍还回去，投机者只是做了财富的临时保管员而已。

当年泡沫破裂后，后来的故事由表 4-1 所列个股的股价表现，即可一目了然，"风"吹起来的，最后必然纷纷落地，有的还跌到了牛市启动前的股价之下，其中，还有两只股票破产退市。参与泡沫行情，"风"停后的 K 线背后，是无数投资人的血本无归。

"风"是靠不住的，把投资寄望于赚估值膨胀的钱是不可靠的。也许市场中有可以御"风"而行的人，但每轮牛市后期随"风"而"富"，音量很大的"撞大运式"投资者，最后都难逃泯灭于股市长河的命运。

综上所述，立志赚估值膨胀的钱不可靠，不可持续，不可复制，不能作为实现财务自由的有效途径。

4.6.2 赚价值增长的钱值得坚守

企业价值增长，比如盈利、自由现金流增长驱动股价增长，尽管也靠预测，貌似不可掌控，但有规律和路径可循。比如，长期空间看行业天花板，企业能否分一杯羹看竞争优势，生意是否优质看商业模式和竞争格局，长期发展的确定性看护城河和企业文化……在股市历史中，优秀投资人已经证明了，让我们总有些办法来去劣存优，选择企业价值大概率能够指数化增长的生意去合伙。尽管企业未来的价值也难以精确衡量，但高确定性的高ROE生意，大概率是滚雪球的好雪道。

就像一头小象，我们能够预测它将来大概率会长成一头大象，而一头野猪怎么也不会长成大象。相比预测估值，还是评估企业长期发展空间易于得到模糊但正确的结论。比如，前文所述案例中，贵州茅台高端白酒量增价涨的长期逻辑；格力电器在空调领域超强的竞争优势和巨大而成长快速的市场需求；万科A依托于超级城市化周期；伊利股份在奶业的竞争优势突出，背靠奶业巨大的发展空间，等等。这些各行各业的龙头，都是中国经济快速发展的受益者，也是行业和经济发展的贡献者，更是企业价值指数化增长，驱动股价指数化复利增长的典型。

所以说选择入股好行业的优质企业，赚价值增长的钱，相比预测估值，要可靠得多。而且只要企业是优质的，即使买得稍贵，或者买进后碰到了熊市，强劲的内在价值增长不仅能够填补估值下降的影响，甚至能在对冲估值下降后，进而驱动股价增长。比如，招商银行在2009年小牛市末期PE估值为23倍，到2019年末估值约为10倍，也就是说，期间估值下降了56%。但是，投资者持有10年间，股价仍然增长了2.6倍（图4-10），即为原来的3.6倍。原因就是期间招商银行的净利润从182亿元增长到了928亿元（图4-11）。强劲的盈利增长不仅填补了估值下降对股价的不利影响，还推动了股价的大幅增长。

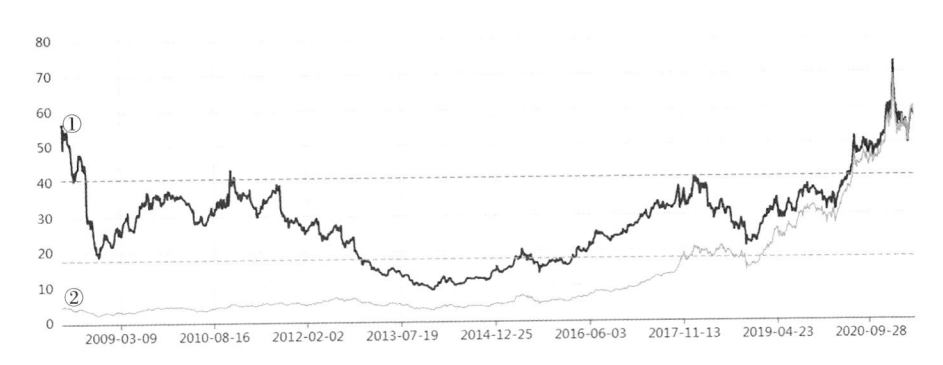

图 4-10 招商银行 2009—2019 年的估值与股价表现

（①线为 PE 估值，②线为股价走势）

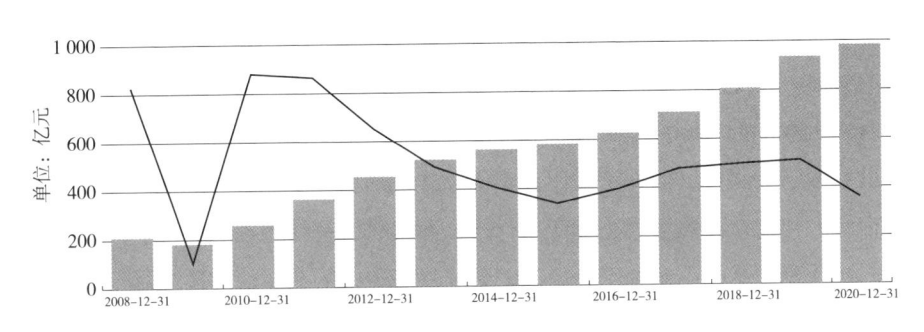

图 4-11 招商银行 2008—2020 年净利润

总结而言，投资那些优质企业——复利机器，才是值得坚守的投资大道，因为企业价值指数化增长必然驱动股价指数化增长的规律决定了，优质企业的股价会无关股市牛熊，一路涨升，从一个新高走向另一个新高。也正是因为优质，我们才敢于逆势买入，才敢于重仓拿住，还能睡得安稳，并确信我们站在了时间这边，并确保享受到坚守后的复利增值。

4.6.3 赚盈利和估值双击的钱可遇而不可求

在股市里，享受"戴维斯双击"一直是投资人孜孜以求的最佳"击球点"，比如买进一只股票后，估值增长 1 倍，盈利增长 2 倍，就意味着该笔投资股价增长了 5 倍，市值变为初始投入的 6 倍。但这种事情可遇而不可求，根本原因还是在于市场估值无法预测，而一旦将投资成功基于预测估值，就是在臆想我们会赚到市场的钱，而实际就是把命运交给了市场，而没有把命运牢牢地把握在我们自己手中。

而且即使是最终结果确实实现了戴维斯双击，其根基还是源于企业的价值增长，源于企业亮丽的基本面和长期确定性，而让投资者愿意给予其更高的估值。比如前述8倍PE买到贵州茅台的案例，如果没有后续的业绩增长，而是发生了长期基本面恶化和倒退，甚至白酒被消费者抛弃，还指望股票估值能够膨胀，并带来市场额外的奖赏收益，无异于缘木求鱼。还是以招商银行为例，如果投资者不是在2009年估值23倍PE时买进，而是在2014年5倍PE不到的时候入手，投资者就事实上挣到了估值和盈利双重驱动的钱。以5倍PE入手招商银行的股东，到2019年末，仅仅5年时间，持仓盈利会高达4~5倍。

以上案例都说明，投资股票买优质才是王道，而买得便宜可能会得到估值和业绩双击的奖赏，但无论如何，买优质才是前提，买便宜可能锦上添花。如果以行船作比，买贵了就有如逆水行舟，而买得便宜就如顺水放舟了，但不管是顺水还是逆水，能坐上安全快速的船才是最重要的选择，才是能否到达目的地的根本原因。

综上可见，靠"风"挣钱不可复制，不够安稳，市场可以给你5倍PE的估值，也可以给你50倍PE的估值。靠优质企业价值增长挣钱才值得依靠，我们只需抱牢优质企业，在踏实安睡的同时，企业的价值增长自会驱动股价增长。比如，买8倍PE的贵州茅台享受戴维斯双击可不可以？当然求之不得，但确实可遇不可求。买30倍PE的五粮液可不可以？如果我们觉得其盈利增长看不到尽头，企业竞争优势突出，行业根基稳固，那当然可以，因为只要我们拿的时间足够长，优质股票的买入价格对投资结果的影响是可以忽略的，通过获取分红都会让成本为负，长期复合收益率会趋向于约等于其长期ROE。买亏损的或70倍PE的股票可不可以？也可以，但前提是我们能看清楚未来行业格局和企业竞争力，能估计大概率的未来营收、利润、现金流，也可能取得不错的收益。比如青岛啤酒（图4-12），在其2003—2009年营收利润高速增长期间，PE估值从上市时的70倍降低到熊市后的30倍，但因期间盈利增长了20倍，结果在此7年间，其股价仍然增长了7倍；当然，如果投资者能在2007年牛市高峰的70～80倍PE将青岛啤酒的投资兑现，获利将是6年20倍。

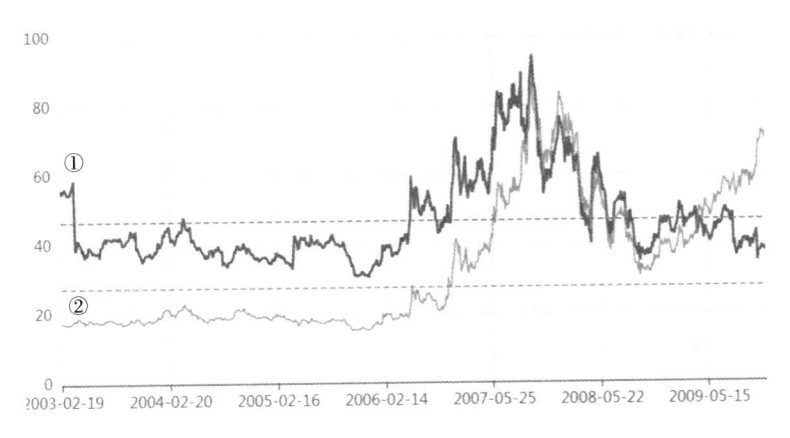

图 4-12　青岛啤酒 2003—2009 年的估值与股价表现
（①线为 PE 估值，②线为股价走势）

所以，看似同样是获得市值增长，在不同企业的股票上挣钱，挣哪一段估值区间的钱，股东所冒的风险是不同的，买入估值越高风险自然越高，潜在收益也越少的规律是不变的。但不管怎样，锚定优质企业才是亘古不变的真理，优质才能让人心安，才敢长拿，在碰到极端下跌时不仅不会恐慌，还会兴奋买入或加码。因为优质企业价值随时间指数级增长，股价又决定于企业价值的规律让我们深信，我们一定能挣到我们该挣的价值增长那部分钱。运气好时，碰到市场估值系统性上升，还能得到市场估值膨胀给予的额外奖赏；即使碰到市场估值下降的情形，依靠优质企业价值的复利增长，仍可能对冲估值下降的影响，从而给我们带来仍然能够满意的股价增长收益。

投资股票该挣什么钱就讨论到这里，立志挣企业价值增长的钱，才是我们可以依靠的，其最大的好处就是我们只需内求，去发掘那些优质企业，去选择合理估值买入持有即可挣钱，而无关其他人的出价，无关市场牛熊。股市的悖论通常是，立志赚市场的钱的人，多半会把钱捐给了市场；而立志赚企业价值增长的钱的人，反而能够顺手捡起市场波动带来的额外奖赏，从而既赚了企业价值增长的钱，也赚到了市场的钱。

4.7 股价下跌才是真利好

刚入市的投资人，买进股票后大多希望股票涨，特别是有短期业绩排名压力的机构，更是如此，甚至还有前述违法"坐庄"推高股价的案例。因为股价涨的好处立等可见，个人投资者账户市值增加了，代表着可以随时兑现更多的现金；对企业而言，企业市值增加，相当于提升了市场地位、商业信誉和融资能力；对投资机构而言，可以看到亮丽的业绩曲线，吸引新的申购资金，以便收取更多的管理费和业绩提成。所以，股价上涨看起来是一个皆大欢喜的事情。

但是，对于以积累资产、享受复利增值为目标的长期投资人而言，事实是，股价下跌才是真的利好。作为股票资产的持续净买入者，就像巴菲特所言："不能因为刚刚加满了一箱油，就期待油价上涨"。而这个常识，我花了8年才理解，如果早一些认知到这一点，才不会到处推广推荐自己的股票，也不会怕别人说自己的股票不好，更不会担心所谓的"利空"导致的股价下跌。

4.7.1 为什么说股价下跌是利好

股票作为一种复利资产，价格下跌，对于购买人而言当然是利好，这本来是常识。就如我们上街买菜，不仅不担心菜价下跌，还会很乐见菜价下跌，因为我们是纯消费者，买菜的目的并不是尽快贩卖给其他人。同理，对于股票资产的净收集者（长期投资人）而言，也会乐见股价下跌。而炒股的人，买股票的目的就是短期卖出赚差价，所以，才会担心股价下跌，并希望股价在自己买进之后就上涨。这实际上又回到了股票投资的本质上去了，如果投资者的出发点是投资，是与人合伙做生意，不仅买进之前乐见股价下跌，哪怕是在买进之后，碰到股价下跌仍然是利好。

让我们来看看，为什么说股价下跌是利好。假设我们在 2012 年底，以 100 元/股的价格买入了 1 000 股贵州茅台；当时间来到 2013 年，我们碰到贵州茅台股价的下跌市，在塑化剂等利空打击下，其股价跌到了 50 元（复权价格，不影响问题的本质和讨论）。由于股价下跌，持仓的 10 万元市值缩水到了 5 万元，但因为股价下跌，相当于提供了前次买入估值半价继续入股的机会，投资者如果敢于在此时加仓 1 000 股，此时只需 5 万元即可买到，这时我们便拥有了 2 000 股贵州茅台股票，付出的总代价为 15 万元。随后持有到 2021 年时，贵州茅台股价为 2 000 元/股。

基于市场先生给出的贵州茅台的股价走势（图 4-13），我们可以作如下推演：

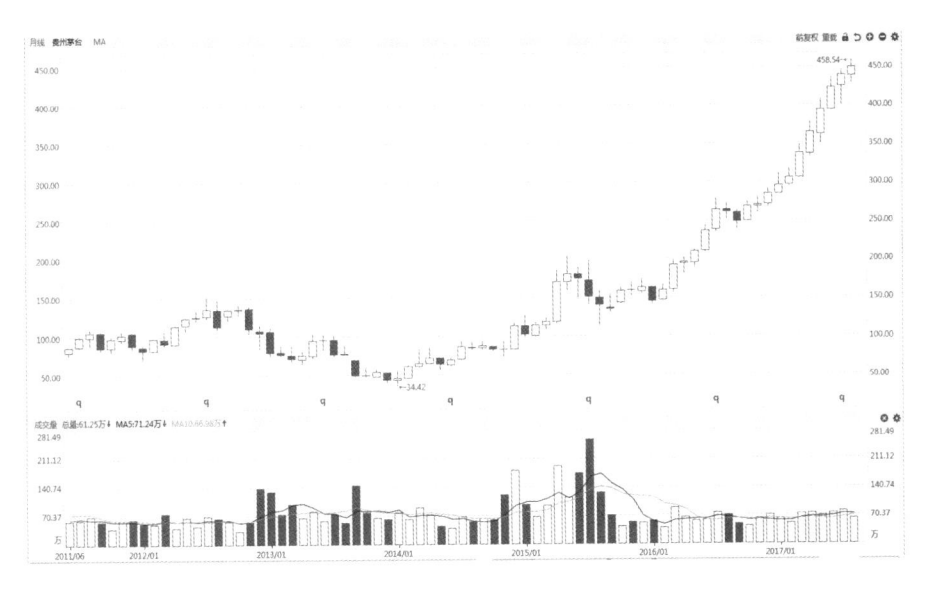

图 4-13 贵州茅台的股价走势

情景一：股价没有发生 2013 年的下跌，投资人在 100 元每股买入 1 000 股后，股价直接上涨，则 2012 年时投入的 10 万元，不计期间分红收益，9 年间股价增长了 19 倍，到 2021 年时，持股市值也增长了 19 倍，变为 200 万元。

情景二：实际上股价发生了 50% 的下跌，我们在股价为 50 元每股时加仓了 1 000 股，则总投入 15 万元，2 000 股对应市值，到 2021 年时增长到了

400万元。所以，表面看起来买进后股价下跌是"不幸"的，但由于给了我们以更低估值加仓的机会，从资产总量上讲，到2021年时我们多了200万元持股市值，从投资回报来讲，低位加仓相当于将成本摊低到了75元每股，9年间对应的收益率增长到了25.7倍！所以，正是由于股价下跌，才带来了比第一次买进时更好的入股机会，才为我们提供了取得更高复合收益率，滚出更大财富雪球的良机。

此处仅仅是以贵州茅台跌50%为例做的测算，其实不管是跌20%，还是跌90%，底部加仓1 000股，还是10 000股，还是只能用股息慢慢地加仓收集股票，任何一只优质股票，股价下跌带来的以更低估值入股的机会，都有助于我们获得更高的投资回报，滚出更大的财富雪球。

只要我们投资的是优质股，尽管买进时未来的收益率确实是不确定的，但投资结算时的收益，却是在我们买入的时候就已经"确定"了的。而且持有期间股价下跌得越多，股价萎靡的时间越久，收集到的股票越多，不仅未来收益率越可观，而且滚出来的财富雪球也会更大。

但是，投资者会问，如果买进后股价就下跌，但实在是无钱加仓会如何呢？此时股价下跌，只是产生心理上的浮亏效应，并不影响2012年买入贵州茅台，持有到2021年时的投资结果。所以，我们害怕股价下跌的担心尽管可以理解，但确实是多余的，我们真正需要担心的是：我们买入的是不是贵州茅台这样的优质企业，买入估值是不是太贵，以及能不能经受住市场波动的长期考验。当然，对成熟的投资人来说，没有薪金也会有股息加仓，没有股息加仓，也会有组合投资的其他股票可以调仓。只要投资者能够抓住股价下跌带来的加快复利增值，滚出更大财富雪球的良机，必然是不会害怕股价下跌的。通常这种低价买入的良机，无异于"天上下金子"。总结而言，碰到持仓股票股价下跌，即使无钱加仓也没有实质损失，而有钱加仓必然是利好，那么，股价下跌不是利好是什么？

巴菲特1973年2月买入华盛顿邮报，买入价27美元/股，总计投入了约50万美元；买入后华盛顿邮报的股价继续下跌，5月巴菲特又以23美元的股价，增加投资92万美元；9月以20.75美元的价格买入市值376万美元的股票；11月又追加了544万美元市值的持股。累计买入46.715万股，投入

1 062.76 万美元，买入均价 22.75 美元/股，直到 1976 年，华盛顿邮报的股价也没有触碰过 22.75 美元的买入均价，浮亏期长达整整 3 年。后来，这笔投资巴菲特持有了 40 年，直到 2013 年被亚马逊并购，不计期间红利，期间持股市值增长了 110 倍！如果没有股价下跌和后续的加仓，华盛顿邮报这笔投资对巴菲特而言，将变得不值一提。

在深刻认知到股价下跌才是利好后，我期待用 1 元钱买下企业的白日梦做的是愈加频繁了，只不过，用买棒棒糖的钱买一家优质公司的梦从来就没有实现过。因为市场上不只我们懂得好公司的价值，当股价跌到合理估值以下时，此时股价越跌，识货买进的人就会越来越多，当未来潜在收益率越来越吸引人时，已经持有的股东不仅不会卖，甚至还会选择不断加仓，加上新股东开仓买进的人也越来越多，卖得少买得多时，股价自然就跌不动了。也就是说，股价本身是有"底"的，这个"底"就是企业的价值在支撑。而且对于优质股而言，企业价值还在随着时间指数级增长，也就是说，这个"底"还会不断抬高。这就是为什么道琼斯指数能从 100 点增长到 30 000 点，而期间每一轮熊市底部的指数点位都是抬高的。这也是为什么贵州茅台的股价历经企业内外各种风险的洗礼，而 20 多年来，其每次下跌的股价底部也是不断抬高的。股价能从一个新高走向另一个新高的根本原因，是支撑股价背后公司的价值在指数化增长。

当我明白长期股价增长的内在规律后，便再也不惧怕股价下跌了，反而会越跌越兴奋，因为我知道，这是市场在奖赏我，让我有机会以更便宜的价格买到更多的优质资产。2017—2018 年，我投资的微创医疗，股价从 6 港元/股涨到了 11 港元/股，随后在 2019 年初又跌到了 7 港元/股，不仅没有懊恼，还兴奋地通过及时调仓增仓了 50% 的微创医疗，尽管随后股价继续跌到了 5 港元/股，而坚定地选择了岿然不动。到 2020 年全球股市因新冠疫情崩盘时，微创医疗却被市场价值发现而暴涨，到 2021 年中时，股价涨超 10 倍。回头看 2019 年的股价下跌，尽管股价下跌导致持仓由浮盈转为浮亏，但也正是因为抓住了市场提供的下跌加码良机，才带来了两年后，账户整体收益率的提升和财富雪球的加速滚大。

4.7.2 股价下跌是利好的前提

对投资者而言，股价下跌是利好，前提有三：

一是我们投的股票优质且不贵。优质低估的持仓股票股价跌了，恰恰代表着该股出现了相较初始买进时，有了更高的潜在收益率和更大的安全边际。但是，如果买到的是垃圾公司，比如最后公司破产了，买得再便宜，最后的结果都是归零，自以为"低位"加仓的结果就是损失更大，此时每一笔买进都是沉没成本，理性的做法不仅不应该加仓，而是要果断斩仓，有几分钱收回几分钱，相比归零总要好。如果买到的是平庸公司，股价下跌仍然可以提升长期收益率，但是把更多的钱交给平庸公司，必然会导致我们的组合增值潜力越来越平庸。如果买的确实是优质公司，但买得太贵，虽然一般不会影响长期投资盈利的结果，但浮亏的时段会更长，且会降低投资结算时的复合收益率。所以，股价下跌是利好的第一个前提是我们投资的企业优质且不贵。

二是低位有钱加仓。无论是机构、企业还是家庭，持续的现金流入很重要。有持续收入、股息或者其他持仓，才能保证我们有低位加仓的能力。这也是第2章为什么建议一定要有一份热爱的工作的原因，工作能够提供持续的可以抗通货膨胀的现金流，特别是熊市时的收入现金流，还有助于保持良好的投资心态，进而确保我们能够利用持股下跌的良机，以更快地实现财务自由和滚出更大的财富雪球。还有，第3章讨论过单一持仓的风险和危害，单一持仓放弃了调仓的灵活性，就是放弃了利用市场先生可能报出诱人低价的良机。

三是跌了敢买。说起来容易，做起来难。要心静如水的对待股市下跌，甚至兴奋地面对持仓股票下跌，需要正确的财富观，需要对优质股票的复利增值的规律认知到位，还要有独立思考的能力和积极良好的心态。但遗憾的是许多人不仅跌了不敢买，受贪婪和恐惧支配，反而选择了从众卖出。甚至因为融资杠杆，而被迫在底部卖出低廉的优质股票。为抵抗贪婪和恐惧的影响，我的做法是当市场积极乐观的时候，多用"显微镜"，多想想企业和市场的风险；当市场抑郁悲观时，多用"望远镜"，多想想价值恢复时，复利增值后的美好未来。有好几次，当持仓个股发生极端下跌时，市场往往一边倒看空，每天我都会问自己，此时不买以后会不会后悔？如果答案是会，便会继续在市场风声鹤唳中踏雷买进。

必须强调的是，尽管本章主要讨论的是股价涨跌，但并不是说股息就不重要。股息不仅是长期收益率的一部分，对高息股来说甚至是主要部分。特别是股息能够兑现一部分现金收益，为生活提供现金流，更重要的是，还可以为熊市时提供低位加仓的宝贵现金流。

如格力电器股息率为5%，如果碰到股价下跌50%的情形，则不仅股息率增长到10%，此时即使股价不涨，通过股息再投，每年仅分红就能增加持股10%。如果每年业绩还能增长20%，假设分红率保持不变，则股息率每年也会对应增长20%，随着时间的推移，即使股价不涨，股东每年能增持的股票数量不是每年增长10%，而是也在随着业绩和分红的复利增长而复合增长，如果公司业绩和分红持续增长，而股价继续不涨甚至下跌，理论上股东靠分红就能收购格力电器了。之所以说理论上，是因为在股票市场金钱永不眠，它会如水一样，总是往估值低收益率高的资产上流动，总有聪明钱来追逐优质股权，而让公司恢复市场合理估值。所以，市场是不会给我们机会的，让股价低到靠股息就能收购格力电器的。

综上所述，除非我们想短期卖出股票兑现，我们是无须担心股价下跌的，对长期投资者而言，优质低估的股票，股价发生大跌，恰恰是可以加速实现财务自由，滚出更大财富雪球的良机。另外，也说明面对股价下跌时，有稳定的收入、股息等现金流，坚持组合投资，确保在极端行情出现时有调仓、加仓的能力，对投资成功有多么重要了。特别是熊市时，如果看着流口水的股票而无钱加码，会比街上金店清仓大甩卖，黄金打2折却无法囤货要更为痛苦。

本章小结

本章集中讨论了股价涨跌的逻辑、规律和影响因素，比如，短期股价无法预测，"庄家""大资金"决定不了长期股价，只有价值才是股价之锚；只要价值随着时间在指数化增长，股价必将新高；股价下跌才是利好，但股价下跌是利好的前提是我们买的股票优质且不贵，同时有一个稳健的投资体系和理性的投资心态，等等。

此外，投资者想要获得市值（股价）增长，根基在于获取企业内在价值的复利增值，当我们投资决策的出发点基于此时，往往还能顺便捡起市场波动带来的超额收益，甚至能够对冲市场估值下降，从而获得仍然满意的远期收益，如此，才能牢牢地把命运掌握在我们自己手中；而当我们期待估值膨胀带来股价增长时，就属于把命运交给了市场。

本章内容本来属于投资常识，但是否认知认同这些常识，决定了投资者能否走向成熟，能否在股市可持续、可复制地赚钱。但遗憾的是，一进股市，大部分投资者难免因人性的弱点控制，想赚快钱和恐惧股价下跌，从而背离常识，走上投机炒股的歧路。只有对这些常识的深刻认同，才有可能将投资者带向投资的正道，想明白股价增长的三种模式，并能立志赚企业价值增长的钱，从而早日走上资产复利增值的投资大道。希望本章内容有助于投资者建立这些常识性认知。

第 5 章

股票投资所需素养与特质

前面用了 4 章的篇幅，讨论了股票投资相关的认知问题，但遗憾的是，股市"一赚、二平、七亏"的现实提醒我们，绝大部分人终生都未能真懂、真信这些常识。为什么他们始终难以建立起相关理性认知呢？遍观那些优秀投资人和伟大的复利机器，我发现阻碍我们获得理性认知的是一些更深层次的东西，比如人的价值观、素养和特质。

在投资领域，从来就没有任何单一特质能将人们排除到投资成功之外，也没有任何单一特质能决定投资人一定能投资成功。之所以没有，根本原因在于，股票投资是一种高度体系化、竞争性的投资活动，需要理性的思维方法和良好心性特质有机融合，很难说哪一点能决定我们能或不可能投资成功，投资能力是投资人三观、品性、能力和性格特质的综合体现。

本章主要内容：
- 教条和懒惰是成功的大敌
- 正确的财富观
- 对投资事业般的热爱
- 必要的方法论
- 股票投资成功必备的能力素质
- 有利于股票投资成功的性格特质

5.1 教条和懒惰是成功的大敌

遍观股市的那些优秀投资人、卓越企业家，他们最大的共同点就是从不囿于教条，而且异常勤奋。

5.1.1 教条是成功的大敌

教条就是思维僵化、故步自封。唯一能阻止人们获得投资成功的，就是我们自己的头脑。教条会让我们的头脑"不知道"股票这回事儿，教条会让我们找各种借口和理由证明我们"不可能"通过股票投资实现财务自由，如是便真的永远错失财务自由了。

教条是不分领域、不分地域、不分时代的人们取得成功的大敌。不仅是投资成功的大敌，更是人们做成事、组织取得进步的第一敌人。人类如果一直囿于托勒密的"地心说"，就不会有后来的"日心说"和现在的宇宙"大爆炸"理论。人类如果一直禁锢于"上帝造人说"，就不会有达尔文的"进化论"和现代生物科技的发展。人们如果故步自封地认为地球是平的，就不会有美洲大陆的发现，更不会有贸易繁荣和全球化。

在商业和投资领域，那些优秀企业家、投资人，本身就是勇于不断突破自己的典范。比如，19岁以前的巴菲特按他自己的说法还未开悟，20岁后学习格雷厄姆开始"买便宜货"，42岁受喜诗糖果的启发进化到"买优质但定价合理的公司"，86岁打破自己从不投资科技股的习惯，投资了苹果公司。还有的投资人以投资大型股见长，有的专门投资小型股；有的主要投资美股市场，有的全球市场有机会就涉猎；有的一只股可以拿30～50年，超级集中投资，有的13年间买过15 000多只股票；有的偏好控股型公司，有的偏好专业化公司；有的热衷并购，有的喜欢分拆；有的投资人实际上做成了企业家，有的企业家频繁买进、卖出企业，看起来就像投资人；甚至同一个管理者管理同一家企业，在某个时段选择并购数百家企业，在另外一个时段又分拆数十家出去；有的分红回购慷慨，有的却一毛不拔……不管他们如何投资或者经营企业，他们眼花缭乱的招数和选择，都指向了优化资源配置，因时而变的决策动因，永远是让企业（账户）长期价值的最大化。

所以，要想取得投资成功，首先就是要摒弃教条。比如，我们如果首先就认定分红一定就是好的，不分红就不是好企业，那我们会错失伯克希尔·哈撒韦，因为上市以来它从未分红，但股价却涨了2.8万倍。其他常在股市听到看到的教条包括："以我的资金量不可能实现财务自由的""股票投资就是赌博""A股没有好企业""企业上市就是为了圈钱""某某行业就没有好企业""控股母公司折价才合理""多元化的企业不可靠"……不能否认，股市确实有垃圾企业，行业特性和地域文化也确实有差异，但如果我们囿于这些教条，就完全可能错失复利机器。

教条的反面就是务实，一切从实际出发，一切以财务自由为目标实事求是地解决问题。在符合价值观、道德和法律准则的前提下，一切基于数据、事实和逻辑做分析和决策，一切工具、方法、途径都要服务于目标的达成，主要精力和资源配置都要向主要目标倾斜，顺势而为，因时而变，始终追求大概率最优的结果。投不投资股票，投成长股还是价值股，投哪些行业、哪些地域的股票，投多少钱在股票市场，现在投还是10年以后投，是全职投资还是业余投资等问题，一切以是否有利于实现财务自由来评估，如是，一切选择就有了逻辑基础和原则框架，从而有助于财务自由的最终实现。

务实要求我们基于已有的认知和资源，勇为天下先，想常人不敢想、为常人不愿为之事，向着通过投资股票实现财务自由的目标，以最有利于尽快、大概率地实现财务自由，做决策和推进工作。比如，如果我们缺本金，那就好好工作，为他人和社会创造价值；如果我们开始得太晚了，那就增加本金投入；如果我们的投资体系还没能实现可持续、可复制地挣钱，那就精进投资能力。无论我们处于什么起点，拿到一副什么样的人生"牌局"，对实现财务自由而言，最好的开始就是当下，最关键的不是拿到一手好牌，而是务实地尽全力把拿到手的牌打好。

所以，争论价值投资还是成长投资，格雷厄姆派还是巴芒派，买基金还是买股票，专业化的公司好还是多元化的公司好，母公司好还是子公司好，内生增长的公司好还是外延增长的公司好，单只股票三成仓位还是两成仓位，长期持有还是股价高了就卖等，毫无意义。而应该始终如一的基于自身和市场实际，以价值为纲，与优质公司和优秀投资人为伍，以尽快和大概率实现投资目标为依据进行决策，来得简单、实在和有效。

5.1.2　没有既懒又成功的投资人

懒惰比较好理解，包括思想上的懒惰和行动上的懒惰。思想懒惰导致人们根本不去想、不愿意深究，比如财务自由，怎么实现财务自由这回事儿，在导致错失财务自由的机会方面，同教条有些类似，但区别在于教条是被错误的"定见"束缚，懒惰是遇事不深究、不较真，导致没有正确的定见。

行动上的懒惰指的是知而不行，精力投入不够，或动作缓慢，导致错失良机或者延误目标的实现。我一直以为自己很勤奋，因为我关注了1 000多只股票，买1只股票，我会把它的上下游、同行公司的财报都拿来看，有时候要看数十家公司，看数年，才能抓住一个机会。但同投资大师们比起来，才真的理解什么叫热爱和勤奋。

巴菲特在1996年回答股东他为什么一直在读年报时，他回答说："我想知道管理层是什么样的人，对公司发展有何打算，公司真正的情况是怎么样的……如果一家公司有8家同行，我就会把他们的年报都拿来看，每份财报要看45分钟到1个小时，这样每家公司要花6～8个小时，当然还要看些季报、其他的材料……"。他在谈论另外一个有关收益率的问题时，他说如果只有100万美元，可以做到50%的收益率。我一直在找原因，想搞清楚为什么他自认为能做到如此惊人的收益率，然后才了解到他在资金量还小时，研究覆盖了20 000多家公司。除了震惊，我瞬间就明白了，为什么电话铃响起来时，他能在5分钟内做出投资或不投资的决定了。从此，除了明白他的成功不是偶然的，我再也不敢说自己勤奋了。

彼得·林奇打理麦哲伦基金 13 年，获得 29% 的复合收益率的背后，是期间投资过 15 000 多只股票，连逛街都在研究调研股票。劳拉·格里茨在沃萨奇咨询公司（Wasatch Advisors）做新兴和前沿市场基金经理时，跑过 75 个国家和地区，分析过的股票多达 6.9 万只。

尽管个人投资者无须这么多标的，但好像成功的投资人更懂"勤能补拙""天道酬勤"的道理。当然，此处说的勤奋，指的是投资研究的勤奋，而不是交易或盯盘的勤奋。

5.2 正确的财富观

对钱财，有人视之如粪土，有人视之如珠玉，有人将其看作万恶之源，而更多的人趋之若鹜，来股市淘金的人无不想要实现财务自由。但我们如何看待财富，怎样获得财富，财务自由后我们还想干什么，即财富观，不仅同人生价值取向密切相关，反过来会加速或阻碍财务自由的实现。稻盛和夫说："钱，不是赚来的……钱是帮他人解决问题后给你的回报，什么时候明白了这句话，你就开始赚钱了。"芒格讲"想拥有某个东西，最好的办法就是让自己配得上它"，是在告诉我们，想要获得投资成功，实现财务自由，首先我们自己要能够承载财富。

小时候，外婆给我讲了个终身受用的故事。古时候，有个财主养了个败家子儿子，财主对自己过世后儿子的生计深为忧虑，深知就是给他留下再多财富，也会被他败光而饿死街头的。如是便想了个万全之策，趁自己还在世修建了 365 套房屋，免费分给村民居住，条件就是在他死后，每家管他儿子一天饭即可，按财主的计划，如此再不济儿子总不至于饿死。财主死后，村民履行承诺，每家每户轮班管财主儿子一天饭，并为了报答财主的恩德，都热情地款待财主的儿子。可时间一长，财主儿子很疑惑，我和你们非亲非故，待我为何如此热情？如是，便有村民告知了他前因后果，败家子便觉得：原来是我的房子。管一天饭就住一年，对我来说简直亏大了。于是便选择了收回房子。故事的结局是，当败家子变卖了所有房屋，败光家产后，还是饿死在了街头。

这个故事一直深深地刻在我的脑海里。它告诉我，一个人有承载财富的能力，远比有多少财富来得重要。财务自由绝不是拥有财富的多少，而是一种驾驭财富的能力，德行匹配财富，财力匹配欲望的一种生活状态。

对于大众而言，能够不为钱财羁绊，遵从内心的召唤，能选择自己热爱的工作和生活，不用迫于生计而做违背兴趣和意愿的事情，有时间和条件去追逐自己的梦想，也有钱有闲去体验诗和远方，特别是薪金之外的投资收益可以覆盖消费支出，应该算是已经实现财务自由了，再多出来的财富只是一个数字而已。

另外，对于守财奴、物质主义者、享乐主义者来说，只要欲望是没有止境的，则永难言财务自由。缺乏承载财富的能力和德行，或那些把钱财当作目标的人，不仅很难实现财务自由，也难有幸福圆满的人生，横财暴富反而是灾祸。美国国家经济研究局调查显示，近20年来，欧美大多数彩票头奖得主中奖后，带来的并不是衣食无忧的下半辈子，多数人反而在中奖后不到5年内，因挥霍无度等原因又变得穷困潦倒，"破产率"高达75%。股市里更是如此，没有投资能力，承载不了财富，总想赚快钱，即使偶然暴富，最后难免还是落得一场空。

同样的1 000万元在不同的人手上，财富效应和增值潜力是完全不同的，有人能亏完，或很快挥霍一空，有人能不断地复利增值。在能够不受贪婪和恐惧的支配，淡然以对每天百万元量级的市值波动之前，谈财务自由是一种奢望。我还有个白日梦，就是我的账户要是一天能跌掉1亿元多好啊，那意味着我的财力，能支持我做更多有价值的事情。

凡是急功近利期待暴富的，想着财务自由就可以不工作了，恰恰很难实现财务自由；凡是能正确对待财富，把目光放在投资能力、心性品行修炼上的人，通过抱牢优质企业，行稳致远的人，反而实现了慢慢变富。

财富确实能够换得许多我们需要的东西，基本的财务实力，对于保证我们按自己的意愿生活绝对很重要。但是，正如芒格所言："走到人生的某一个阶段时，我决心要成为一个富有之人。这并不是因为爱钱的缘故，而是为了追求那种独立自主的感觉"。约翰·邓普顿说："物质财富能带来舒适感，但与幸福或实用性关系不大……"在"大师"们眼里，相比财富，家庭、健康、幸福、值得热爱的工作等，远比财富数字更为重要。

生死以外无大事，财富永远没有生命本身来得重要。毕竟，人除了自然物质属性，更重要的是社会属性和精神属性，被信任、被需要、被尊重和被热爱，远比财富数字重要。归根结底，财务自由不仅仅是一种财富状态，而更重要的是承载财富的能力和心态。所以，正确看待钱财，即财富观，恰恰与我们是否能够拥有它有关。

5.3 对投资事业般的热爱

时间来到了 2023 年，巴菲特 93 岁了，芒格 99 岁了，他们还在"每天跳着踢踏舞去上班"。芒格说："如果你真的想在某件事情上有所作为，那么你就必须对它有强烈的兴趣"。"对于年轻人来说，如果有机会的话，你们要想办法去做那些你们有强烈兴趣的事情。年轻人越早意识到这一点越好。"如果没有对投资极致的热爱，很难相信他们到了近百岁高龄，仍然能乐此不疲地研究股票、投资股票和传播股票投资知识。

其实对成事而言，无论是投资、求学、工作，还是创新创业，没有比兴趣和热爱更重要的了。只有热爱，才能让我们竭尽全力、保持专注、勇往直前地向着目标前进；只有热爱，才能让我们在面对困难和挫折时不被打倒，甚至反而将其转化成进步的阶梯，跌到谷底也能满怀希望和东山再起；也只有热爱，才能充分发挥出我们的潜力，才能把一件件"小事"做到极致、做到完美，不断地从优秀走向卓越。

永远把时间和精力放在自己热爱的事业上，不仅能增加成功的概率，而且有助于活得更久、活得更富足、活得更本真。对投资有事业般的热爱，才有助于我们实现财务自由的目标，在实现后更不至于四顾茫然。如果对股票投资缺乏内心的热爱，我们很难进化为成熟投资人，那还不如定投指数基金，然后把时间投入自己真正热爱的事物上去。

5.4　必要的方法论

在大学里，为了保证人才培养质量，我们的培养体系设计有三个关键理念：即目标导向、以学生为中心和持续改进。目标导向指的是我们要培养什么样的人，根据社会需要设定毕业的标准；以学生为中心指的是我们所有的教育、教学活动都要指向学生的学习、学生的发展、学生的能力素养产出，以支撑培养目标的实现；持续改进指的是我们应当定期检视，以发现我们的目标、质量保证体系、执行、资源保障等偏差，及时动态地定期优化改进培养体系；从而保证人才培养体系的持续优化，以达到更高的培养质量。我发现这套方法论用于股票投资，也非常恰当和管用，且一直以此为方法，改进和优化自己的投资体系，甚至连我的网络 ID 也改成了"微进化 ing"。后来想想，这套方法论体系不仅适用于投资，而是对做成任何事情，都值得参考。

5.4.1　目标导向

目标导向是一种工作生活习惯，做任何事都会有或大或小、或远或近的目标，就如我们想去北京一样，正是目的地的存在，才让我们不管身处何处，都能通过导航软件，找到最优的路径。正是目标的存在，才能指引我们前进的方向，促使我们解决前进中的困难，不断优化抵达的路径，进而更好、更快地到达目的地。

既然我们的目标是财务自由，那我们所有的投资学习、研究、分析、决策都必须以有助于实现目标为导向。选股、估值、构建投资组合、买卖决策等，都需要以实现投资目标为前提进行分析研究、压力测试和推演。比如，我们有 50 万元本金，投资周期是 20 年，那纳入投资组合的股票，买入估值、调仓时机选择、组合权重分配等，都需要以实现财务自由所需的收益率为前提，并具备足够的安全边际和确定性来决策，始终追求大概率事件，动态检验和调整持仓，以保证投资目标的尽速达成。

如果经过压力测试，发现我们的本金不够，那就开源节流努力去挣得足够的本金；如果回看我们的历史收益率说明是我们的投资能力不足，那就潜心向优秀的投资人学习；如果是我们的投资年限不足，为按期达到目标，那就加大本金投入。实在是没有足够本金、投资能力，或开始得太晚，那就尽早地让下一代不再有同样的缺憾。正是目标的存在，能时刻提醒我们该改进哪方面的工作，永远理性地选择大概率的实现路径，从而保证目标的顺利实现。

没有目的的随机漫步，毫无规划的得过且过，如此对待股票投资，我不相信能取得好的结果。有清晰的目标，并基于目标理清了实现的路径，找到了努力的方向，就没有那么急迫和盲目了，有助于我们选择慢慢致富的正途。因为我们很清楚，无须暴富，也无须捷径，沿着投资的大道走下去，我们的投资组合会在某个时刻，把我们带到财务自由的阶段。

世间万般事，只要有目标导向，哪怕道阻且长，行则将至。没有目标，就会犹如一叶浮萍，我们将漂向哪里，只能听天由命。

5.4.2 以投资能力为中心

在第 2 章讨论财务自由的前提时，说到了投资意识、能力和本金。其中投资能力是绝大多数投资者所欠缺的，也是大部分人亏损的原因。

投资能力不会天生就有，但是后天可以习得的。我们想要投资成功，有必要以日拱一卒的精神，不断加强学习、研究和投资实践，专注于提升商业洞察、财务分析、选股估值、投资决策等投资能力。

投资能力的习得，类似于外科医生做手术的"学习曲线"，医生可以看很多书、挂图、手术动画，甚至老医生的经验传授，若仅止步于此，永远成为不了一名合格的主刀医生，而只有深度学习并实操一定的手术例数，才可能成长为一名成熟的主刀医生。芒格说 40 岁以前很难有价值投资者，应该指的就是这种能力需要时间学习和历练。一般而言，有钻研精神、热爱投资的人，经历两轮牛熊，有 5 ~ 10 年的进化时间基本能够修炼成熟。仅靠培训学习、纸上谈兵、"抄作业"投资等是不可能获取这种能力的，否则投资做得最好的一定是商学院的教授和证券投资学专业的毕业生。但事实证明，成功的投资人可能来自各行各业，证券金融行业人士，只是有基本知识和信息上的优势而已。

所以，我们既要有信心，但也不能坐等投资能力自动加身。然后建立起股票相关的基本认知，做好目标规划和准备后，尽早开始股票投资历练总归是好的。投资就像学游泳一样，永远不可能站在岸上比划就能学会游泳。入市早期挣钱亏钱都不重要，亲身经历投资，积累经验教训和进化投资能力才是要紧的事。遍观成熟投资人，结合个人体会，投资能力的复利增长、进化和成熟（图5-1），是获取股票复利增值的先导条件；只有投资能力成熟了，账户的指数化增值之路才可能正式开始。

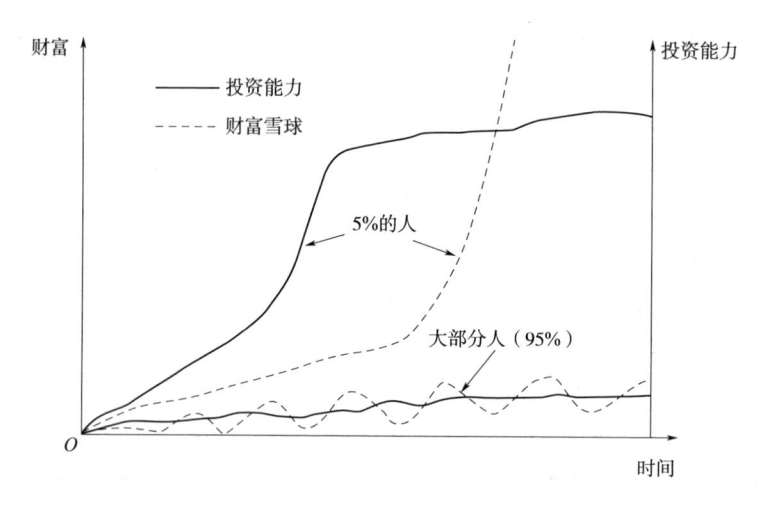

图 5-1　投资能力与财富复利增值关系曲线

投资者如能尽早接触股票，比如30岁就完成投资能力"从猿到人的进化"，相比40岁才成熟，则会多出宝贵的10年复利增值时间。所以，我已经想好了，如果孩子愿意，在他年满18岁以后，就让他开始独立投资股票，以尽早开始积累投资经验，修炼投资能力之旅。以免像我一样，总是老得太快，而聪明得太晚。

只是，股市"一赚、二平、七亏"的现实说明，绝大多数人（约95%）终其一生都没能习得成熟的投资能力，在追涨杀跌中，账户市值起起伏伏，难以获取可复制、可持续的复利增值。能力的止步不前，才是让我们离复利增值曲线越来越远的原因（图5-1）。

将目光从盘面和账户的涨跌上移开，把时间用在修炼投资能力上，也只有这样，我们才能离复利增值和财务自由更近一点儿、更快一点儿。

5.4.3 持续改进

投资股票难免犯错，但犯错不可怕，怕就怕犯错还不自知，或者不重视、不承认，错而不改才可怕。定期检查评估和反思我们的投资，及时分析总结经验教训，持续改进投资体系是投资成功的必备方法。

人有些缺陷是来自基因的，会导致我们犯错，比如贪婪和恐惧，比如自负，比如厌恶风险和逃避责任，比如嫉妒，比如懒惰，比如经验依赖和思维定式……定期总结和反思我们的投资，是梳理投资理念，修正投资方法，积累投资经验的好办法。好在我有写投资案例及投资总结文章的习惯，一直在定期记录、分析和反思自己的每一个投资决策，尽管有时候反思总结得很粗浅，回头看时，常常发现过往的投资方法、投资选择难免稚嫩无比，贻笑大方，甚至南辕北辙，但正是这些记录和反思，让我在犯错的教训中，逐渐减少了犯错。辅以持续学习和实践，矢志优化投资体系，从而求得了投资能力的进化迭代。

在尝到好处后，以至于后来像学生对待错题本一样，详细记录投资失败的案例，分析犯错原因并吸取教训，从而逐步改进投资体系，修炼投资心性，精进投资能力，并要求自己至少做到"不二错"，事实上助力了我投资目标的尽快达成。随着时间的推移和能力的提升，账户市值增值不仅更稳健也更快速，还能看到我们经验的积累和投资能力的"进化"，这种能力的跃升，比账户资产的跃升会让人更欣喜、也更重要。

相反，如果一旦亏损就把责任推给市场，推给宏观经济，甚至怪罪政策和他人的误导，就永远不会有进步；如果凡事流于表面，不加研究、不做思考就草率决定投资或者放弃某个机会，很难相信我们能抓住关键机会。只有常思自身之过，常省蒙昧之心，争取在每天睡觉的时候都要比当天起床时更加成熟一点儿，相信我们每天都会离成功更近一点儿的。

不积跬步，无以至千里，每天都能进步一点点儿的人，才是最应该、也最可能享受成功的人。在投资领域，也概莫能外。

5.5 股票投资成功必备的能力素质

能力是达成某一目标或者完成好某项任务所必备的综合素质。此处投资能力，特指想要达到投资成功，投资者必备的股票认知、终身学习、商业洞察、财务分析、选股估值、投资决策等能力素质。

5.5.1 股票认知能力

每个人对股票的认知是不同的，我们把它看作资产，它就是投资的工具；我们把它看作博弈筹码，它就是赌博的工具。对股票认知的不同，必然带来投资能力和投资结果的分野。

正确的股票认知是投资成功的前提。比如，买股票就是买公司，企业的价值就是未来现金流折现；股票的本质就是公司份额所有权，股票投资的本质就是选择与什么人合伙做什么生意；股价下跌才是利好，股价短期涨跌无法预测，但长期一定取决于企业价值；只要企业价值在指数级增长，股价迟早会创出新高；股票的长期复合收益率约等于长期真实 ROE；一般而言，优质公司的复合收益率 > 优秀投资人 > 指数基金 > 主动型基金 > 债券 > 现金，等等。

内化于心、外化于行这些股票认知，做到知行合一，是我们修得股票投资能力，练就成熟投资心态，进而获取投资成功的前提。

5.5.2 终身学习能力

没有任何大学所教的东西，能够一辈子不过时，没有任何人能停止进化，又能不落后于时代。终身学习事关能力圈、方法论和经验累积，不仅是投资，而且是我们成功做事、幸福生活所必备的一种基础能力。

终身学习能让我们持续"进化"。巴菲特本身就是终身学习的典范，其投资体系也不是一成不变的。11～19 岁的巴菲特，按他自己的说法，看遍了所有的投资书籍，但仍然没有打开投资的大门。直到 1950 年，看到格雷厄姆的著作后，才投身价值投资，才有豁然开悟的感觉，并开始追逐格雷厄姆投资的股票和格雷厄姆这个人，全心向格雷厄姆学习。直到 1972 年买下喜诗糖果后，喜诗糖果杰出的商业模式、强劲的盈利和现金流创造能力，宽广的护城河，让他深刻体会到优质公司的魔力，从此修正了自己买便宜货的体系，抛弃了"烟蒂型"投资，按他的说法是终于"从猿进化成了人"。2016 年，当时已经 86 岁高龄的巴菲特，做出了一笔"惊人"的投资，投资 360 亿美元买入苹果公司 5% 的股份，到 2022 年时，这笔投资已经增值到了 1 600 亿美元。之所以说惊人，是因为在巴菲特的投资生涯中，他从未"染指"科技公司，包括他的好朋友比尔·盖茨的微软公司，也从未涉足。但是，从其访谈和答问中可以看出，对于未能适应变化的时代，对未能投资亚马逊等科技公司还是有所反思的，如是投资苹果公司就显得没有那么惊人了。实属巴菲特再次"进化"的结果。

在我们生活的这个充满变化、变化加速的时代，从未发现哪怕一位不终身学习的投资大师，除了投资本身相关的学习，甚至很多人都有如饥似渴的阅读习惯。芒格被家人称为"行走的书架"。劳拉·格里茨每到一个国家，都至少要读 3 本与该国相关的书，在电子书出现前，手提袋里都会放上几本书，以便旅行中随时阅读。Kindle 的出现对她来说，简直是再好不过的科技创新了，从此可以随身携带一个"图书馆"。

既然投资是一辈子的事业，就必然要求我们投资到老，学习和研究到老。也只有终身学习，才能让我们更能适应变化，扩大能力圈和认知视野，突破我们固有的思维和认知框架，保证我们始终走在时代前沿，能够及时摒弃错误认知和方法，积累投资经验，持续优化迭代投资方法体系。

5.5.3 商业洞察能力

商业洞察能力既包括洞悉行业企业的商业模式，发掘"好生意""对的人"的能力；又包括坚守商业的本质就是为他人和社会创造价值，获得商业利益的前提是帮助他人解决问题等价值判断。以确保我们的投资永远与走正道、创造价值的企业和管理层相伴，永远与优秀的人、优质的生意为伍，以让我们的投资行稳致远。

尽管企业的天命就是获取利润，但商业的本质在于为客户和社会创造价值。事实证明，只有那些有利润之上追求的企业，才能发展得更好、更稳健，甚至基业长青，最终反而获取了更为丰厚的利润奖赏。就如默克公司创始人乔治·W·默克所言："应当永远铭记，药物是为人类而生产，不是为追求利润而制造。只要坚守这一信念，利润必将滚滚而来。"反之，那些以短期利润最大化为目标的公司，甚至不择手段，以坑蒙拐骗等"捷径"赚钱的公司，不仅走不远，最终也赚不到钱。我始终坚信这些价值原则，所以，对有利润之上追求的企业和企业领导人都会高看一眼。

从商业模式来看，有的生意天生就是坐地收钱，比如瑞典利乐公司（Tetra Pak）利乐包装专利技术许可，比如上海机场、腾讯控股等垄断性质或网络流量转化获利，比如贵州茅台、爱马仕等强品牌高毛利率奢侈品消费，等等。而有的生意不仅天生就是劳碌命，也很难建立起护城河和实现稳健的复利增值，比如重资产的航空运输企业，远洋运输行业，难以差异化的证券经纪等行业。

商业洞察能力能让我们慧眼识珠，有助于我们发掘复利机器，排除投资"地雷"，"预测"行业企业的未来。但也无法寄望于一朝一夕即可习得。或者自己做过生意，身在行业就算是有了洞察能力，不仅需要专业知识，更需要足够的人生阅历支撑。读万卷书、行万里路、经万般事、阅万千人，持续不断地研究商业历史、企业发展案例，阅读企业家传记、行业企业财报、商业报道，梳理企业发展战略、企业文化、竞争优势，复盘优秀企业的发展史，失败企业的破落之路，多做行业企业"货比货"的工作，等等，日积月累，商业洞察能力是可以不断得到提升的。好在勤能补拙，如果我们能看遍市场5 000家企业，相信我们是不难建立起一个备选的优质股票池的，深研100家企业，即使以5%的优质企业占比估计，选择到长期牛股的概率也是会有所提升的。

对投资而言，即使我们不识货，不在某个行业从业，也不会成为我们提升商业洞察能力的障碍，因为我们可以"货比货"。特别是当我们看多了优质企业，随着企业"审美能力"的提升，不仅有助于我们发现未来优质企业，最不济能帮我们排除掉绝大部分平庸或垃圾企业也是极为重要的。当我们能够判断某家企业好不好，生意属性是否优质，未来发展前景怎么样等问题时，就是我们已经具备了一定的商业洞察能力。

5.5.4　财务分析能力

财报是企业竞争力的印证和企业参与商业竞争的结果。财报能数据化、结构化展示企业的筹资活动、投资活动、经营活动和分配活动，可反映企业的盈利能力、营运能力、偿债能力和增长能力等状况，并可基于此，对历史发展情况进行梳理归因，对未来发展态势进行预测，通过同行间的对比分析，研究企业的竞争优势和短板。

所以，财务分析能力也是股票投资的基本功，是分析企业和估值的基础。通过分析财报不仅有助于感知行业凉热，预测企业未来，更重要的是，通过财报能帮助我们发掘"好生意""好企业""对的人"，还能帮助我们识别财务陷阱，避免"踩雷"，等等，其重要性和必要性都是无可替代的。但也不必过分夸大财务分析，不然股票投资做得最好的应该是会计师和财会人员。只是关键财务数据的归因和对比，类似于投资调研工作一样，可以用来排除平庸和垃圾企业，或者确证企业的生意模式、未来发展会如何，企业到底有没有竞争优势和护城河等问题。

总而言之，基本的财务分析能力是必要的，也是通过学习即可习得的。讨论财务分析的教材、书籍、网络课程很多，投资者不难找到相关的资源学习，当然，最好的学习材料，就是各种企业的财报，它们不仅鲜活，阅读和分析得多了，我们会发现它们自己还会"说话"，并告诉我们生意到底是否优质，企业资源配置是否理性，未来前景大概率会如何。

5.5.5　投资分析决策能力

选股、估值、投资决策、打理投资组合等，是投资能力的集中体现，也是能否选出那些复利机器，进行估值和买卖决策，获得稳健复利增值的关键，具有更强的实战性，也有更高的复杂度，所以，此处仅为了能力体系的完整起见，在此提出问题后，我们将在后续章节详细讨论这些话题。

5.6 有利于股票投资成功的性格特质

按心理学的定义，性格是一个人对现实的稳定态度，以及同这种态度相应的，习惯化了的行为方式中表现出来的人格特征。性格一旦形成便具有一定的稳定性，但是并非一成不变，而是可塑的。比如，有的人外向，在与人打交道的工作中就有了某种优势，有的人喜欢独来独往，在适合个体创造的工作中，比如从事音乐、艺术创作等工作就有了一定优势。那要成为一位成功的股票投资人，有哪些值得关注的性格特质呢？还真有，而且更重要的是，"投资性格"也是可塑的。除了性格，以下讨论的有些内容并不能完全归入性格，只能说是某种特质，但它们确实在那些优秀投资人身上得到了集中体现，也对成功做事，求得圆满人生有益，所以，这里一并予以讨论。

5.6.1 乐观自信

乐观和自信其实是两个不同的性格特质，乐观可以对内部事物，也可以对外部事物，自信是对内的一种人格特质。它们都有关我们是否能够度过投资或者说人生的逆境。巴顿将军说："衡量一个人成功的标志，不是看他登到顶峰的高度，而是看他跌到谷底的反弹力。"股市里牛市巅峰和熊市谷底交替，就如太阳东升西降一样永恒。投资历程中必然存在一些艰困时刻，能否面对逆境，从谷底重新崛起，事关投资目标能否顺利实现，所以，必然要求我们具备乐观和自信的品质。

比如，投资股票本就要求我们始终对人类的冒险精神、好奇心、创造力抱有信心，始终对人类社会螺旋式上升、经济指数级增长抱有信心，充满着理性的乐观主义精神；对股市历史中积累的投资智慧、投资经验和教训有客观的认知，对价值决定价格等客观规律有深刻的认同。

如果投资人对未来，对国家走向持悲观的看法，那最好的做法就是不投资股票，否则任何风吹草动都会导致放弃投资。我曾经也有各种担忧，但越是研究基业长青的那些优质企业，越是研究人类历史和世界大势，越是透彻地认识股市的历史和规律，反而越来越乐观了。其实，作为中国这种体量和地位的经济体，已经算是拿到了全球最好的"牌"之一了，抗风险能力和发展的确定性强，即使有些波折也不影响最终的投资结果，或者说股权仍然是抵抗战争、恶性通货膨胀、汇率崩盘等经济社会风险的好选择。投资者可以做好各种风险应对，但大可不必杞人忧天。在投资历程中为什么就不能轻松一点儿，乐观一点儿呢？希望第1章到第3章的有关内容，可以帮助悲观的朋友们看清股市，当我们把各种风险都看明白了时，已经找不到悲观的理由了。

关于自信，有的人天生就自信，对股票投资和走出人生逆境而言是好事。有的人可能不够自信，甚至有些自卑，比如我曾经就挺自卑的，特别是在以前，一度亏到信心尽失，甚至怀疑自己是否适合投资股票。后来发现，投资和做任何事情一样，取得成功才是治愈自卑的良药。对付不自信，我们需要安静下来，踏踏实实的内求，学习积累和提升自己，当我们成功一次，并能够复制成功后，自信就会慢慢建立起来。

失败不可怕，遇到挫折心态上被击倒才可怕。没有犯过错误，没有经历过失败的人根本就不存在，不管是投资、经营企业、做科研、带兵打仗等，就没有从不失败的人。从抗逆精神而言，爱迪生发明电灯的故事让人尤为印象深刻，当有人问他怎么失败了1万多次，他说他不是失败了1万多次，而是证明了1万多种方法走不通而已。

投资是很孤独的事业，在股市中会碰到许多艰难时刻，没有乐观自信的性格特质，很难坚持下来。特别是在每一次市场寒冬时，只有乐观和自信能让我们打不倒，锤不死，永远满含希望地等待春天。而事实证明，身处恐惧时我们担心的很多事，绝大多数都没有发生；每一次经受住寒冬考验以后，春天永远比预想的来得要早一些；历经寒冬之后盛夏的果实，也会愈加的丰硕饱满。

5.6.2 心态开放

在投资领域，当我们自以为是，先入为主，坚持某种错误的方法时，惩罚不仅来得更快，而且可以从财富数字上直接量化体现。比如，当我自以为习得了投资真经，迷信K线和量价关系，追求每天挣1%时，账户缩水得反而更快；当我放弃了深究，先入为主地认为腾讯控股就是一只网络科技股，而没能从本质上认知到，它其实是一家以社交垄断地位为入口，通过游戏、广告等实现流量转化的优质消费股时，结果就是错失了在2008—2009年，以3 000亿港币市值入股腾讯控股的机会，等我看懂时，它已经4万亿港币市值了。当我只持有1只股票时，看什么都觉得是利好；当我看100只股票时，才发现生意优劣简直天差地别；当我看了1 000只股票时，才明白，我能看懂的生意还极其有限。

心态开放还体现在投资市场和标的选择上。比如，国有企业由于所有权国有主导，管理层常常激励不足，所以，直到今天，不少人喜欢戴上有色眼镜看国企属性，认为国企并非长期投资的好选择，而自动放弃了投资国企股权。但是，巴菲特曾在2002—2003年买入中国石油，一直买到当年港股跌入历史大底时，后在2007年港股火热时退出，总计5年时间净赚7倍。邓普顿在2004年买入了中国人寿（美股ADR），3年后净赚10倍，同期买入的中国移动（美股ADR），3年后净赚6.5倍。A股历史收益率表现惊人的白酒股，几乎都是国企，唯一被外资收购并控股经营的白酒公司水井坊，对比五粮液、泸州老窖、山西汾酒、洋河股份等国企，相比而言生意和股价都表现平平。如果有一个开放的心态，就不难明白，股权属性从来就不应该是投资或不投资某家企业股票的决定性因素，投资决定只能依据于企业价值是不是会长期快速复利增值。

类似的还有国别歧视、地域歧视、行业歧视等，投资确实要做大概率的事情，但是也需要我们心态开放。之所以时刻提醒自己要心态开放，是因为成年人很难被外界改变，越是成功的人士，越有自己的一套处事逻辑，越容易自以为是。而只有心态开放，才可能接触更多优秀的人、优秀的企业和成功的方法，才可能激发我们从内部改变自己的可能，从而能够持续进化，能够不断地化茧成蝶，才不会因教条或偏见而犯错，或者错失投资的良机。

5.6.3 独立思考

独立思考是一种宝贵且必备的品质和能力。因为不管是大市场行情，还是个股，每轮牛市巅峰都是群体性狂热买出来的，每次熊市底部都是群体性悲观卖出来的。在这种关键时刻，也只有独立思考、逆势而行的人，才是理性和正确的。

比如，2012—2013 年，白酒经历塑化剂风波，当高端白酒一半的需求突然消失，并在塑化剂等利空轰炸下，投资人账户市值急剧缩水时，不担心、不害怕是有悖人性的。当时，股价在本就便宜的基础上，进一步急剧下跌到 5～8 倍 PE，市场上充斥着"白酒致癌、夕阳产业"的主流声音，这种时候敢于买进的必然是能独立思考的少数人。相反，2021 年，以贵州茅台、五粮液等为代表的白酒股票，估值涨到了 70 倍 PE 以上，市场谈论的全是白酒的优点，比如"存货不贬值、现金流好、印钞机"等。叠加账户膨胀，不跟着膨胀和飘飘然也是有悖人性的。而这种时候能够理性决策卖出的，也必然是能够独立思考的少数人。

股市里面真的没有新鲜事儿，当每次说"这次不一样"的时候，就是牛熊转势的时候。在股市里，大部分人的经验教训就是没有学到任何经验教训。而只有少数敢于和善于独立思考的人，每经历一次牛熊，投资能力都能得到一次升级和进化，并基于独立决策获取丰硕的投资果实。

我深信投资"大师"们做出的关键投资决策，一定是独立思考的结果，但由于并不容易看到他们当时思考的逻辑和细节，所以，仅能以个人的粗浅思考来班门弄斧地阐述这个主题。我投资以来抓住的几次关键机会，都是基于独立思考的结果，比如 2017 年买入微创医疗，2019 年由盈转亏后加仓 50%，那时候市场的主流声音是企业低位发转债并购，企业领导志大才疏。到 2021 年股价涨了 10 倍后，各路投资人突然发现，看好其为未来器械之"王"，如是出于对疯狂的恐惧减仓了 1/3 的持仓。2022 年股价再次崩盘后，市场又认为高值器械因集采已无投资价值，企业无边界扩张永无盈利之日，等等，如是又迎着暴跌增加了 2 倍的持仓。

回想关键买卖决策时，内心也会纠结，甚至交易时手也会颤抖，但基于历史经验教训，每次仔细评估、测算、推演后都有如果不调仓，未来大概率会后悔的声音，提醒我采取行动。如 2021 年期间，上海机场同中国中免重签免税租金合同，股价从 70 元一路跌到 36 元时，知名投资机构和投资人出逃，市场的主流声音是机场的商业价值折损，免税逻辑已变。但我经过详细评估后认为，尽管免税竞争力有所下滑，但不改上海机场华东门户，国际枢纽机场垄断优质流量转化获利的商业本质，而且未来的成长期长到看不到尽头。所以，不仅未斩仓出逃，反而果断逆势加仓买进。2022 年 11 月，在大股东减持、游戏治理、反垄断防止资本无序扩张等声调中，市场的主流声音是腾讯控股变成了公用事业股，甚至还离谱地传出了国有化传闻，而我经过长期观察和冷静思考后判断，只要腾讯控股的社交门户地位无忧，其流量转化获利的超强商业模式还会继续，如是，在跟踪了 14 年后，果断买进了暂时内外交困的腾讯控股。

独立思考，克服从众需要历练，只有基于独立思考做对那么几次，才能体会到其中的妙处。只是如果投资者什么都全靠亲身经历，时间太过漫长，代价又经常太过惨痛。好在在互联网时代，不管是板块、个股还是股市牛熊顶点、低谷时的情境和市场主流声音，我们可以找到足够多的研报、财报、访谈、媒体报道等信息来复盘和学习。通过亲历和复盘，不难发现很多当时短期看不清楚的事情，难以作出的决策，一旦把时间线拉长，比如经常问问自己 5～10 年甚至更久以后会如何，如是，很多纷繁复杂的问题就变得清晰了。

投资股票，要做到不从众，我们可以通过读史、复盘牛熊转势时的市况、代表性投资案例，尽量缩短"学习曲线"，才能尽早地进化到能够独立思考，让目光"穿透"未来的阶段。

5.6.4 直击本质

电影《教父》中的主角说："一秒钟就能看透本质的人，和花半辈子也看不清一件事情本质的人，命运必然是不同的。"直击本质就是分析公司、看问题抓主要矛盾、主要因素、主要方面和主要逻辑，把有限的精力和注意力用在最关键的地方，帮助我们在股价大幅波动或者机会出现时，能够去芜存菁，不至于被细枝末节干扰，从而作出理性的投资决策。

比如，高端白酒在2012—2013年跌到10倍PE以下时，从供给方面谁能替代茅台的高端地位？从需求方面老百姓喝好、喝少的趋势是否成立？如果这两方面都没有问题，塑化剂就并不会改变茅台量增价涨的长期逻辑。那么暂时的困难带来的股价下跌，恰恰是买入的良机。跟踪高端白酒的供需也相对简单，不用管什么广告、包装、扩产、公告、宏观经济等杂音，盯住产品价格即可，只要价格稳定向上就无损投资逻辑。可遗憾的是，绝大部分人，包括我在内，既没有深入地研究，也没有关注到核心逻辑，反而去猜市场会跌到哪里，甚至关注股东户数、机构进出等噪声信息，所以，没能抓住这种机会才是正常的。

腾讯控股本质上就是垄断性流量转化消费股，腾讯的QQ、微信网罗了10亿以上的用户，坐拥最大的社交流量入口，只要这一点没有改变，腾讯的商业价值和商业逻辑就不会改变，只不过转化方式是游戏、广告、金融服务，还是商业零售或其他业态的区别。

尽管都属于航空运输业，机场和航空公司的生意本质是不同的。比如，上海机场就是长三角城市群、中国优质旅客流量变现商，只要其长三角、中国空中门户的地位没有变化，长期客流增长和非航收入增长的投资逻辑就不会改变。那么，特殊原因导致的暂时困难和股价下跌，不仅不应该悲观，反而是市场提供了长期投资的良机。相反，航空公司改变不了强周期，竞争很难差异化，油价、宏观经济稍有波动就巨额亏损，即使碰到某个好年景，赚的钱又都变成了重资产飞机的商业本质。

以上举例都有关直击本质，如果一家公司或者一个行业，经过详细研究，根本就找不到一句话能说清楚的商业本质，要么就是太难了，要么就是根本不值得投资。而大部分投资人却搞反了，不仅抓不住事物的本质，做出投资或者不投资的理由包括：企业掌门人戴的手表居然15万元，所以不值得投资；维维股份收购了一家白酒企业，所以它也会像贵州茅台一样量增价涨；今天晚上海底捞顾客盈门，所以股价要涨；在超市看到一包乌江榨菜，生产日期居然是3个月以前的，所以库存问题严重，涪陵榨菜的股价要跌。

本质、本质、直击本质，我们才能将商业模式、竞争优势看得更透彻，也只有直击本质，让我们能够有定见，敢于逆势而为理性决策。

5.6.5 相信常识

常识有助于提升决策效率，很多时候还能保证决策的质量，因为常识本就是被时间反复检验过的真理。特别是在股价大幅波动，当我们受贪婪和恐惧考验时，常识会尤为管用。

股市里面有很多常识。比如，股票的价值决定价格，股价短期无法预测，长期一定体现价值；优质公司越跌潜在收益率越高，而风险是涨出来的；不愿意持有10年就不要持有10分钟；"我们应该盯着的应该是球，而不是记分牌"；企业或者管理层诚信有疑点的一票否决；优质公司的价值会指数级增长，股价迟早会新高；我们买的是公司，而不是指数，好公司的股价只会一路向北；买错了任何时候认错都是对的；以合理的价格买进优质公司，比买低估的平庸公司要有利；只与最优秀的人和生意为伍，不要在平庸的机会上浪费时间；适度分散是对风险的基本敬畏；低毛利率是辛苦生意的标志，更不是护城河，只有低成本才有可能是护城河；高负债险过强周期；异于常人的优势又得不到合理解释，多半就是造假；资产变重不会自动成为护城河，更多的可能是现金"黑洞"；好公司碰到短期困难，而长期确定时就是好机会；"股神"遍地时就是风险来临的标志，大众逃离股市时恰恰意味着投资良机来临；每当我们讨论这次不一样时，趋势就结束了；每当我们谈论第二个恒瑞医药时，不仅第二个难以成真，连恒瑞医药也高估了；如果有人有能力不断抓到涨停板，则整个股市很快就会是他的，等等。

投资股票看似简单，人人皆知的常识往往有效，是因为金钱永不眠，人性永不变，决定了股市里面确实没有新鲜事儿。只不过受贪婪和恐惧的支配，当机会出现时，人们容易忘了常识。历史和事实证明，凡是我违背了常识，就会受到惩罚，当我寄望的不是企业坚实的基本面，而是运气时，厄运往往就接踵而至；当常识让我因为持有某只股票或没有买进某只股票而睡不着时，一定是有什么事情做错了，或者应该做而没有做。

比如，2017年，押注微创医疗就是基于常识，"高值器械行业渗透率还有十倍、数十倍空间，而它是兼具创新能力和平台化布局的龙头公司，而市场定价远低于企业价值和一级市场交易价格"，就这么简单。

不过，尽管常识确实重要，但常识没有事实重要。当常识同事实相悖时，我们应该选择的当然是实事求是。

5.6.6 知行合一

知行合一，实践正确的投资理念，才是通过股票投资实现财务自由的必由之路。知行合一也可以说是诚实地面对自己、诚实地面对市场，知是前提，行是知的实践，任何无知、一知半解、半知半解，或者知而不行，在股市里面教训会来得快而惨痛，因为你可以骗任何人，假装知道任何事，自以为在投资，但欺骗不了的是股票账户的长期表现。

当我刚入股市时，以为看了几本有关巴菲特的投资书籍就已经懂得了投资，就信心百倍地入市，全然不知道牛市顶峰就是投资者的"绞肉机"。当我"知道"买股票要买便宜的时候，我也"学会了"买便宜，如是精心选择了仅 10 倍 PE 的新安股份，还坚定持有，结果却亏去了 70% 的本金。甚至一度怀疑巴菲特不过如此，觉得他那一套不靠谱，或者根本就不适合 A 股市场；甚至痛定思痛，开始走上了追涨杀跌的道路。后来才明白，新安股份这种强周期股，当时的 10 倍 PE 估值，是主导产品草甘膦涨价带来的，处在业绩周期顶点时的"低估值"。此时不仅不应该买进，恰恰是最应该卖出的时候。这学费交的，原来不是投资大道不可靠，也不是投资"大师"们说得是错的，而是我并没有真的"知"。

当我没有搞清楚股票投资的本质，以及长期股价涨跌规律时，却臆想买到彼得·林奇所言的"10 倍股"，结果从未抓住过 1 只"10 倍股"。直到后来，在迷信"黑马"，满仓华海药业的时候，为了对比看看"白马""黑马"到底谁更值得长期托付，在儿子每年生日时，给他定投 100 股恒瑞医药，后来恒瑞医药真的成了人生中的第一只"10 倍股"。但是，在恒瑞医药上的投资，对整体账户的价值约等于无。经过系统反思，因为我没有优质企业才是复利机器的"真知"，也没有恒瑞医药就是复利机器的认知，所以，抓不住这种机会才是正常的，侥幸挣了 10 倍，也只是幸运而已。

世界上如果有如果，当时我选择的不是重仓"黑马"华海药业，而是"白马"恒瑞医药，将会更早实现财务自由。后来想想也不可能，因为修为不够，极可能中途由于各种诱惑或自作聪明，而把恒瑞医药卖飞掉。对此我很确信，因为这种事情确实在白酒股上发生了。

认知不足，修为不够，对优质企业价值指数级增长的信念不坚定，缺乏"10倍股"需要时间来演绎的认知，没能做到知行合一，却去关心估值到底多少合适？夏天是白酒淡季，所以，应该去炒一波啤酒？三季报增速会提高还是减速？要不要避开年底股市的低迷期？结果玩"高抛低吸"的小聪明，把25元重仓买进的五粮液在36元清掉大部分，190元买的贵州茅台在290元卖得一股不剩。5年后，五粮液股价涨到了350元，贵州茅台的股价一度涨到了2 600元。再次因为知行不一，从而再次与重仓"10倍股"和财务自由擦肩而过。

教训让我学会了诚实地面对市场，也让我学会了诚实地面对自己，我没有预测短期股价，没有高抛低吸的能力。尽管人生没有后悔药，但好在知错能改，也算善莫大焉。因为长期研究医药，让我把目光延伸到了竞争格局较药物更稳定，未来确定性较药物更强的高端植入器械行业。当微创医疗进入视野时，越看越喜欢，越看越激动，如是地毯式的研究微创医疗及其同行们，把微创医疗上市前后20年以来的发展历程，股东和企业领导人，企业战略选择，资源禀赋，企业竞争力，行业发展趋势，估值水平等做了系统研究。

在决定下重注的那一刻起，就下定决心不玩任何小聪明，只当风险投资，坚持拿着。开悟后的自信和淡定，让我对财务自由也没有那么急迫了，但对能够实现财务自由愈加深信不疑。结果重仓下注后3年不到的时间，股价就涨了10倍，这才抓到彼得·林奇所说的重仓"10倍股"，成功地实现了资产再上新台阶。在反复被市场教训后，我已经明白，既然微创医疗的未来是星辰大海，买入持有这种最笨的方法，就是最有效的方法。由此，以后在股市赚再多，都是我应得的。因为我不仅知道了什么是对的事情，也学会了如何把事情做对，从而终于做到了知行合一。

投资以来的经历告诉我，我们确实赚不到认知以外的钱。我们所有的认知，都需要放到市场中去检验，刻骨铭心的经受几次教训，然后再刻骨铭心地大赚几次，才能悟透投资的真谛。有趣的是，投资真经都是公开和免费的，就那么几句话，只是要获取投资真经，真的没有捷径，得靠知行合一的勤于研究和实践，才有可能变成自己的真经。

5.6.7 客观理性

力求客观和理性是独立思考并导出正确结论的前提，遇事不急于下结论，多深入研究，多深度思考，凡事讲逻辑、讲数据、讲事实、讲证据。努力摒弃个人感觉、个人偏好对投资决策的影响。

很多人在生活中很精明，决策充满着理性思维和批判性思考能力，善于借鉴前人的经验和多方论证，凡事追求最优解，但一进股市就被贪婪和恐惧控制，变得从众，知行不一，甚至明知单一持仓、融资是高风险，反而安慰自己会是例外的那一个。明知道短炒不会带来可复制的成功，反而会增加交易成本和犯错的概率，但人们还是津津乐道于那些"成功的投资"（比如偶然赚到一个涨停板），对炒股失败的事则选择闭口不提。

客观和理性要求我们，研究和谈论问题少用"我认为""我觉得""我感觉"，而是"数据表明""事实说明""逻辑证明"，股市并不关心"我"怎么看，也不关心"我"怎么聪明。每次当我觉得自己已经懂了，自我感觉良好，乃至自大膨胀时，教训往往很快就接踵而至。

理性的反面是感性。熊市最黑暗的时候，每天市值都在缩水，感性告诉我们越早退出市场损失会越小，而理性警醒我们，现在不仅不能退出，反而是应该积极买进的时候。牛市最疯狂的时候，感性会告诉我们再等等，因为账户里每天都会多出许多的钱，市值增长得越来越快，只有理性警醒我们，即使5年后，甚至10年后，企业的价值都无法支撑股价，账户里的市值——"笼子里面的鸟"都不会有这么多，那现在为什么不卖出呢？

在贪婪恐惧面前保持理性，仅此一点，就能带来无尽财富。怎样才能做到客观理性？除了对财富、对人生有成熟的认知外，对优质企业价值复利增长的规律有坚定的信念，让我们的投资组合坚如磐石等，均有助于我们客观理性地面对市场，并有助于获得投资的成功。

5.6.8 共赢思维

股票的制度设计决定了它本就是共赢的产物。通过买入持有策略获取企业带来的长期的指数级财富增长，也是一种典型的共赢策略，在此过程中，个人得到财富增值，企业得到发展资金和竞争力提升，社会得到税收、就业和生产力进步，从而提升了每一个利益相关方的福祉。

但是，股票交易的便利性决定了总有人梦想着赚快钱和炒差价，参与零和博弈。由于短期获利者所得到的盈利对应着交易对手的亏损，所以，交易本身并不产生价值，甚至在极端情形下某些人的暴利，还意味着交易对手的破产。靠交易获利，实际上无异于互相掏口袋，即使一时赚钱，也难保一世安稳赚钱，最后难免害人害己。而只有有共赢思维的人和企业，比如伯克希尔·哈撒韦对待所有的员工、投资人、供应商、社会相关方等，均采用共赢思维来处理一切，才真正实现了股票共赢设计的结果，并广为世人所称道和信任。

不仅投资、经营企业应该追求共赢，共赢还是一种好的处世哲学。大到国家治理，小到人际关系和家庭和睦，共赢不仅能够解决很多问题，还能让世界和我们的生活更美好。

5.6.9 目光长远

股票短期股价随机，长期复利之"王"的特性必然要求我们目光长远。真的好企业不仅信奉长期持有，投资者选择投资标的，也得基于长期持有，一个难以往前看 20～30 年的生意，我们是不可能通过其获取 20～30 年的复利增值的。所以，只有目光长远能让我们站在时间一边，永远向前看，排除噪声与不确定，把握住大方向主逻辑，并以长期目标为导向做决策。

无论是宏观经济、行业政策、企业基本面、市场行情，还是个股估值，当我们看短期时，一切都充满了随机、混沌和不确定性，到处都是问题、困难和风险。一旦我们的目光能够穿透未来 5 年、10 年甚至更久远时，许多不确定因素恰恰能转化成确定性。比如，股价短期确实无法预测，但长期一定会在企业价值指数化增长的驱动下，从一个新高走向另一个新高；高估的股票股价短期可能还会涨升，但高企的估值一定会牺牲长期复合收益率；低估的股票可能跌到更低，但改变不了市场正在下金子的本质。

这种对长期规律和长期未来的确信，在短期看不清楚时，就看看长远的习惯，不仅有助于我们排除掉许多"地雷"，更能让我们淡定以待市场的疯狂，在市场热闹喧嚣中感知风险，在市场风声鹤唳中逆势买进。

不管是投资，工作还是生活，每当面临困难抉择时，我都会想，到了80岁时，甚至到了闭上双眼回顾此生的时刻，届时我会不会后悔今天的选择？如是很多选择就没有那么困难了。如果不会，那就是最好的选择；如果会，哪怕短期诱惑再大，也不应成为我们的选择。

5.6.10 知止有畏

不懂不做，坚守能力圈，就是知止；不做违法事、亏心事就是有畏。知止有畏有助于确保我们行稳致远。

一件事情能不能做，是否符合法律和道德标准，最简单的办法就是假设，这件事情全世界都知道了，我们是否还愿意去做。最起码的，对内幕交易、违法代客理财、违法证券咨询等要顶得住诱惑，对法律红线有敬畏，对是否符合道德标准要有我们内心的底线，才能确保我们的投资和人生不会遭遇毁灭性破坏。

对人的认知缺陷，对市场的残酷，有基本的敬畏，才能让我们的投资体系足够坚韧和能够容错。再大的数字乘以0等于0，要求我们杜绝致命性错误，要求我们必须确保永远站在时间一边。再多的0没有前面的1也等于0，要求我们关注生命本身，活得简单本真。毕竟，除投资以外，还有更重要的健康、家人、工作、生活等，需要我们去精心呵护，才能尽情享受生命这种激动人心的单向旅程。

本章小结

本章集中讨论了投资股票成功所需的，比认知更深层次的素养和特质问题，包括避免教条和懒惰，正确的财富观，对股票投资事业般的热爱，目标导向、能力中心和持续改进等方法论，以及必备能力素质和性格特质等问题，既来自学习梳理优秀投资人的共同之处，也是基于个人有限的投资和生活实践所得感悟。

  但是，世界上并不存在一种成熟投资人的固定模式，只要心怀善念，勇争一流，能够持续迭代优化我们的投资，保持终身学习和持续进化的人，获得投资成功就是迟早的事情和大概率事件。所以，以上一家之言，难免班门弄斧，甚至有所偏颇，仅供读者参考而已。

第6章

选 股

　　股票投资落实到操作层面就是选股、估值、打理投资组合三件事，做好了剩下就是交给时间，静静地等待收获。但事实证明，要投资成功又确实不易。所以前面用了5章的篇幅讨论，什么是股票、为什么要投资股票、股票投资的收益与风险、股价涨跌的秘密和投资人必备的能力素养等问题，以期构建起股票的基本认知。从本质源头、数据和逻辑上讲清楚股票投资的路径后，就可以讨论操作层面的股票投资三件事了。本章集中讨论股票投资最重要的事——选股。

本章主要内容：
➤ 选股的第一标准是优质
➤ 到优势行业中去选股
➤ 优质企业的定性、定量特征

6.1 选股的第一标准是优质

既然股票投资就是选择与什么人合伙做什么生意，选股当然就是要选出那些由我们信任的合伙人打理，令人垂涎的好生意。只是，全球市场有超过10万只股票，仅A股、港股就有超过7 000只股票，每天它们都在闪烁着红绿股价数字，能一眼看出的区别只有名称和代码。而且，回测数据表明，那些能给投资人带来长期诱人回报的复利机器，又是百里挑一、千里挑一的存在。

要选出其中未来的佼佼者，着实并不容易。但对个人投资者来说有两个好消息：

一是我们可以选择最优质的股票集中投资。机构投资者必须将资金分散到30~300只股票上去，而我们无须为了装下足够多"鸡蛋（资金）"而降低"篮子（股票）"标准。在第2章的讨论中，我们已经知道，长期复合收益率的些许差别，就会带来长期财富的巨大分野，比如将资金分配到7%、15%、26%复合收益率的股票上，持有30年后的结果分别为原始投资的8倍、64倍、1 000倍。所以，选股的第一标准就是永远不要向企业质地妥协，永远向优质企业看齐。

二是我们只需要1~3个机会就能实现财务自由。无论一级、还是二级市场，股权投资最诱人的地方在于，优质企业价值会随时间快速指数级增值。从持股仓位占比上看，优质企业会通过时间复利效应，将平庸企业的持仓占比压缩到毫无存在感；从投资结果看，投资者绝大部分财富都来自有限的1~3只股票持仓。价值投资鼻祖格雷厄姆50%以上的财富来自投资盖可保险公司（GEICO）；巴菲特99%的财富来自伯克希尔·哈撒韦；芒格的财富主要来自于投资了伯克希尔·哈撒韦、开市客（Costco）和一笔李录的私募基金，而且三者都足够坚实，均足够他和家人富足一生。比尔·米勒投资亚马逊达

20年以上，到2020年时，其个人投资组合中亚马逊股票的持仓占了80%以上。所以，就如人的价值一样，股票也生而不同。不同选择的结果，差异会大到成倍、成十倍、成百倍、成千倍。

所以，只要坚守优质标准，对实现个人财务自由而言，我们并不需要太多机会，1~3个足矣。但它们在哪里呢？

6.2 到优势行业中去选股

行业是由企业组成的，对经济和生活而言，很多行业都是不可或缺的，但对投资而言，行业特性决定了投资价值天差地别。

比如，医药行业，不管宏观经济好坏，还是古今中外，该看的病还得看，该吃的药不能停，是典型的非周期行业；且人们对长寿的无限追求，经济的持续发展决定了医药行业从来就没有天花板，一直是长期牛股辈出的好行业。再比如白酒行业，商业模式天生命好，也从来都是牛股辈出的好行业。而远洋运输业，受宏观经济和产能投放周期影响巨大，属于典型的强周期行业，不仅很难建立起护城河，每一轮下行周期还可能经历生死考验。

所以，我们要选出那些复利机器，理性地选择就是去优势行业寻找。就如芒格所言："钓鱼的秘诀在于，在有鱼的池塘钓鱼"。

6.2.1 到"长跑健将"辈出的行业中去选股

在第2章表2-1中，我们列出了过去30年，A股上市以来涨幅榜前50的股票。其中，第50名人福医药，复合收益率也达到了18.52%。轻松战胜许多优秀投资人的长期业绩，也就是说，在过去30年，长期投资其中任何一家企业都能获得惊人的复利回报。这些"长跑健将"不就是我们梦寐以求的复利机器吗？

事实证明，从来都不是股市不行，而是我们的眼光能不能发现这些复利机器，我们的心性做不做得到与它们"长相厮守"，我们的修为够不够承载它们创造的财富。

如果计算扔飞镖选到牛股的概率，以5 000家上市公司估计，它们在市场中的占比是1%。但由于早期上市公司数量较少，这个占比数据是低估的。这批公司最早1990年上市，最晚的2003年上市，若以2000年时上市公司总数1 088家粗略估算，市场占比约5%。大概20家中有1家是优质企业，即我们梦寐以求的复利机器。

如果统计行业分布，其中食品饮料企业有8家，医药企业13家，公用事业企业3家，汽车及汽车零部件企业4家，家电企业2家，军工企业3家，房地产及建材企业5家，电子企业3家，化工企业2家，其他7家。这些长牛股的行业分布，正应了"三百六十行，行行出状元"。50家复利机器，分布在十几个细分行业。

但是，值得注意的是，食品饮料、生物医药、公用事业等非周期股就占了24家，占了前50榜单的近半。特别是生物医药、食品饮料两个行业就占了21家。尽管只是历史数据，但既然牛股主要出自这些行业，只要这些行业未来不会没落，那我们为什么不在这些行业中去选股呢？

以前没有做过类似统计，只是通过大量阅读和自身观察，建立起了消费医药牛股辈出的粗浅印象。比如，2005—2007年牛市期间它们不仅涨得多，而且2008年熊市崩盘中还跌得少，在每一次股市波动中，它们总能率先走出下跌，开始新高之旅。所以，自2011年起，个人选股的目光一直紧盯生物医药、食品饮料行业，所投资过的企业和主要盈利也主要来自这两个行业。

后来长期关注和投资消费医药行业，发现消费医药行业确实出牛股，而且并不需要选到类似贵州茅台、恒瑞医药这样的大牛股，也能取得长期不俗的复合回报，轻松跑赢指数。更重要的是，它们从事的都是我们身边能够感知和观察的普普通通的生意，也并非行业内最耀眼的领导性企业。

比如，仅以个人长期关注的一些消费医药股票为例，截至2021年底，卖瓜子的洽洽食品上市9年涨幅超过6倍，年复合收益率22.2%；卖榨菜的涪陵榨菜上市10年涨幅超过6倍，年复合收益率19.6%；卖文具的晨光股份上市6年涨幅超过5倍，年复合收益率30.8%；卖酱油的海天味业上市8年涨幅近10倍，年复合收益率32.5%。

截至 2023 年 2 月底，医药行业的京新药业，靠他汀类降脂原料药起家，向仿制药转型，既不能算行业龙头，也没有垄断性专有技术，仅仅是深耕一个细分领域，上市 19 年涨幅 22 倍，年复合收益率 17.8%；类似的，从普利、沙坦类降压药原料药起家，向仿制药转型的华海药业，上市 20 年涨幅 18 倍，年复合收益率 15.6%；潜心麻醉精神类仿制药和原料药制造的恩华药业，上市 15 年涨幅 26 倍，年复合收益率 24.3%。

它们尽管从事的领域不同，但都取得了不亚于 A 股 30 年前 50 名的复合收益率，只是它们因上市时间短，而没有进入榜单而已。这些企业，如果非要说它们有什么共同点，那就是它们都是各自细分行业的龙头。

当然，对选行业和选股而言，仅仅做历史统计分析是不够的，更重要的是对历史表现进行归因，并评估它们的未来。但统计分析，可以直观地提醒我们，哪些是"有鱼的池塘"，有助于增大选到优质企业的概率，增进对商业模式、行业天花板和护城河的理解。毫无疑问，作为 14 亿人口的大市场，前方人口老龄化的前景确定，消费医药未来大概率仍然是牛股辈出的好行业，值得我们去关注和投资。

6.2.2 到天生命好的行业去选股

资源禀赋、比较优势和生意模式决定了，有的地域、有的行业确实存在着与生俱来的竞争优势，复利机器辈出，诱人到几乎无法回避的程度。

比如 A 股的白酒行业。表 6-1 统计了板块 17 家公司上市以来，截至 2021 年底收盘时的股价表现。

表 6-1　白酒企业上市以来的涨幅（截至 2021 年 12 月 31 日）

序号	股票名称	上市年度	开盘价 （后复权，元）	收盘价 （后复权，元）	上市以来 涨幅（倍）	上市以来 复合收益率 （%）
1	贵州茅台	2001	34.51	12 085.6	350.3	34.04
2	五粮液	1998	29.77	3 675.5	123.5	23.29
3	泸州老窖	1994	10.81	6 575.1	608.2	26.8
4	洋河股份	2009	98.0	625.3	6.4	16.73

续上表

序号	股票名称	上市年度	开盘价（后复权，元）	收盘价（后复权，元）	上市以来涨幅（倍）	上市以来复合收益率（％）
5	山西汾酒	1994	7.21	1 703.7	236.3	22.44
6	古井贡酒	1996	24.26	706.8	29.1	14.43
7	今世缘	2014	20.32	140.9	6.9	31.78
8	口子窖	2015	19.2	76.6	4.0	25.99
9	顺鑫农业	1998	13.77	137.3	10.0	10.53
10	水井坊	1996	14.53	659.6	45.4	16.49
11	酒鬼酒	1997	23.0	496.8	21.6	13.66
12	迎驾贡酒	2015	14.16	73.75	5.2	31.62
13	舍得酒业	1996	8.79	1 060.7	120.7	21.13
14	老白干酒	2002	12.2	171.3	14.0	14.90
15	金徽酒	2016	13.13	66.8	5.1	38.52
16	伊力特	1999	14.0	82.1	5.9	8.40
17	金种子酒	1998	10.2	88.13	8.6	9.81

由表6-1可见，无论上市时间长短，企业所在地域，管理层是谁，白酒细分行业的股价表现是惊人的。上市以来复合收益率最高达到38.52%，中位收益率22.44%，平均收益率21.2%，唯一的"差等生"最低收益率也有8.40%，也就是说，假设过去30年，投资者在白酒企业上市起，哪怕是扔飞镖，买进持有不动，到2021年底时，最低也能获得8.4%的复合收益率；平均能够获得21.2%的复合回报率，轻松战胜最优秀的那些投资人。如果对股票投资稍有认知，主动选择更优质、确定性更强的白酒企业投资，或者在白酒行业估值低迷的时候买进，复合收益率会更惊人。更罕见的是，整个行业居然无一负收益。

其中高端白酒"三杰"中，贵州茅台上市以来复合收益率34.04%，五粮液23.29%，泸州老窖26.8%。细究归因会发现，股价惊人表现的背后是坚实的基本面支撑。以2020—2021年度数据为例，零售价1 000元以上的高端白酒，量增价涨的增长逻辑清晰明了；竞争格局稳定，"茅五泸"三家绝对主导，飞天茅台、五粮液、国窖1573销售量占比90%以上，销售额占比

95%以上。其中飞天茅台销售额850亿元，五粮液酒440亿元，国窖1573单品100亿元；三家合计出厂口径营收1 400亿元，利润650亿元。销量占行业不到1%，营收占比约二成，利润占比超六成。行业和行业之间有天壤之别，优势行业内部企业间又是天壤之别。

如果细究行业中单个企业的营收、利润、现金流随时间的增长数据，也会发现，白酒企业良好的基本面是根本，由业绩与估值共同推动，才是表6-1所列白酒企业惊人股价表现的原因。当然，从白酒行业历史估值来看，2021年底刚好是估值较高的时点也是重要原因。市场也充分发掘了白酒行业竞争格局稳定、轻资产、高品牌溢价、高毛利率、高净利率、存货不易贬值、天生抗通货膨胀、自由现金流充裕等生意特性的优势。

类似白酒这种行业，就是我们要找的好生意、复利机器。这种行业往往需求稳定或持续增长（或者类似高端白酒的结构性增长），生意模式简单优质，竞争格局稳定或者自然垄断，从而保证了长期营收增长空间和令人垂涎的利润率，进而带来价值随时间的指数级增长。

所以，在类似优势行业中去选股，选到长牛股的概率会极大增加。类似的，美国的科技股、澳大利亚的矿业股，等等，因其特殊的资源禀赋或竞争地位，都可能就是那些天生命好的行业企业。在选股选行业这种事情上，挑战小概率，挑战难度，从来就不是理性的行为。

6.2.3 行业发展阶段与选股

当我们回望英国的马车夫、灯夫，20世纪的胶卷等行业时，就能理解行业发展阶段的判别，对选股和投资的意义所在了。时代抛弃一个行业的时候，行业中的每一个人都面临着艰难选择，甚至被淘汰。同时，科技的进步和经济社会发展，又在不断孕育一个又一个的新行业。

1. 行业发展四个阶段

行业发展的阶段划分标准各异，此处针对股票投资定性分析需要，根据行业总需求随时间的变化特征，把行业发展划分为新兴、成长、成熟、夕阳四个阶段（图6-1）。

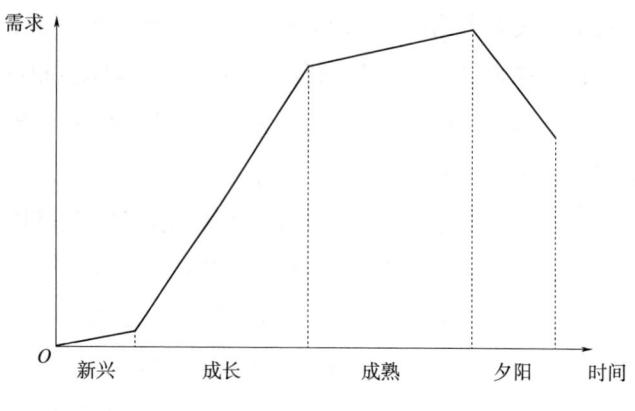

图 6-1　行业发展四个阶段

（1）新兴行业：产品还不成熟、技术路径未定型、竞争格局多变、行业需求量有限，市场渗透率往往小于 10%。

（2）成长行业：需求快速增长，行业领导企业、主导产品和技术路径逐步清晰，对旧有产品的替代加快，渗透率从 10%，快速增长到 50%～80%。行业野蛮生长，竞争格局基本稳定。

（3）成熟行业：竞争格局稳定，总需求仍然有一定增长，但增量和增速有限，渗透率逐步趋近 100%，总需求逐步接近顶峰，或者随 GDP 或人口增长而同步增长。

（4）夕阳行业：总需求见顶，甚至逐步萎缩，行业进入存量，甚至减量竞争阶段。

2. 不同行业发展阶段股票的特点

新兴行业股票更类似于风险投资，确定性不足，诱惑在于一旦投中优胜者收益惊人。比如，独家革命性产品，市场潜力大的专有技术，重磅新药，渗透率从 1%～10%，是 10 倍空间，从 1%～40%，是 40 倍空间。但一旦投错，也容易血本无归。

而在成长行业选龙头，成熟行业选竞争优势突出的企业，往往选中胜利者的确定性较强，有时候也能够获取数倍、数十倍的丰厚回报。所以，在股市里面成长股投资者趋之若鹜，既是股票投资的魅力所在，也是体现股票复利机器本质的最佳阶段。

夕阳行业也有类似于"沙漠之花"的胜利者。比如，水泥行业的海螺水泥，煤炭行业的中国神华，竞争优势突出，在行业总需求见顶前后，通过股息分红，也能给投资者带来不错的即时现金回报。只是夕阳行业中的企业，除非发生革命性的技术进步，打开新的行业空间，或者爆发新的需求，否则长期复利增值的可能有限。企业间更多的是存量博弈，行业内优质企业的股票回报特性类似于债券，而夕阳行业中的平庸企业，多半营收和利润率警讯不断，甚至最终走向消亡。

至于数百倍、数千倍股价增长的股票，既有企业裂变扩张到更多行业，拓展出更大的行业空间，构建起独特的商业模式和竞争优势的内在原因，也有时势造英雄的外部因素。往往可遇不可求，很多时候都远超人们的预期，甚至连企业领导人自己都难以完全预期到。比如，腾讯控股，一度想把其起家产品QQ以60万元卖掉，结果被买家拒绝，原因就是认为QQ这东西，随便找几个工程师就能开发出来。谁能想到呢？腾讯旗下的QQ、后来的微信成为中国人的社交门户，并以此为利基，扩张到一个又一个利润丰厚的市场，到2021年，腾讯控股股价涨幅超过1 000倍，市值一度突破7万亿港币。

6.2.4 行业供给和竞争格局的影响

以上仅是行业阶段的粗浅划分，并非某个行业阶段的企业就不能投资，因为新兴行业也有失败者，夕阳行业也有复利机器。毕竟除了行业需求，还有行业供给、市场份额变化等也是影响竞争格局，会导致行业利润率变化的另一面。所以，还得落实到自下而上的精心选择企业上来，企业是非常个性化的，优质企业、优秀管理层，总是能够抓住行业机遇、拥抱行业变化，在行业"洪水"来临之前已打造好"诺亚方舟"，在行业复苏时能够率先突破，从而不断地突破一个又一个天花板，为行业、为社会和股东创造出指数级增长的价值。只不过成长期、成熟期的行业，兼顾了成长性和确定性，投资可预测性强一些而已。

竞争格局稳定，甚至有某种垄断特性的行业往往是牛股辈出的行业。比如，可口可乐、喜诗糖果等所在的食品饮料行业，涪陵榨菜所在的酱腌菜行业，海天味业所在的调味品行业，贵州茅台所在的白酒行业。这些行业属于典型的成熟行业，竞争格局稳定，天然抗通货膨胀，品牌和味觉导致客户黏性强，几乎看不到天花板，多见百年老店和长牛股。再比如，恒瑞医药、微创医疗所在的医疗健康行业，只要人们对生命长度和质量的追求不止，也是看不到天花板的行业。医药行业在我国，是典型的成长性行业，成长主要靠的是产品或技术渗透率的提升、产品线的拉长、经营地域的扩张或并购整合。还有些行业天然垄断，比如机场行业的上海机场，港口行业的青岛港等。垄断和竞争格局稳定，往往是长期复利之源。

供给受限的行业，需求的微小变动都会导致产品价格和利润极大波动，比如石油、煤炭、矿产等资源行业，进而导致行业周期波动明显，新增供给的快慢决定行业上行的时长。供给增加容易的行业，行业上行下行都会很快，比如疫情期间的口罩、消毒剂、医用手套、检测试剂等。供给在行业下行期都不能退出的行业，很难有长期好的回报，比如航空运输、远洋航运，哪怕企业破产了，船和飞机还在，只是转手不同企业，并未退出市场。再比如钢铁行业，哪怕出现亏损，只要现金流撑得住，也不会停止高炉的运转而减少供应。

另外，有的行业变化快。行业发展螺旋式上升，新技术往往会带来行业新一轮的成长。如手机行业智能手机对功能机的替代，汽车行业电动车对燃油车的替代等。只不过，技术换代的另一面，往往是原有的竞争格局、行业供需被颠覆，除了极少数转型成功的企业外，大多数原有的胜利者一般都会走向没落，新的成功者将逐渐崛起。一般产品或服务换代过于频繁和快速的行业，往往投资的确定性不够，投资类似企业不仅很难安睡，也难以获取稳健的长期回报。

6.2.5 行业渗透率与成长股投资

渗透率是某种新产品或服务当前需求和潜在市场需求的比值。渗透率能够反映产品的普及程度，也是行业成长阶段的主要观测指标。比如，新能源汽车，2021年中国市场销量299万辆，年度乘用车总销量2 148万辆，则新能源汽车渗透率即为14%，如果2 148万辆汽车销量全被新能源汽车所替代，则渗透率就是100%。自此新能源汽车市场就进入成熟阶段，除非产品换代或者走向全球市场，销量增长空间仅能看自然增长。

不管是电视机、互联网、空调，还是智能手机、电动汽车，回测表明，在渗透率S形曲线上，产品普及加速点大概率出现在5%~10%的渗透率，即当到达 5% 后，渗透率就会加速，直到 50%～80% 时会变缓（越是革命性的产品替代的比例越高，更多的情形是品类内不同产品或技术共存）。比如，智能手机，2004 年全球智能手机渗透率为 3.1%，对功能手机的替代处在初期阶段，5 年后的 2009 年才突破 10% 达到 14%，此后开始加速，2009—2014 年，5 年间渗透率从 14% 快速提升至 69%，2014 年后渗透率增长减速，呈现愈发接近饱和点的特征。正是乘上了渗透率快速提升的东风，2009—2014 年智能手机领导者，苹果公司的股价就涨了约 10 倍。

也就是说，5%～10% 的渗透率，往往是行业爆发性增长的起点。此时技术基本成熟，知晓和体验过的用户越来越多，新产品开始进入大众化普及阶段，渗透率从个位数到 40%、50% 的阶段往往是成长投资最"甜蜜"的阶段。追踪电动车先行市场，2008—2013 年的 5 年间挪威电动车渗透率从 1% 以下提升到 5.7%，而 2013—2018 年的 5 年间渗透率从 5.7% 快速提升到 49.1%，此后继续加速，2020 年渗透率超过 70%。2021 年，中国新能源乘用车一季度销售 43.2 万辆，渗透率为 8%，到 2021 年三季度时，销量增至 75.2 万辆，市场渗透率快速增至 16%。到 2022 年二季度时，渗透率已经增长到了 26%。按历史规律看，智能电动车行业正处在爆发式增长的阶段，预期 2030 年全球电动车渗透率会达到 50% 左右。

若追踪单家公司，如 2003 年成立的特斯拉，2008 年 10 月，第一批 Tesla Roadster 开始交付用户，作为新生事物，定价高达 10 万美元，用户不多，就投资而言，此时也很难相信特斯拉就是未来的胜利者，相反公司一直处在亏损甚至破产的风险之中。2010 年 6 月，特斯拉在纳斯达克上市，发行价 17.00 美元，净募集资金 1.84 亿美元，市值约 20 亿美元，至此也仅生产了 1 200 多台 Tesla Roadster。2012 年，上市了第二款产品 Model S，DEDC 续航里程达 502 公里，当时竞争车型的 DEDC 续航仅 200 公里左右，此时已经能够看得出来特斯拉大概率会成功了。2013 年 5 月公司市值来到了 100 亿美元，随后就是 Model X/Model 3/Model Y 依次上市，特别是 2016 年 4 月推出的 Model 3，依靠前几年的品牌积累和 3.5 万美元的售价，销售迅速起量，发布仅三个月，订单即达 32 万辆，彻底赢得了市场。到 2020 年时，特斯拉年度总交付量近 50 万辆，并开始盈利，2021 年交付 94 万辆。当年美国市场电动车渗透率接近 5%，中国市场特斯拉、比亚迪、蔚来、小鹏、理想等同台竞技，渗透率达 13.8%，欧洲接近 20%，全球总计 10.2%，电动车替代燃油车的进程加快，几年间特斯拉市值一度涨到 12 000 亿美元。从其 IPO 算起市值涨幅 600 倍，从 Model S 成功算起，涨幅有 120 倍，从 Model 3 上市算起也有 30 倍。

所以，对科技行业（行业变化快）或行业天花板较低的细分行业，渗透率是一个值得重视的关键指标。回测历史，以通信行业为例，功能手机时代，诺基亚竞争优势突出，股价表现一时风头无两，其股价在全球手机渗透率超过 40% 的 2007 年就已经见顶，到智能机时代时已被彻底边缘化。中国移动国内手机用户渗透率超过 40% 时，股价也见顶了。所以，一个行业或产品渗透率到 40%～50% 时，尽管行业总销量还在增长，但对成长股投资而言，剩下 50% 理论上也就 1 倍的销量空间。叠加成长股的估值常常会发生大幅度透支，所以，如果说 5% 是成长投资的起点渗透率，40% 渗透率就是成长股投资的警戒线。

当然，也不能一概而论，同产品性质、市场容量和竞争态势密切相关。比如，有的产品渗透率不会达到 100%，甚至达到 40% 也不可能，而是新老产品（技术）共存。比如，心脏搭桥手术和冠脉支架手术，比如，心脏主动脉瓣膜开胸手术和经导管主动脉瓣置换术（TAVR），技术本身、费用、医生病人的接受度等都会影响到竞争格局；比如，武汉到上海间的交通，乘坐高铁、飞机和自驾都会占有一定份额。如果固守 5%、40% 的渗透率判断标准，就会严重偏离事实。

市场容量和竞争格局也有重要影响。比如空调，哪怕市场的渗透率已高达 92%，2022 年全国总销量高达 5 700 万台，但如果某家企业靠新产品哪怕只拿到 10% 的份额，也有 570 万台的销量，从 50 万台销量到 570 万台，销量增长 10 倍，对该企业而言，仍然是极好的成长投资阶段。

6.2.6 能力圈

个人觉得能力圈是针对行业研究而言的，了解单个企业最多可以称为一个"能力点"。能力圈是投资的基本概念之一，其本质要求就是不懂不做，核心体现在我们对行业、企业商业本质、竞争优势和发展趋势的洞悉能力，以及强烈的边界意识。能力圈要求我们在边界内部做投资，知道我们的边界在哪里，比这个圈有多大更为重要。

巴菲特在阐述能力圈概念时，强调的是对生意经济特性、可持续性的理解，也就是说，能理解生意在5年、10年，甚至20年以后会如何。而并非指的是会用电脑，理解电脑对工作和生活的重要性就是对电脑行业有了能力圈，并举例由于理解不了微软、甲骨文等10年之后会如何，所以不会投资他们。而箭牌口香糖、士力架巧克力就很容易理解，人们20年后还是会选择它们作为零食，即使给他10亿美元，也无法撼动和替代它们的地位。相反的，如果他动用10亿美元，就足以毁掉一个成衣品牌。

坚守能力圈并非故步自封，甚至给懒惰找到了借口。相反，投资者有必要基于一个个"能力点"，通过行业、企业历史和未来梳理，通过点滴积累，不断增强商业洞察能力，逐步建立乃至扩大自己的能力圈。否则，很难相信投资人真的具有某个行业、某些企业的能力圈。

由于精力有限，能接触的事物也有限，所以，能够建立起能力圈的行业通常有限。一般而言，投资自己所从事的行业，有天然的优势，相对而言也容易建立起能力圈。但是，这还不够，原因有三：

一是很多时候我们所在的行业并没有好的商业模式、稳定的竞争格局和靓丽的发展前景。比如，土木基建行业，过去没有，未来也看不出有高度确定性的指数化复利增值的机会。

二是组合投资的精髓本就是要通过不同行业投资分散风险，如果集中投资于某一个行业，无法消解单一行业的风险。

三是过窄的能力圈，难以满足持续复利增值的需要。通过长期历练，积累起2~3个真懂的行业是有必要的。特别是当能力圈覆盖的行业整体高估时，多几个可投行业的优势会愈发重要。比如美国20世纪70年代的优质大盘股行情，俗称"漂亮50"的一批股票，整体估值达到43倍PE时；2014—2021年A股优质消费医药股泡沫行情，优质消费医药股整体估值超过70倍PE时。面对已经极度高估的市场，限于能力圈，只能要么减仓或退出股市，要么接受后续多年的负收益或者低收益率。其实此时市场还是有一些结构性机会存在的。投资者有多个可投行业可选，可为避开泡沫，移仓调仓提供极大的灵活性，从而事实上有利于降低组合整体估值，增加组合的复利增值潜力。

以个人的体会，连续研究投资了医药行业10多年，期间一家企业一家企业地看，一个产品线一个产品线地比，经过10多年的历练，对判断行业内的企业优劣，还是有一些感觉的，勉强可以算作已经建立起了能力圈。2021年医药行业、白酒行业整体泡沫时，也正是因为对公用事业行业有所认知和提前研究，为保住消费医药行业牛市的成果，及时的将部分仓位调仓到公用事业，事后回过头看，该次调仓对于度过2022—2023年消费医药熊市的意义，无论如何强调都不为过。

所以，无论股市牛熊，构建能力圈，选好备选股的工作不能等，更不能懒。当机会出现时，我们能够果断调仓的前提，是我们已有相应能力圈和提前备好了可选的优质生意。

6.2.7　行业未来的宏观经济背景

尽管我们投资的是微观企业，一般无须过度关注宏观。但回测中国经济走过的路，梳理当下行业面临的宏观背景，对认知未来的宏观机遇和风险，对长期投资股票而言，是涉及方向性、全局性的问题。就如美股长牛的基础是其经济200余年来的持续快速增长，A股的未来，也必然有赖于中国经济的未来，作为投资人，对未来宏观经济的预判，不仅决定了长期投资的信心，也事关长期投资的地域、行业选择。

1. 中国经济长足发展和激动人心的未来

就如第2章讨论过，股市长牛背后的原因是经济的持续指数化发展。而经济发展的归因，有许多学者进行了详细讨论，比如从亚当·斯密的《国富论》到赫尔南多·德·索托的《资本的秘密》，经济学界对经济发展的原因、其中资本的作用、资本的创造、产权保护、效率提升、经济发展成败的归因等进行了讨论，经济得以持续发展的基础保障通常被归结为：法治社会、产权保护、机会平等。其中，法治社会保障社会长期稳定，为经济发展创造稳定社会环境和治理体系。产权保护可以让市场主体"有恒产者有恒心"。机会平等为各类市场主体创造公平的竞争环境。从而共同创造出一种"即使借由追求他个人利益，往往也使他更为有效地促进了社会利益"的治理体系和环境。而外部影响因素就是全球化。

回到中国经济，以上三点不仅随着改革开放的进程愈加深入和确定，对外开放的大门也会越开越大。

自改革开放以来，过去40余年的中国经济迅速发展，放到人类历史中也是唯一的奇迹，催生了一大批历史优势行业和牛股，甚至深刻塑造和影响了我们生活的世界。但未来的40年，中国经济有哪些特点，哪些行业可能成为未来的赢家，才是投资者尤为关心的宏观背景。我们不妨先来看看中国经济过去、现在和激动人心的未来图景。

2019年时，中国已成为全球第一货物贸易国。2021年货物进出口总额突破了6万亿美元，同130多个国家和地区互为最大贸易伙伴。同时又是第二消费大国、第一制造业大国，产业转型升级迅猛，制造业中高新技术产业增速快，结构不断优化。

综上所述，结合中国社会治理稳定，市场和法治改革逐步深化，加大开放和融入全球经济的大趋势，中国经济长期持续快速稳健增长才是我们的未来。从而可为投资者的长期投资提供良好的宏观经济背景。

2. 房地产与基建投资的过去和未来

过去40年经济高速发展的主要驱动因素是什么？追踪全国固定资产投资历史（图6-2），从2000年的3.3万亿元，持续高速增长到2017年的64万亿元。2005年时我国固定资产投资占GDP比重约为44%，之后逐年走高，投资额从2010年的24.1万亿元增长到2016年的59.7万亿元，同期占GDP的比例从58.5%大幅增长到80.2%，2015年甚至高达81.5%。到2021年，中国经济结构有所改善，当年GDP规模为114万亿元，全社会固定资产完成额为55.29万亿元，占GDP的比重为48.34%。截至2021年底，我国约有4.94亿家庭，住房普及率高达96%，持有2套房的家庭占比41.5%，持有3套房及以上的家庭占比10.5%，户均1.7套房。

21世纪以来20年的大规模基建和房地产投资，就是驱动中国经济的主要因素，至此，我们已经有了全球最便捷的铁路、公路、机场、电力、通信等基础设施，有了人均40余平方米的住房面积和高自有住房率。

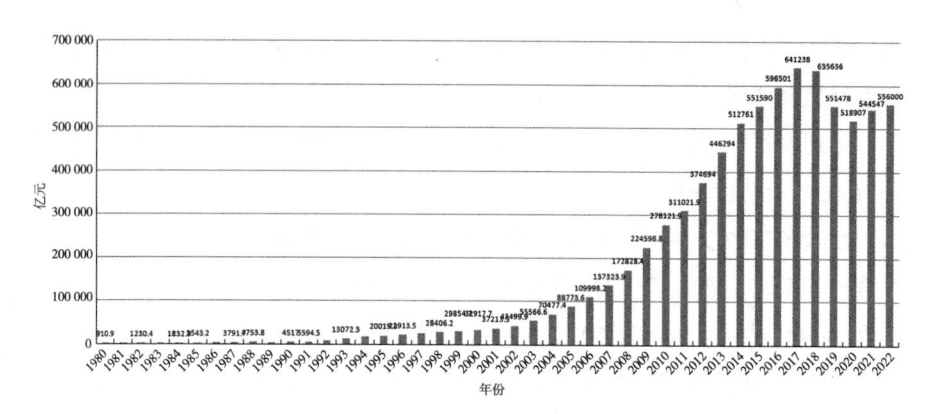

图 6-2 全国固定资产投资总值

这段历史对各行各业的影响有多大？以 2014 年的数据为例，当年中国经济刚刚突破 10 万亿美元，却消耗了全球 60% 的混凝土（水泥），46% 的钢铁，48% 的铜，49% 的煤，54% 的电解铝，50% 的镍……以水泥消耗为例，据 GatesBlog 统计，2011—2013 年中国 3 年的水泥消耗量，就已经大于美国整个 20 世纪的水泥消耗量。截至 2022 年，2013 年以来 9 年时间又过去了，按图 6-2 所示 9 年来全国固定资产投资总额估算，预测又消耗了 3 个 20 世纪美国的水泥等建材用量。

这就是中国经济起飞的侧面，也是人类历史上从未经历过的历史性时期，对中国、对全球经济，给各行各业和各国百姓生活带来了历史性的巨变。

而从固定资产形成总额占 GDP 的比重来看，2020 年，美国、欧元区、日本、加拿大和印度分别为 21.38%、21.89%、25.30%、23.26% 和 27.09%。也就是说，无论从已建成的基础设施和住房总量来看，还是横向对比各国国民经济投资占比来看，拉动宏观经济三驾马车中的投资，未来占比难以扩张，这是值得投资人洞察的大趋势，必将深刻影响投资和房地产相关行业企业的未来。

3. 人口总量及结构变化

全国历年出生人口见图 6-3。人口结构是各行各业最基本的基本面，特别是消费市场容量最重要的基本面。当年出生人口决定了 25～28 年后的婚龄人口，60 年后的退休人口，78～80 年后的死亡人口。据国家统计局数据，2021 年出生人口 1 062 万人，死亡人口 1 014 万人，年末全国人口 14.13 亿人，全年增加 48 万人，其中城镇常住人口 9.14 亿人，60 岁以上的老龄人口 2.64 亿人。基于图 6-3 可知，退休人口、死亡人口预期在未来 10～20 年都会快速增加，人口老龄化是未来最确定的大趋势。

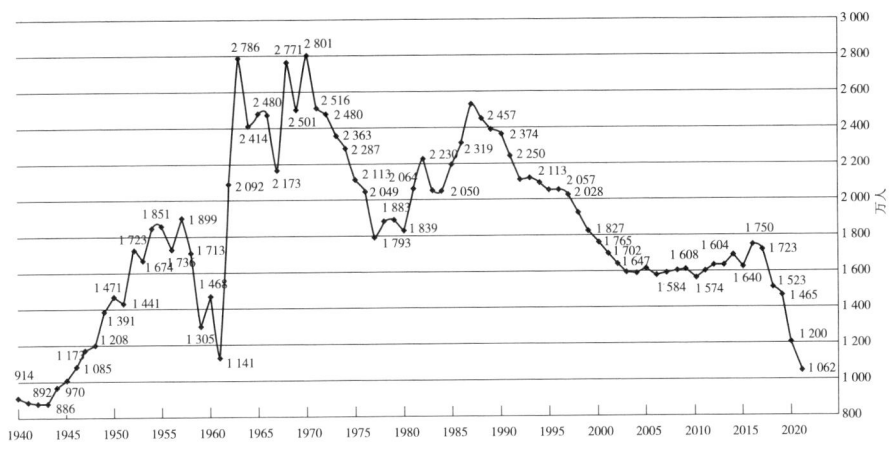

图 6-3　全国历年出生人口数据

人口总量及结构变化，将深刻影响中国经济结构及分布，经济消费转型，人均收入的提高，决定了消费的量和质都有广阔的空间；婚龄和出生人口的减少，必将给房地产、家电、母婴等行业带来压力；工作年龄人口减少，决定了经济总量的提升需要靠人口质量、技术创新升级和生产率提升驱动；老龄人口的增加会带来社保养老压力的增大，同时可以预期养老、医疗、保健等银发产业将有着巨大的增长机会。

4. 中国经济未来和行业演化

中国经济未来主要的驱动因素，或者说扩张性行业在哪里？

前已述及，应该不会是投资。以 2021 年数据，全球 31 个人均 GDP 超 3 万美元的发达国家，总人口只有 7.3 亿人，若以 2 万美元为界，所有发达国家人口也只有 11.5 亿人，目前我们已经是世界第一大出口国，如果仅靠出口，考虑到我国已经占据了全球制造业 30% 的份额，即使假设我们占据全球所有的制造业份额，也难以支撑 14 亿人跻身发达国家行列，所以，未来出口也难以成为长期主要驱动因素。

但我们的优势在于我国是 14 亿人的超大型经济体，具备全球最完整的制造业产业链和统一大市场。中国式现代化是人口规模巨大的现代化的内在要求，也说明我们必须基于自身内在发展来实现长期目标。必然的，未来发展要靠内需、创新、消费和服务业才能驱动。也就是说，中国人对美好生活的向往，才是中国经济未来激动人心的根本原因。内需、消费的未来兴起预示着总量上和结构上，各行各业都会有一定的投资机会，但同前 40 年各行各业都随 GDP 增长而一路狂奔相比，历史获益的房地产、基建、建材、能源、化工、矿产资源等投资相关行业，大概率会进入存量博弈，甚至减量发展的阶段。而创新和国际化、消费转型、技术革命和老龄化将是影响未来 30 年中国经济行业演化的主旋律。

创新升级和国际化要求我们把行业企业放到国内、国际两个大局中去评估发展前景和竞争优势。人口结构决定了机器人、高端制造、医药卫生、养老保健等行业将迎来长期发展空间。特别是中国居民资产配置、财富管理有可能向股票资产转移，叠加长期老年化前景，大时代，大趋势，行业发展大方向是值得我们思考和重视的宏观背景。

6.3　优质企业的定性、定量特征

自上而下的行业选择可以为我们的选股指明方向，或可为投资行业指数基金提供参考。但是，对投资而言，再好的行业难免有失败的企业，再夕阳的行业也不代表就没有好企业，企业本就是高度个性化的决定了自下而上的选出优质企业才是投资的根本。

6.3.1　三种不同的企业

既然长期股价由企业价值决定，那么我们选股的目标，就是选出价值随时间快速指数化增长的企业。基于复利增值的速度和复利时长，我们可以把企业分为图 6-4 所示的三类，即优质企业、平庸企业、垃圾企业。

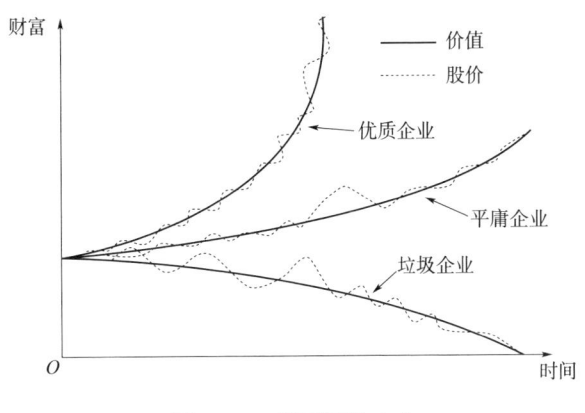

图 6-4　三类不同的企业

（1）优质企业，不仅复利增值的年限长，即具有"长长的坡"，而且价值指数化增长的速度快，即"湿湿的雪"。这种企业往往是优势行业的佼佼者，市场中千里挑一、百里挑一的存在，未来发展的确定性强，内在价值增长能够大幅跑赢 GDP，价值驱动股价大幅跑赢市场指数。

（2）平庸企业，市场中大部分公司可以归入这种类型，相对非上市企业而言它们并不平庸，甚至还显得优秀，同优质企业的主要差别在于内在价值增长的速度慢，长期能够获取同 GDP 或同指数相仿的复利增值。

（3）垃圾企业，也可以称为江河日下型企业、价值毁灭型企业，这种企业随着时间的推移，企业价值在不断折减，属于国民经济中逐步萎缩的企业，或者是身在增长性行业但经营失败的企业。企业价值不再增长或者跑不赢 GDP 的企业，对股票投资而言，也可以归入垃圾范畴，毕竟我们是来获取复利增值的，企业价值不增长，或者增速低于折现率的企业，长期现金流折现模型提醒我们，它们的主要价值在于当前价值，未来现金流折现价值会很快衰减为 0。比如，若以 10% 的折现率评估，增长停滞企业的现金流 10 年后的折现值约等于 0，而业务萎缩的企业的未来现金流折现值会更快趋向 0。

毫无疑问，优质企业才是我们梦寐以求的复利机器。平庸企业不是不能投，相对固定收益等投资品仍然能够体现出股票复利增值的优势，只是既然个人投资者不需要太多标的，而且长期一至两个百分点的复合收益率差别，都会带来财富雪球的巨大分野，那我们为什么要放弃优质，退而求其次呢？

在股票市场优质永远是第一位的，性价比往往代表着平庸甚至有缺陷。早期巴菲特喜欢捡"烟蒂"，后来在芒格、费雪等人的影响下，才发现以合理的价格买入优质企业，比以便宜的价格买进平庸公司要划算得多。所以，平庸企业不宜投，垃圾企业是不能投。

自从我发现了优质企业的复利机器本质，并用10年时间亲自印证了"白马"和"黑马"的长期表现之后，就画了图6-4，并把优质企业的价值增长曲线深深地刻在了脑海里。时刻警醒自己，并拒绝以"下等马"的价钱买"中等马"，因为长期可以依靠的，第一选择是"上等马"。

买优质企业可以把命运抓在我们自己手中，哪怕买得略贵，仍然比买平庸企业要划算。比如，10年价值增长10倍的股票（本书提到的案例中许多优秀企业都做到了），买入价格哪怕"不幸"高出1倍，变成了10年5倍股，复合收益率仍然高达17.5%，而如果买入价格合理将得到26%的复合收益率。1只10年价值增长4倍的股票（复合收益率15%），如果不幸买贵了1倍，复合收益率立马会降低到7%，只有买入价格合理或低估，才能得到15%或以上的复合收益率。并且，企业越平庸（价值增长越慢），远期投资结算时的估值对收益率的影响会愈加显著，容错性也会越差，稍微买贵，或者企业未来同预期发展稍有偏差，就会带来亏损。

买平庸企业，需要严格买折价，某种程度上，即使买到了便宜，但也相当于把命运交给了市场。比如，如果我们买入的是10年价值仅增长1倍的股票（复合增长率约7%，相当于GDP或指数的复合增速），对长期投资而言，10年期间市场估值波动就可能导致亏损，所以说属于把命运交给了市场。所以，越优质，价格容忍度就越高，越趋于平庸，买入价格就应该越苛刻。一旦平庸到价值增速低到10%以下，除了能够带来可持续7%～10%股息率的稳健收息配置，或者股价低估50%以上时值得阶段性配置，否则，很难保证长期10%～15%的复合收益率。那我们还费心、费力买什么股票呢，定投宽基指数基金不是更简单、轻松？

买价值不再增长的股票，或者价值正在毁灭的股票，我们就是在对抗时间和通货膨胀，哪怕有极大折价，也只能期待尽快清算或者有人接盘。它们就像燃烧的烟蒂，拿在手中的时间越长，剩下的价值就越少。

所以，企业价值随时间指数化增值的特点决定了，随着时间的推移，优质企业的复利魔力会愈发显现，同平庸企业之间的价值分野会越来越大。越是优质，买入价格对复合收益率的影响会越小。越是平庸，就越需要买低估，越属于把命运交给了市场。

这就是为什么要反复强调，优质就是选股的第一标准的原因。投资的首选一定是股价合理或低估的优质企业，次选是股价大幅低估的平庸企业，垃圾企业就不适合长期投资。当然，也不能教条主义，务实又提醒我们，当优质企业的估值高到透支了 5～10 年，平庸企业又有较大折价，导致二者潜在收益率出现了明显反转时，还死抱"优质"，那就是在和自己的账户过不去了。何去何从，唯一决策逻辑就是始终保持组合的潜在收益率最大化。比如，哪怕是烟蒂型企业，如果我们能主导清算，或者 3 个月内有可以兑现的并购、要约回购，哪怕仅 3% 的套利空间，也相当于 12.5% 的年化收益率。早期的巴菲特热衷于烟蒂投资，一是那时烟蒂多，套利机会确实多、效率高。二是没有充分感知到优质企业的长期魔力。

6.3.2 护城河

护城河，是将古代城堡的护城河引申到经济领域的一个形象概念，也叫经济护城河。通俗来讲，就是企业保持竞争优势的方法或事物，护城河可以保证企业的市场份额和利润率不被外部竞争侵蚀，保证企业未来发展前景的大概率实现，即确定性。所以，投资人都在孜孜以求地追寻坚实宽广的护城河，企业经营者都在努力地构建、加深、加宽护城河。

好生意需要兼具护城河和超额收益，也就是说，有护城河的生意不一定是好生意，但好生意一定要有护城河。

护城河的来源一般包括，强品牌、专利专有技术、法定许可、自然垄断、客户高转换成本、网络效应、低成本，等等，不一而足。

1. 强品牌类护城河

强品牌的典型如飞天茅台酒、LV、爱马仕等，以及可口可乐、涪陵榨菜、波司登等能把品牌做成品类代称的产品。因为它们广受消费者认可和喜爱，想起某个品类就是买某个品牌，比如买可乐就是买可口可乐，买榨菜就是买乌江，买雪饼就是买旺旺，买矿泉水就是买农夫山泉，买辣酱就是买老干妈，买羽绒服就是买波司登等。相反人们买大米、买袜子、买食用盐等就很难想起特定品牌。这里关键在一个"强"字，所有的产品都有品牌，但只有极少强品牌才能构建起护城河。

强品牌护城河往往需要持续的维护，以保有和增强人们对特定品牌的认知心智，就是强如茅台酒、五粮液酒也得不断投入广告，搞品鉴会等品宣活动，以不断加强人们对其高端白酒的品牌认同。在 2005 年的巴菲特致股东信中，对于盖可保险的广告费问题，他提到 1996 年控股盖可时，当年的广告费为 3 100 万美元，到 2005 年，其广告费增长到了 5 亿美元，而他还想迫不及待地追加广告费投入。原因就是盖可保险一直坚守只向谨慎人群销售保险和直销两大原则，从而奠定了其"低成本"优势，并仰赖低成本优势在产品端让利客户，推出"便宜且服务优质的"汽车保险产品。通过"我的任务就是帮人们省钱，我爱我的工作"，"花费 15 分钟就可以使得您的车险保费降低 15%"等心智轰炸，靠优质产品叠加强势营销，逐步扩大和强化了盖可保险"便宜且优质的"品牌认知，进而获得了营销高转化率和高经济回报。

2. 专利专有技术类护城河

专利专有技术比如荷兰 ASML 的光刻机、直觉外科的达芬奇手术机器人、专利药品、专利医疗器械等。有些产品依赖于专利期保护，有些产品和工艺即使专利过期仍然无法替代，显然，越是无可替代的产品或技术，越是能够创造丰厚的股东价值。

此类护城河需要高度关注的是专利有效期和技术的替代，比如新药的专利悬崖，一旦专利保护到期，仿制药上市后，原有销售额会很快萎缩 50%～90%。或者出现新产品替代，原有的专有专利技术的价值会极大折损，甚至失去原有价值，比如数码相机对胶卷的替代，智能手机对功能手机的替代，等等。

3. 法定许可类护城河

法定许可比如中国中免的免税经营权、银河娱乐的博彩经营权等，对此类生意，许可的确定性、许可时间长度、续约规则等，就成为评判护城河坚实程度的关键因素。

4. 自然垄断类护城河

自然垄断类护城河如上海机场、上港集团、青岛港、燃气管道、石油输送管道，等等。

自然垄断类护城河往往是把双刃剑，既然存在自然垄断性质，产品和服务价格一般会受到监管，加之基础设施投资的重资产长久期属性，所以，对法治、契约保护等要求高，且并非垄断就一定值得我们投资，只有垄断且兼具未来高确定性、有吸引力的经济回报时，才值得我们投资。

5. 高转换成本类护城河

高转换成本比如微软的操作系统和办公软件，同花顺的行情软件，金融机构、医院、政府等无法拒绝的行业软件，公司审计事务等服务，不可替代的细分工艺、技术、零配件、特种材料等。如果这些产品能够兼顾占客户总价值量低、量增的边际成本低、一旦故障客户损失大等特点，则投资价值会更佳，因为这些特点意味着持续的成本转移能力和高利润空间。

6. 网络效应类护城河

网络效应经常具有商户和用户越多，网络价值越大，边际成本却越低的特点，最后一般形成一家独大或者自然垄断的市场格局。比如，腾讯的QQ、微信等社交软件，支付宝等电子支付，银联、万事达等国际支付网络，客户根本无法离开，已成为人们生活、工作的底层应用。

7. 低成本类护城河

低成本优势如中国神华的煤炭开采、海螺水泥的水泥制造、沙特阿美的石油开采、长江电力的水力发电，盖可保险的车险、沃尔玛超市等。此处低成本为开采（制造）、运输、品质等带来的综合低成本，除非有确证，靠成本竞争的生意，往往意味着产品无差异和残酷的价格竞争，也是易于被侵蚀的一类护城河。

8. 护城河的其他关注点

我们除了要关心生意是否具备护城河，还要关注以下三点：一是护城河是在加深、加宽，还是将会受到侵蚀。毫无疑问只有坚如磐石、正在加深加宽的护城河才能让我们安心守候复利增值。二是护城河能够保持的时间段长度。企业是具有能够向前看10年的护城河,还是20年的护城河,实质上就是我们能够进行现金流折现价值评估的时间长度,也是企业估值的基础。三是除了要关心"现状"护城河,还要关注"再投资"护城河。比如,基础设施生意,往往也代表着市场容量的限制,"再投资"是否仍然能够具备护城河和优质生意属性,无疑会极大影响未来复利增值的价值评估,否则"现状"护城河带来的只是现金奶牛,只有具备"再投资"护城河的好生意才能驱动价值复利增值。

从以上讨论可以看出,有些生意天生就具有护城河,有些生意必须持续不断地努力构建、加深、加宽护城河,而大部分生意根本就没有护城河。没有护城河的行业内企业间的竞争,就会像电影院里看电影,当前排的人们踮起脚尖站起来时,后排的人们不得不跟着站起来,结果就是整个电影院的人都会踮起脚尖站起来,最终谁都看不好电影。

还有的生意可能兼具几种护城河,比如亚马逊的零售业务,就兼具网络效应和低成本两大护城河。而好管理从来就不是护城河,护城河越坚实的生意,对管理的要求相对越低,而对护城河狭窄或者没有护城河的生意,对管理的要求就越高。一个好的管理层能骑上"上等马"才是最好的投资选择,再好的管理层,对于江河日下的生意,也难免回天乏术。

在希瑟·布里林特等著述的《投资的护城河》中,对经济护城河进行了系统深入地研究,从构建起护城河的可能性来说,发现医疗保健业、消费品是易于构建起护城河和盛产长牛股的肥沃土壤,而基础材料、能源业、一般金融服务等并非盛产护城河的肥沃土壤,而工业、技术行业的护城河潜在来源各不相同,公用事业的护城河主要影响因素是监管。并从超额收益的角度,即以企业投资资产收益率(ROIC)大于平均资本成本(WACC)为标准,研究了护城河带来的超额收益持续时间,并将能够持续10年以上的超额收益认定为企业存在狭窄护城河,将持续20年以上超额收益的企业认定为拥有宽阔的护城河,以此为标准,发现全球市场仅有不到200家企业拥有宽广的护城河。

我们为什么要重视护城河呢?护城河的存在,除了保证企业在行业价值链中占有优势地位、市场不被分羹、高定价能力,从而确保更大的市场空间和更高的利润率之外;更重要的是,优质企业复利增值的前提是:企业保持竞争优势的持续时间,即复利增值持续时间的长度由护城河决定。没有护城河的生意,谈什么复利增值?3年后就土崩瓦解的护城河,只能计入3年丰厚的自由现金流来折现。所以,在评估企业价值,动手计算10年、20年后的现金流折现以前,必须先确定,企业的护城河是否能够持续10年、20年的时间长度。这才是投资者研究护城河,企业构建、加深、加宽护城河的价值和原因所在。

对于没有护城河,或护城河极窄的公司,投资者更应该关注的是股息、清算价值和廉价。比如,2021—2022年的远洋运输企业,尽管企业短期获利丰厚,但这些暴利实质上就相当于一次性收益,若无可靠的跨行业投资能力,大幅分红兑现股东价值就是理性的选择;对于有护城河、护城河越坚实的公司,才适合投资者关注它们的长期复利增值,才有评估其长期现金流折现价值的必要。

6.3.3　优质企业的定性特征

优质企业就如班上成绩好的学生,他们总有些共同点,这些定性特征是我们发掘优质企业的重要参考。

1. 商业模式好

商业模式是企业赖以生存和发展的业务活动方法,归结为到底如何赚钱,决定了企业在价值链中的位置。商业模式的优劣决定了生意的好坏,决定生意是不是"湿湿的雪"。有的生意本就天生命好,比如白酒行业,能获得极强的品牌溢价,获得30%~50%的净利率,而粮油企业就很难获得品牌溢价,仅能在激烈竞争中辛辛苦苦获得3%左右的净利率,一不留神就陷入亏损境地。有的企业属于"大树型"企业,自身足以营造一种生态,并获取产业链中最肥美的利润,比如苹果公司,既卖产品服务还能收"苹果税",从而获得了整个产业链和行业80%以上的利润,净利率高达28%,而依附于苹果产业链的"藤蔓型"企业,比如富士康只能获得较低的加工费。有的企业可以靠垄断流量转化获得丰厚的利润,比如腾讯控股,而依附于它们的零售企业不得不面临激烈的市场竞争和获得微薄的利润率。有的企业属于坐地收钱,比如上海机场的商业租金、广告转化,而同为航空运输业的航空公司却难改重资产、强周期和竞争激烈的商业本质。有的企业自始至终都没有找到好的商业模式,比如美图公司，赚了人气和用户，就是无法转化，没有怎么赚到钱。

同样是卖软件，有的生意一本万利，比如微软公司的视窗操作系统，而细分行业的有些定制软件开发，就搞成了人力资本密集型生意。同样是销售产品和服务赚钱，有的企业先款后货，比如海天味业的酱油生意，而有的企业先货后款，比如许多工程建设、监测设备类的公司，应收、存货占用了大量现金流。同样是做医疗器械生意，有的类似吉列刀片的商业模式，比如直觉外科的达芬奇手术机器人，既能靠设备赚钱和占领市场，又能通过手术耗材长期赚钱，而有的企业只能赚一次卖设备的钱。

好的商业模式不仅利润丰厚，别人还无法复制，好的商业模式带来好生意，好生意才是股东获取长期复利增值的源泉。所以，复利机器要么是已经证明了的好生意，要么具备成为好生意的潜质。一个生意不仅赚钱，而且能够持续地、高确定性地赚钱，最好还能赚到越来越丰厚且独占的利润，就是投资中孜孜以求的、好的商业模式。

2. 行业成长周期长、空间广阔

再好的商业模式，如果市场空间有限，增长期短，即使企业获得了行业压倒性份额的生意，也只能说明企业打造了一台好的"印钞机"，而要获取长期惊人的复利回报，需要企业所在的行业同时具有广阔的市场空间和较长的增长周期，体现的是"长长的坡"。比如，伟星股份的拉链、纽扣等服装辅料生意，生意做得不可谓不优质，但行业总量100亿元的天花板决定了，行业进入成熟期，企业未来的发展空间是较为有限的，如果企业不具备将获取的现金进行跨行业配置，且新投资无法继续保持过往竞争优势和诱人经济回报的能力，企业的归宿就是现金奶牛。承德露露的杏仁露生意，养元饮品的核桃饮品生意，涪陵榨菜的榨菜生意等，如果不能打开新的市场空间，都有类似的问题和风险。

而只有兼具好的生意模式（湿湿的雪）和长期广阔市场空间（长长的坡）的行业，才是诞生长期牛股的沃土。

3. 企业有坚实的护城河

前面已经专门讨论过，坚实的护城河意味着好生意的经济特性，比如市场份额、利润率等不会被无处不在的、残酷的市场竞争侵蚀，决定了企业行业地位的不可替代性和竞争优势的持久性。没有护城河的好生意，就如昙花，不会长久，或者根本就不能称其为好生意。也正是护城河的存在，才能保证企业未来发展前景的高确定性。

护城河集中体现了企业的竞争优势，常常表现为超强的行业或价值链竞争地位，具有护城河的企业一般都发展成为各行各业的龙头公司。所以，可以"要么第一、要么唯一"的行业地位作为初筛优质企业的定性标准，只是行业地位同是否具有护城河并非等价。最终，企业是否具有护城河，仍然需要按前述讨论进行自下而上的甄别。

4. 企业在利润之上还有追求

尽管企业的天职就是获取利润，但商业的本质在于为客户创造价值决定了凡是追求利润最大化的企业都难以长久；而有利润之上追求的企业不仅能基业长青，反而获得了滚滚而来的利润。比如，谷歌成立时在"创始人公开信"中，表明了其后一直坚守的"不追求短期利润最大化""不作恶""为客户服务""让世界变得更美好"等"初心"。乔布斯的目标从来不是生产手机，而是"打造一家可以传世的公司，这家公司里的人动力十足地创造伟大的产品。"Costco致力于成为客户的"生活管家"，甚至规定任何一件商品的毛利率不能超过14%。腾讯公司的愿景是"连接一切"，其带来护城河的产品QQ、微信等都免费。亚马逊立志"成为全球最以客户为中心的公司，使得客户能够在线查找和发现任何商品"，在其发展的早期无数次主动降低商品价格，让利客户，甚至一度被质疑为做慈善而牺牲了股东利益，等等。

需要说明的是，追逐利润是企业的天职，有利润之上的追求，并非优质企业的必备条件，只能说有利润之上的追求的企业，可能更伟大、更长寿。至于我们研究的企业是不是真的有利润之上的追求，当然既要听企业怎么说，更要看企业面临关键选择时怎么做。口号喊得漂亮的企业从来就不会少，而真的有利润之上追求的企业却极少，不管如何，可以确定的是，随时都想赚尽上下游每个铜板的企业，不会走得长远。

5. 企业被管理得很好

企业被管理得很好，可以细化为企业领导人、管理层值得信赖，资源得到了有效利用，有良好的企业文化等。既然投资股票就是与人合伙做生意，合伙人（大股东、管理层）的品行、价值观、战略布局、执行力、用人和资源配置能力等，需要经得起时间检验。是不是值得托付，是不是知行合一，是不是能够平衡客户、员工和股东利益，矢志追求共赢，做到每一分钱都能价值最大化，等等。

其中，资源配置集中体现了管理层的价值取向和值得信赖与否。不管是再投资、并购拆分、分红还是回购，好的资源配置决策能带来再投资的良好经济回报，缺乏投资机会时，加大分红力度，股价低估时进行大力回购，前瞻性的谋划转型升级等，都代表着管理层资源配置能力值得信赖。反之，乱投资，不谨慎的多元化，利益输送式并购，借钱大力分红，作秀式或高价回购，甚至侵占股东利益，此类资源配置决策不仅有损股东价值，也是值得警惕，甚至证明管理层不值得信赖的标志。

企业文化会影响企业中每个人的行为选择，在企业管理方面，好的企业文化比文件制度要强大和管用。就如好的家风、校风，会极大增强组织的凝聚力和竞争力，从而取得卓越的成就。好的企业文化包括良好的客户文化、股东文化、创新文化、质量文化等，企业成员是不是有主人翁意识，高层和骨干员工是以打工，还是干事业的心态工作，对所从事的生意有没有责任感、使命感和价值感，有没有追求卓越永争一流的追求，是否信奉长期"主义"，公司员工关怀是否到位等，都是值得观测的点。企业文化弥足珍贵，集中反映了企业领导人的价值追求，就如张瑞敏用铁锤砸烂冰箱后的海尔电器所呈现出的质量文化；伯克希尔·哈撒韦打造的以信誉、信任为先，让所有人能"自由的绘画""每天早上跳起来去上班"的经营文化等，都是企业创造出卓越业绩的文化基因。

当然，管理层是否值得信赖、企业管理好不好、企业资源配置能力、企业文化、是否注重股东回报等是否值得我们信任，都需要放到时间长河中去考证，需要长期听其言、观其行，这也是为什么不建议投资上市时间短，缺少长期历史记录的企业的原因。

好的管理，能导向"人尽其才，物尽其用"。但需要指出的是，好的管理并非万能，如果在好的管理和好的生意之间做选择，我更愿意选择好生意，毕竟，对于"烟蒂型"的生意，再好的管理，都难改失败的命运。比如，伯克希尔·哈撒韦投资的德克斯特（Dexter）鞋业等。而有些好生意天然对管理的要求并不高，比如长江电力、上海机场、贵州茅台等。如果某种生意高度仰赖于某一个人，或者极端精细化的管理，这种对个人和精细化管理的依赖反而是长期投资的风险。因为再好的生意，迟早会碰到差劲儿的管理层，所以，也就有了真正的好生意，是谁都能经营好的生意的说法。

另外，我们也不能走到"管理洁癖"的另一个极端，从严格意义上来讲，任何组织都会存在大小不一的管理问题，管理风格也各异，甚至还会有不影响大局的资源浪费、甚至人员腐败，比如贵州茅台，1 000多亿元在手现金未能得到有效利用等缺憾，并不足以否定贵州茅台优质生意的本质。一项生意是否值得投资，一切还是需要落实到企业的价值创造，即企业价值是否能持续快速复利增值的主逻辑上来。

6. 多为行业龙头或朝阳行业的优势企业

细分行业龙头地位本就是企业竞争优势、管理优质的结果，所以，既然它们已经在某个行业具有了竞争优势地位，除非行业发生颠覆性变革，未来继续优秀下去就是大概率的情形。如是，各行各业的龙头公司，特别是已经建立起坚实护城河的细分行业龙头，它们的龙头地位即可作为优质企业初筛的重要标识。

这些行业龙头往往占有行业主导性市场份额，有着引领行业的领导力，甚至能把品牌做成品类的代称。比如，截至2023年1月底，主营聚氨酯的万华化学，其主导产品的定价能力能够影响市场价格走向，成本低到具有全球竞争力，上市22年股价涨了93倍，年复合收益率22.9%；主营汽车玻璃的福耀玻璃，始终立志做好每一片汽车玻璃，做出了全球性竞争力和领先的市场份额，上市30年股价涨了44倍，年复合收益率13.5%；主营机械液压件的恒立液压，上市11年股价涨了10倍，年复合收益率23.3%；做挖掘机和混凝土机械的三一重工，上市20年股价涨了33倍，年复合收益率19.1%，等等。

朝阳行业、成长性行业的优势企业，既能享受行业快速发展的红利，还能以优于行业的增速成长，往往意味它们就是潜在的复利机器，只是企业早期发展阶段的营收、利润有限，经营波动也大，而更类似于风险投资而已。比如，

2008年时牛奶行业的伊利股份，从我国人均牛奶消费量看，当时仅有世界平均水平的五分之一，同发达国家相比更是处在行业发展的早期阶段，预期随着经济发展与人们生活水平提高，行业总量有着巨大的成长空间。尽管当时因三聚氰胺事件影响出现了全行业亏损，但对比同行而言，伊利股份不管从体量、竞争力，还是渡过难关的财务抗风险能力，都是行业少有的龙头公司，所以，伊利股份作为好行业中的优势企业，是投资中国牛奶行业无法回避的一家企业。事实也证明自2008年底以来，到2023年2月底，行业和公司基本面都迎来了巨大成长，期间股价涨幅高达25.6倍，年复合收益率24.5%。

高盛1994年入股中国平安，也是投资朝阳行业优势企业的典型案例。当时大部分人还不知保险为何物，整个行业包括中国平安，都处在一个极度不规范的发展阶段，但起步阶段的中国保险业无疑极具吸引力，当时极力想促成交易的操盘人，说服高盛投委会的主要逻辑就两条：

（1）"美国3亿多的人口，中国10多亿人口，美国接近4 000家保险公司，中国只有12家保险公司，其中只有3家是全国性的……保险资产占GDP的0.02%"。

（2）"说平安的这些人不懂保险，那另外11家保险公司的管理层，有任何一个人懂保险吗？还有，美国当年保险业刚刚起来的时候，又有多少当时的管理层就懂保险呢？"

事实证明，高盛投对了，当时高盛、摩根士丹利以6倍PB的价格，各投入了3 500万美元，各获得了中国平安6.85%的股份，到高盛2005年退出时，这笔投资净赚了20倍。事后看，那时候投资中国保险业，投任何一家全国性保险公司都将获得诱人的行业红利，选择哪家只是赚多赚少的问题而已。

以上六条定性标准难免有主观成分，核心在于判断：企业的生意模式是不是足够好，未来成长空间多大，护城河是不是足够坚实，管理层是不是值得信赖且愿意同股东分享利益，从而判断企业未来发展潜力和带来满意投资回报的确定性。尽管都是一些定性的标准，但很多时候比定量的标准更重要，或者能更易于让我们发现那些复利机器。尽管定性不易，但为了增大选出未来复利机器的概率，值得我们持续地努力，去提高识投资人、辨别好生意的能力，以最终帮助我们选出那些复利机器般的优质企业。

6.3.4 优质企业的定量特征

企业的生意模式、竞争优势、经营质量、企业文化的好坏，最终会体现在财报数字上，所以，可以用关键财务指标来比较和初筛企业，并通过企业纵向发展和行业横向对比进行归因，从而帮助我们找出那些潜在的未来复利机器。

1. 未来营收双位数以上复合增长

营收是利润之源。长期营收增速反映的是企业销售规模的成长能力，要么是推出新产品，要么是已有产品渗透率的提升，打开新的市场，或者获取已有市场更多市场份额，反映的是企业生意"做大"的能力。

营收的增长体现在量、价两个方面，核心在于持续快速增长。通常量重于价，有量才有价，销量萎缩的生意，往往也很难保住价。商业史表明，绝大部分生意遵从量增价跌的模式，比如隆基绿能的主导产品太阳能电池片，过去10多年产品价格降低了90%以上，但由于价跌带来的竞争力增强和市场容量暴增，并没有影响到企业销售额、净利润的持续快速增长。当然，更好的模式是量增价稳，最好的模式是类似贵州茅台主导产品飞天茅台的长期量增价涨生意。

需要强调的是，受周期性、偶然性因素影响带来的一过性增长，不属于此处讨论的范畴，只适合按一次性收益估值。

对选股来说，营收比利润作为观测指标要好的地方在于，既适用于初创期的亏损企业，也能适用于稳定盈利阶段的企业，营收相对更不会像利润一样容易被"任人打扮"。典型如亚马逊，早期有很长一段时间不盈利，但营收增速一直非常快（图6-5），一旦营收规模越过企业盈亏平衡点，此时，企业不仅已建立起了坚实的护城河，利润随后也滚滚而来。自1997—2021年，24年间亚马逊的营收增长了3 100倍，复合增长率达到了38%；同期，以2021年的收盘价同1997年的开盘价计，股价增长了1390倍，25年间复合回报率高达35%（图6-6）。

营收的持续快速增长，大概率带来企业利润、现金流和企业价值的持续快速增长，A股、美股、港股众多历史大牛股回测数据表明，营收是同长期股价走势最强相关的指标。此外，之所以限定双位数以上增长，是因为过低的营收增速，很难带来双位数以上的利润和现金流的持续增长。也就是说，既然无

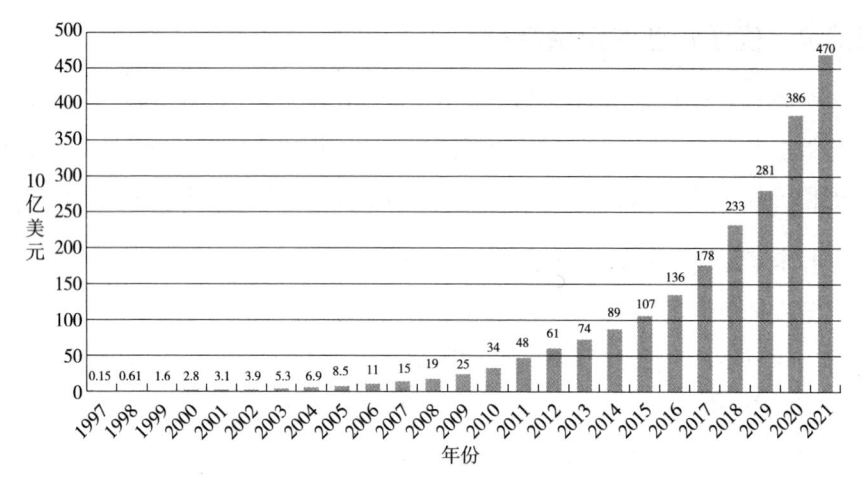

图 6-5 亚马逊的营收增长图

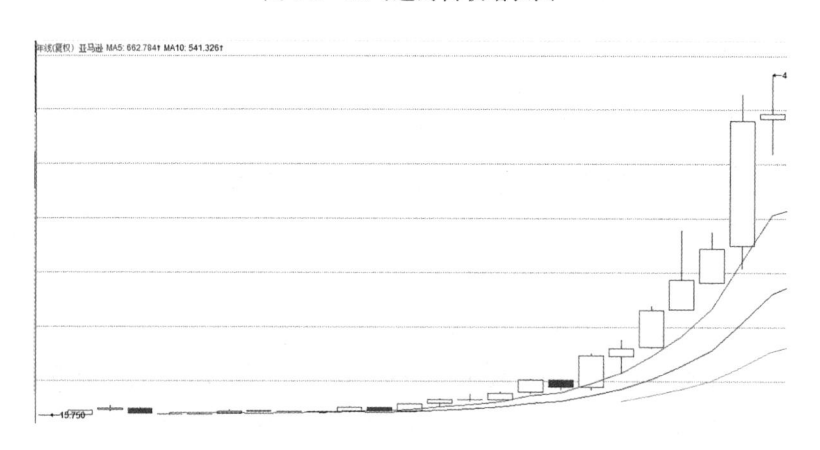

图 6-6 亚马逊公司 1997—2021 年的股价年 K 线图

法实现价值的持续双位数以上增长，我们就很难搭它们的便车，实现跑赢指数的复利增值。

所以，长期营收复合增速越快越好。回测表明，对于消费医药行业的长牛股而言，正是因为生意能不断做大、做强，长期营收保持双位数，甚至 20% 以上的复合增长，才是大批长期牛股股价指数化增长的根本驱动因素。软件、互联网等科技行业，处于行业风口阶段的企业，增速往往更为迅猛。而营收增速趋势性下滑、停滞或者萎缩，就是企业各种麻烦出现的开始，哪怕此时企业的表观利润还在增长，但由于没有营收增长支撑的利润是不可持续的，股价往往会更早地步入萎靡，甚至会因为增长减速和高估值而带来"戴维斯双杀"。

比如，恒瑞医药，2000年上市时的年度营收为4.85亿元，直至2020年营收为277.3亿元，期间营收增长56倍（图6-7），持续20年营收复合增速高达22.4%，同期股价增长204倍，20年间年复合回报率30.5%（图6-8）。但是2021—2022年间营收增长"失速"，如2021年营收增速为-6.6%，导致了其上市以来，发生跌幅最大，也是下跌时间最长的一次股价调整，2021—2022年股价最大跌幅达71.9%。而在其营收快速增长期间，即使是2008年上证指数发生下跌65%的系统性风险时，同期其股价也仅下跌18.7%。

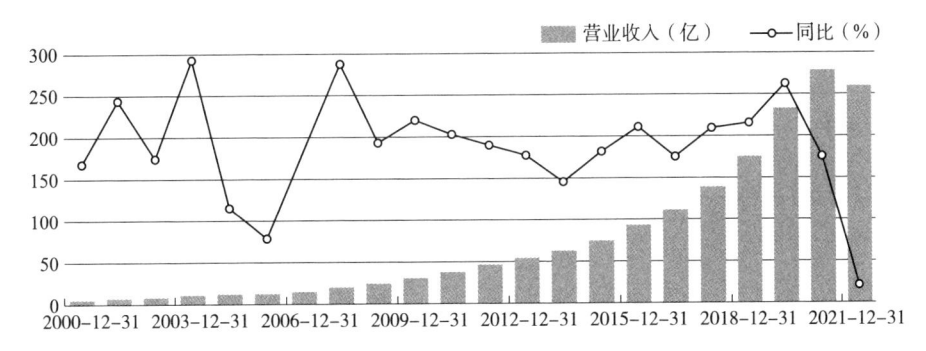

图6-7 恒瑞医药2000—2021年的营收和增长率

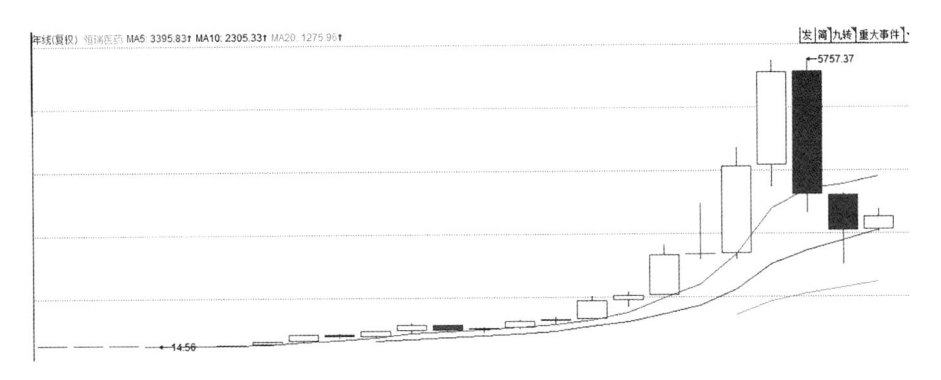

图6-8 恒瑞医药2000—2021年的股价年K线图

类似的，腾讯控股2004年上市时，营收为11.4亿元，到2020年时营收增长到惊人的4 820.6亿元，16年间营收增长了422倍，期间复合增长率高达45.6%（图6-9），同期股价增长650倍，年复合收益率49.9%（图6-10）。

但到 2021 年时营收增速下降为 16.2%，2022 年中报进一步下滑为 -1.5%，2021—2022 年发生股价上市以来下跌时间最长，也是跌幅最大的一次调整，最大跌幅达 73.1%。

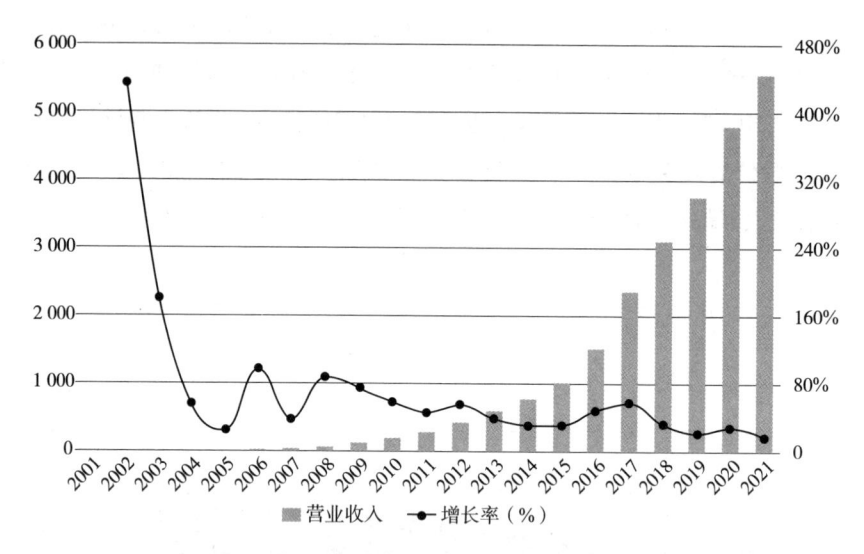

图 6-9　腾讯控股 2001—2021 年的营收及增长率

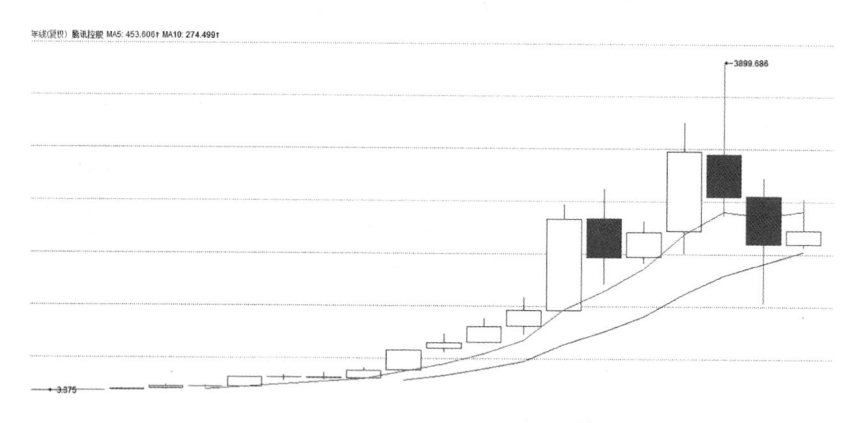

图 6-10　腾讯控股 2001—2021 年的股价年 K 线图

以上尽管举的都是个例，但反映的却是普遍性规律。读者可以在贵州茅台、苹果公司、涪陵榨菜、海天味业等企业发展历史上进行回测，绝大多数情况下，但凡这些优质企业营收增速萎靡的时候，极大概率就是股价表现较差的时候，但凡营收持续快速增长的时候,极大概率就是股价表现较好的发展阶段。不过以上回测也说明,长期牛股营收增长发生短期失速的时候,往往也是较好的入股时机。

当然,回测历史营收和股价是容易的,重要的是根据行业空间、竞争格局和企业竞争力来预测未来可能的营收增速和规模。一般而言,历史表现优秀、竞争力强的企业,只要行业环境不发生革命性的变化,在行业渗透率见顶前,甚至见顶后获取营收增长和更大市场份额的可能性更大。当行业格局存在重大变化可能时,那些符合未来发展需要的企业,会得到发展壮大的机会和更大的市场份额;而那些历史获益者,需要快速转型才能继续发展,甚至会在新环境中走向平庸。但是,企业转型从来就不容易,除非是在"日子好过"时,提前未雨绸缪的战略转型,一般谈转型时就是企业出现困难,甚至走向衰败的开始。因为企业如人,如果靠已有技能就能过得很好,有何转型的必要呢?如果不是提前谋划和获取新技能,而是等失业了才想起来学习新技能,难免会经历一段痛苦的时期。

综上所述,只有未来营收存在持续双位数以上增长的未来优势企业,才是值得我们投资的复利机器。而一旦企业营收增长长期停滞,甚至发生萎缩,从投资属性上讲,类似企业股票最好的结果就是成为"债券",而不好的结果就是破产归零。

2. 未来真实 ROE 大于等于 20%

(1) ROE 的定义与特点。ROE 即为净资产收益率,是最能体现股东回报、生意优劣和经营质量的综合性财务比率指标,反映的是企业生意做"强"的能力。巴菲特曾称,如果只能选择一个财务指标选股,那就是 ROE。如果说企业价值指数化增长时段长度,被比喻为"长长的坡",则高 ROE 就是"湿湿的雪"。长期投资行业空间足够大,企业竞争优势突出,期间把利润全部投入扩大生意的企业,最终我们获得的长期复合收益率,就约等于长期 ROE。也就是说如果企业长期 ROE 是 20%,则长期投资的最终复合收益率也约等于 20%。当然,有无限增长空间的生意实际上是没有的,但不改增长期越长、期间 ROE 越高,长期复利增值的回报率越高的规律。

（2）应该追求多高的ROE。从优秀投资人的复合收益率、历史复利机器的ROE门槛值，或者至少要跑赢市场指数来看，我们需要且可以设定预期ROE不低于15%的选股标准。且由于个人投资者需要的标的少，完全可以设定20%以上的预期ROE标准，以让我们的备选股票池尽量向优质看齐。我们还可以从价值复利增值的角度来讨论做此选择的原因，我们考量任何投资机会，可以按"每投入1元，要产生不低于1元的内在价值"来评估；此处内在价值体现为资产的未来自由现金流折现，对于投向10%复利增长的资产，假设折现率取10%（代表机会成本，低于10%还不如投资指数基金），则意味着1元的新增投入得到的内在价值即折现值为1元；而对于复合增长率15%的资产，折现率取10%，相当于每投入1元，得到了3.45元的内在价值；20%复合增长的资产，每投入1元能得到12.37元的内在价值。所以，要想获取满意的复合回报率，必然需要企业或者我们自己能始终将资金投向15%或20%长期复利增值的资产，才能将每1元钱投资产出不低于1元的新价值，而且越高越好，越高则带来的复利增值效应会越惊人，也意味着投资回报率会越高。所以，从长期价值复利增值的需要而言，也需要我们追求不低于15%、20%的ROE。

（3）应用ROE指标时需注意的问题。ROE也不是万能的，比如亏损企业ROE是负的；在行业成长早期阶段，即使不亏损，盈利有限的企业ROE很低，而且年度间的波动也极大，很难符合以上标准。所以，如果仅看ROE指标，会错失类似亚马逊这样的企业。有时候还会见到因持续的大幅度分红，导致账面净资产极低的企业，这时的财报有着极高的ROE，甚至累计分红超过企业净资产，而导致净资产为负的企业，这两种情况下的ROE都是失真的，此时惊人的高ROE或负的ROE，并不代表企业可持续的股权长期复合回报能力。另外，一般很难见到真实ROE（股权价值长期复合增速）为40%以上的企业，真实ROE能达到20%～40%，已经是股市历史中最优质的那些好生意了，所以，设定比40%更高的ROE要求，无异于刻舟求剑，也是不合适的。

而且，企业分红也会"拔高"ROE，此时财报账面的高ROE并不代表高速复利增值潜力。比如一家企业净资产是100元，每年净利润是20元，但每年都100%的分红，这时每个会计年度结算时的净资产不变，一直为100元，即使每年继续净赚 20 元、继续 100% 分红，我们看到的长期 ROE 一直为 20%，但并非股权价值在以 20% 的增速复利增长。实际上这种企业的股票，本质上就是一张每年分红 20 元的债券，只不过投资收益会随着股价波动反向波动，投资这种股票的长期收益率就等于股息率。

而对于将部分利润分红，部分留存利润用于扩大再生产的企业，这时长期股权投资的复合回报率：

$$复合回报率 = ROE × （1-分红比例）+ 股息率$$

比如，过去 100 年可口可乐公司的财报 ROE 长期高于 30%，但其股票长期投资收益率约 15%，就是长期高分红，变相拔高了其账面 ROE 的原因，此种情形我们见到的 ROE 并非能代表股权价值复利增值的速率。如果并非长期投资，当考察期较短时，则资产估值变动会严重影响投资结算时的复合回报率。比如，沪深 300 指数的回报率并非等于其 ROE，而是约等于 ROE ×（1-分红率）+ 股息率 + 估值变动。所以，再优质的公司，如果投资期过短，短期估值变动可能导致浮亏或短期收益率畸高，只有时间能够熨平估值波动，让长期复合收益率趋近于股东权益的复合增长率，从而体现出长期股权投资收益率会趋近于真实 ROE 的特点。

另外，若企业有大量运营和扩大投资所需之外的净现金类资产，则会压低现有投资资产的真实 ROE。比如，五粮液等白酒企业，长期处于净现金状态，超过经营所需的"过量"现金，会降低企业整体的 ROE。此时，公司现有生产性资产的复合回报能力实际是高于账面 ROE 的。但是，因为现金也可以看作公司配置的一种投资，只不过现金理财等回报率较低，长期而言，每 1 元的在手净现金假设能获得 2% 的收益率，按 10% 的折现率折现，其价值会衰减到 0.09，所以，企业的这种"投资"越多，即使每股收益（EPS）还会因理财收益的增长而增长，但实际上若无好的投资机会，却又留有过量现金是有损股东价值的。此时，理性的资源配置应该是分红给股东，让股东自行选择股息投向，或者回购注销股票。只因五粮液、贵州茅台等商业模式过于优异，已有资产盈利能力不仅能填补过量现金的拖累，仍然能带来高 ROE 的财务表现，才没有改变其长期复利机器的本质。

通常，ROE 适用于稳定成长期的股票选择，而且也不能仅看 ROE 的高低，而是既要看 ROE 的高低，更要看清楚 ROE 的变化趋势，和能代表未来股权价值复利增值潜力的真实 ROE；真实的意思，在于有多少投资资产在以 ROE 代表的速度复利增值，既包括企业已有的投资资产，也包括拟再投资的资产，只有不断地能将利润投向不低于财报所示 ROE 的生意，才能在未来获取不低于财报所示 ROE 的复利增值。即企业扩大再投资的回报能力如果小于现有资产，当杠杆率和周转率不变时，未来的 ROE 会走低；反之，当企业扩大再投资的盈利能力保持同现有资产相仿或更好时，ROE 会保持稳定或走高。比如，在伯克希尔·哈撒韦，巴菲特、芒格的长期资产配置能力过人，所以从来不分红，而是将企业的每一分盈利，都投向了新的复利增值，这才带来长期 20% 的复利回报，对有此投资能力的人或企业，由于股东拿到分红后一般很难找到比 20% 复利增值更好的生意，此时，分红反而是有损股东价值的做法，理性的做法就是扩大再投资优质资产。

除了看真实 ROE，还要看 ROE 的拆分归因，即要分析高 ROE 是来自于高净利率，高负债率，还是高周转率。ROE 的拆解公式如下：

$$ROE = 净利率 \times 权益乘数 \times 总资产周转率$$

个人比较喜好高净利率带来的高 ROE，长期可持续的高净利率本身是生意优质和护城河坚实的体现。高周转模式带来的 ROE 对管理的要求高，一旦行业企业发生经营扰动，周转率下降时，企业价值也易于快速恶化。

如果是通过增加财务杠杆，冒高负债的风险才带来的高 ROE，就未必是好消息，这种企业有可能埋藏着股权归零的风险。比如，类似银行、地产等高负债驱动带来的高 ROE，往往暗藏着行业下行期的高风险，比如 2022 年前后，港股中以融创中国等为代表的地产股，行业基本面下行时因高负债反噬，企业价值损失快速而惊人。再比如 2023 年美股加息尾声时的硅谷银行、第一共和银行、签名银行等银行股，都是典型的高负债生意，不管是因为存款挤兑、现金流短缺出问题，还是企业经营碰到了短期困难，企业价值坍塌起来有如水银泻地，容易发生长期投资不可接受的本金归零风险。

一般而言，ROE 相同，负债率越低的企业，长期投资的抗风险能力，企业发展的确定性要高一些。比如，对比水泥行业的海螺水泥和中国建材，海螺水泥 2021 年度 ROE 为 19.2%，资产负债率为 16.8%，而中国建材 ROE 为

14.3%，资产负债率为61.4%，考察上市以来的其他年份，结论仍然如此，即中国建材以海螺水泥4倍的财务杠杆，仅带来了不及海螺水泥的ROE。所以，就长期投资而言，无疑海螺水泥是更好的选择，海螺水泥不仅能把生意做得更优，而且长期经营风险也更低。

综上所述，企业历史ROE是容易分析和归因的，但投资需要看企业未来的ROE。所以，投资高ROE的生意，相比对企业历史ROE来源进行归因，更重要的是根据行业空间和企业竞争优势来预测未来ROE，以确保我们选择的是ROE能够长期保持在较高水平，甚至会随企业做大、做强而趋向于不断提升的企业。而不是ROE趋向下降，或者高ROE本就是昙花一现的企业，甚至是因为高负债、高周转才冒险或辛苦带来的高ROE。所以，在讨论以ROE选股时，一直在强调"真实""未来"，核心在于未来有多少资产在以15%、20%以上的速率快速复利增值。

3. 总投资资产回报率ROIC大于资本投入成本WACC

如果ROE反映的是股权价值复利增值能力，则总投资资产回报率（ROIC）则代表了股东和债权人共同享有的企业价值增值能力。如果ROIC小于等于资本投入成本（WACC），则说明该生意并没有超额资本收益，反映生意本身并不优质，或者并不适合扩大再投资。反之，只有ROIC大于WACC，则继续将利润、募资、借贷等扩大投资到该行业，对企业而言才是理性和有利的。定量而言，如果社会资金成本是6%，那如其投资ROIC低于6%的生意，不如将资本另作他用。一般而言，长期低于8%的预期ROIC，也难有能够带来长期快速复利增值的好生意，因为，假设资产负债率为50%，相当于股东用了1倍的财务杠杆，即8%的预期ROIC对应着16%的ROE，再低了就很难带来高概率的15%以上的股东回报率了。

所以，归根结底，真正的好生意，往往同时具备高ROE、高净利率、高ROIC特征，就初筛选股而言，个人一般会排除ROIC低于8%的标的，且倾向于选择未来能带来高ROIC的生意。当然，因为ROE评估起来更简单，也更符合股东视角，所以，更多的是用ROE评估选股。用ROIC大于WACC的标准，往往用在评估企业管理层扩大再投资是否理性的判断上，从而有助于甄别企业管理层的资源配置能力。

4. 其他优势指标

营收和ROE是可用于选股的两个主要财务指标，简单好用又管用，但任何单一指标都有自身优势或缺陷，更重要的是财务指标都有滞后性，投资股票又重在企业的未来，所以，无论什么定量指标，还得将具体企业，放到未来情景中去具体分析。

此外，还有些经常可以拿来衡量竞争优势的指标，比如净利率便于比较同行企业的竞争力、成本费用管控能力和经营质量，长期稳定的高净利率本身就代表了生意模式优质和护城河坚实（周期股周期顶点的净利率不能作为凭证）。高毛利率也是生意优质和产品竞争力的体现，毛利率能够敏感地体现成本控制、产能利用、产销率、定价能力等影响，不仅适合用于同行间的比较，毛利率的变化趋势往往代表着企业的净利率变化趋势。只是毛利率较多的受销售、研发、管理等费用率干扰，医药、化妆品、日化等生意研发和销售费用率惊人，所以，净利率更能综合体现企业的经营质量。

资产负债率代表了企业的经营杠杆水平，一般真的好企业不会把自己搞到负债高企的地步，反而是现金不断流进的企业，负债率一般不会高，而且在资本市场一直有着"高负债险过强周期"的谚语，有些行业天生的就是经营高负债生意，比如金融行业的银行、保险等。

经营性现金流充沛，也是好生意的标志，自由现金流代表了流进企业的真金白银，好企业经营现金流、自由现金流表现多半优异，等等。

总结起来就是选股可以盯住"三高一低"——即"高ROE、高净利率、高自由现金流、低负债率"，也是优质企业典型的财务特征，都可以作为选股，特别是考察企业纵向历史发展战略和路径，对比分析同行企业优劣，简单易用的观测指标。再次强调，财务指标代表的是历史，重在预测未来是否继续优质，就选股而言，如是便又回到了生意本身是否优质，行业未来空间是否依然广阔，企业护城河是否坚实的根本上来了。

5. 避雷指标

投资股票，我们不需要太多标的，一般30年的投资长度，有3个左右的成功投资标的，就能够彻底改变财务命运。当判别优质不易时，有时候换个思路，排除掉可能经不起时间检验的平庸企业，或者可能爆雷的垃圾企业也极具价值。

在投资中只要不犯大错，就能大幅度提升我们实现财务自由的概率和速度，并滚出更大的财富雪球。我把它们称为避雷指标，毕竟同做对相比，不犯错有时候更好判断，也更为重要，再说资本市场也从来没有什么股票是我们非投不可的。

一是排除企业领导人诚信、价值观有疑点的企业。人是做任何事情的根本，拒绝不诚信的人，三观不符的人，就可以避免很多麻烦。

二是排除掉财务指标相对同行极其优异，又得不到合理解释的企业。很多造假的企业都有着极其"靓丽"的财报数据，有的还能"做到"像上了发条的机器一样，不管行业或可比同行怎样，都能保持20%的增长。

三是排除掉财报数据有疑点的企业。比如大存大贷、有利润无现金、高负债率、高应收账款、高存货比例、高在建工程、高商誉、高关联交易占比、大客户依赖，等等。如果企业财报纵向对比存在异常变化，同行之间对比又明显异常，得不到合理解释时，往往就不是好的现象，特别是长期性存疑，趋势性的恶化，更是值得警惕。

读者如果感兴趣，可以通过以上关键词+"破产"搜索到许多历史案例来研究，相信对投资避雷会有价值的。但也不能绝对化，比如高负债率，有些行业，比如银行业天生就是经营负债的，资产负债率常常高到90%以上，但银行中也不乏"百年老店"。以上避雷指标更多的是用来进行企业纵向发展情况和同行横向对比、归因之用，但不管如何，遵循不懂不做的原则总是有必要的。比如，池塘里面到底有没有鳄鱼的问题，即使我们暂时看不清楚水下的状况，但只要发现池塘里面的水鸟经常莫名消失，我们就不去这个池塘钓鱼总是可以的。

6.3.5 看图也疯狂

资本市场一直有有效市场假说和无效市场假说之争。如果市场有效，则股价K线走势应该体现企业价值变化，而事实是短期K线波动极大，看起来又毫无规律，完全无法预测。鉴于短期股价无法预测，长期股价一定决定于企业价值的规律，尽管短期K线杂乱无章、波动极大，但长期K线一定会反映企业价值。所以，企业的长期年K线可以直观反映企业价值的长期变化，当然也就可以用来作为生意优劣的直观初判工具。

1. 优质企业的年K线

先来看看优质企业——复利机器们的长期年K线（前复权股价），比如美股的苹果公司（图6-11），港股的香港交易所（图6-12），A股的贵州茅台（图6-13）。不管在哪个市场，以什么货币交易，企业从事什么行业，总有优质企业能够在创造商业传奇的同时为股东带来惊人的复利增值。不仅股价增值惊人，这些企业的早期投资人，仅通过分红就实现买入成本为负了（注意看纵坐标0轴的位置）。

投资复利机器，能让不管什么时候买进的投资者，长期而言都能获得不错的复利回报，因为哪怕即使短期买"高"了，买"贵"了，指数级增值的企业价值，会推动股价从新高走向新高，分红也会越来越丰厚，投资者需要的只是耐心持股而已。

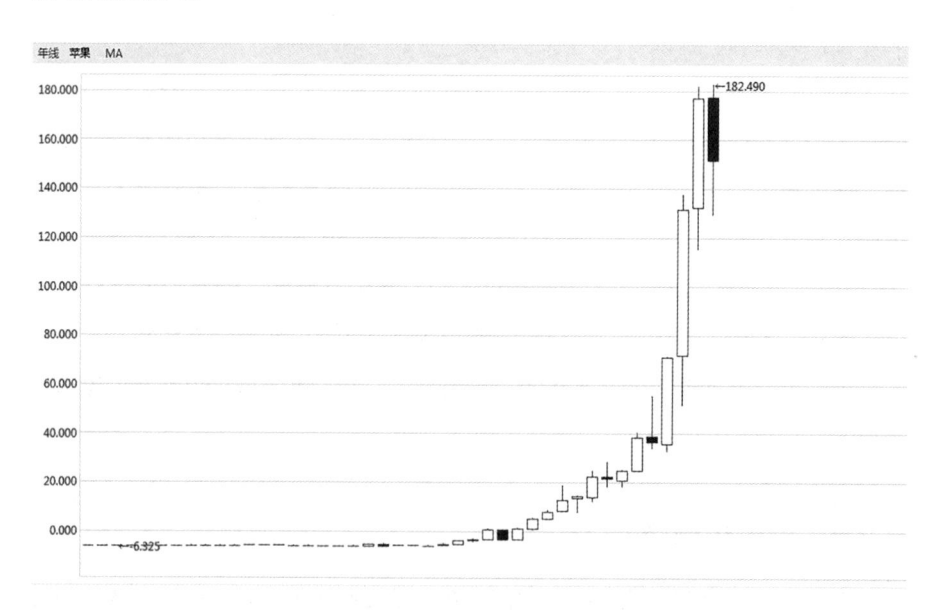

图6-11 苹果公司的股价年K线图

第 6 章 选股

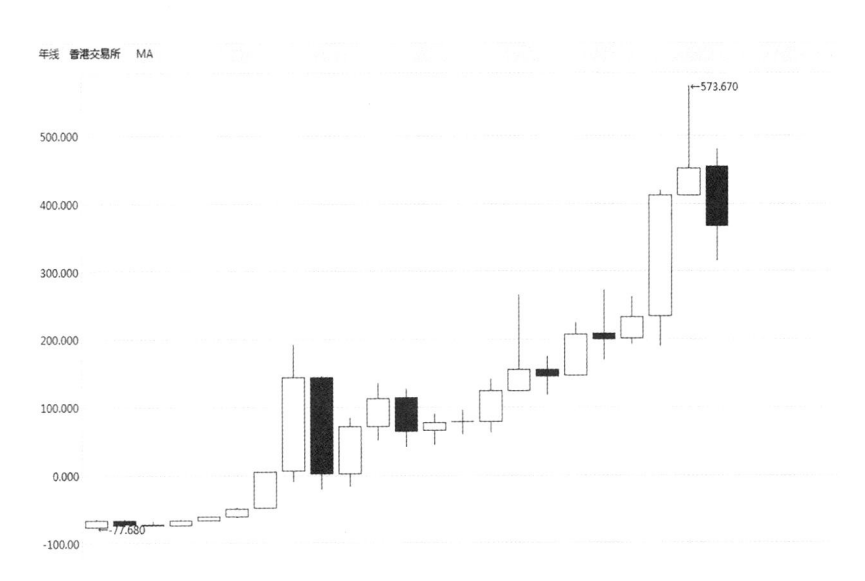

图 6-12 香港交易所的股价年 K 线图

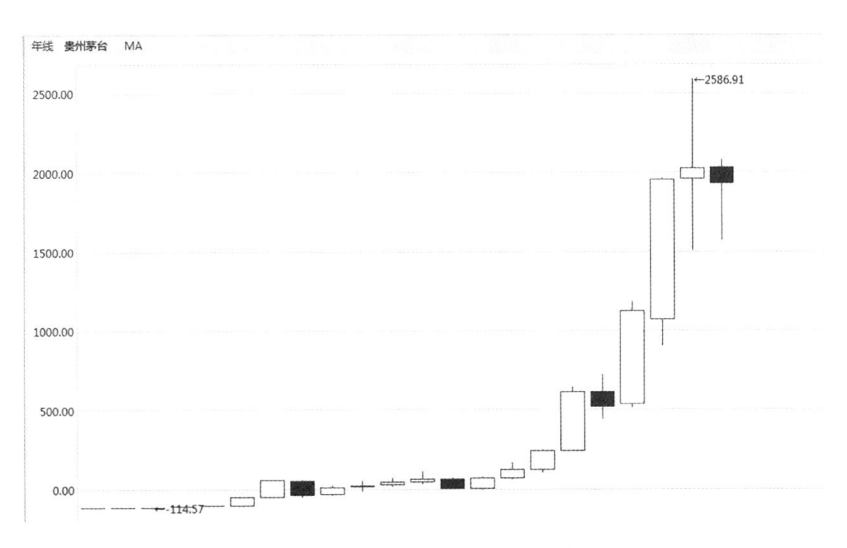

图 6-13 贵州茅台的股价年 K 线图

尽管它们是资本市场千里挑一、百里挑一的存在，但并不罕见，生意模式好、竞争优势突出、引领行业发展、为人类疯狂创造价值的企业，都走出了类似的年 K 线。既然如此，我们能不能通过"看线"来发掘优质企业呢。当然可以作为直观的参考，用于初筛是有价值的。但有两点需要注意：一是上市历史要足够长，二是要对牛股持续走牛的原因进行历史归因，并面向未来判别行业空间和企业竞争优势是否仍然值得期待。

2. 平庸企业的年K线

图6-14是顶着"最赚钱企业"光环上市的中国石油，上市以来的年K线图，本身生意平庸，上市时估值高企，对长期投资人来说，无异于是"绞肉机"，不管什么时候买进的投资者，都难以称为成功者。

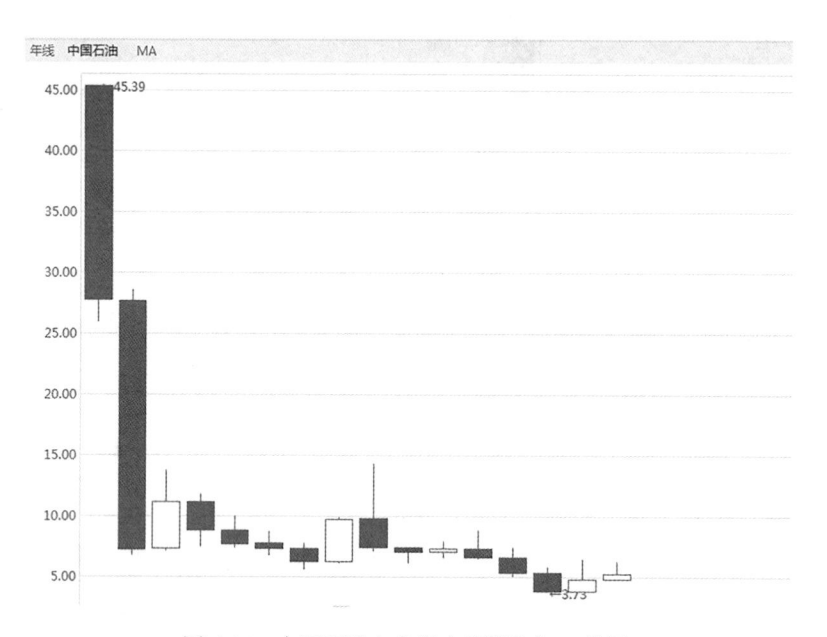

图6-14　中国石油上市以来的股价年K线图

图6-15是鞍钢股份上市以来的股价年K线图，2007年疯牛市的股价高点，到2022年底，15年过去了，回头看起来还像遥不可及的"高山"，2011年估值回归后，股价11年横盘震荡，同样的，期间不管什么时候投资鞍钢股份的投资者，都难以称为成功者。

图6-16是中集集团上市以来的股价年K线图，中集集团1994年上市，一直到2007年生意越做越大，行业竞争力突出，也走出了长牛走势，早期投资者也获得了惊人的复利回报。由于2007年时估值高企，后续内在价值增长

有限，内在价值的增长仅仅消化了估值，所以，在 2007 年后的 15 年，股价都未能新高。除了 2007 年时估值高企的原因外，根本上还是由于企业价值增长的平庸，未能对抗估值下降，导致 2007 年以来的股东上上下下地坐股价的"电梯"，收益惨淡，长期股价一直随波逐流。

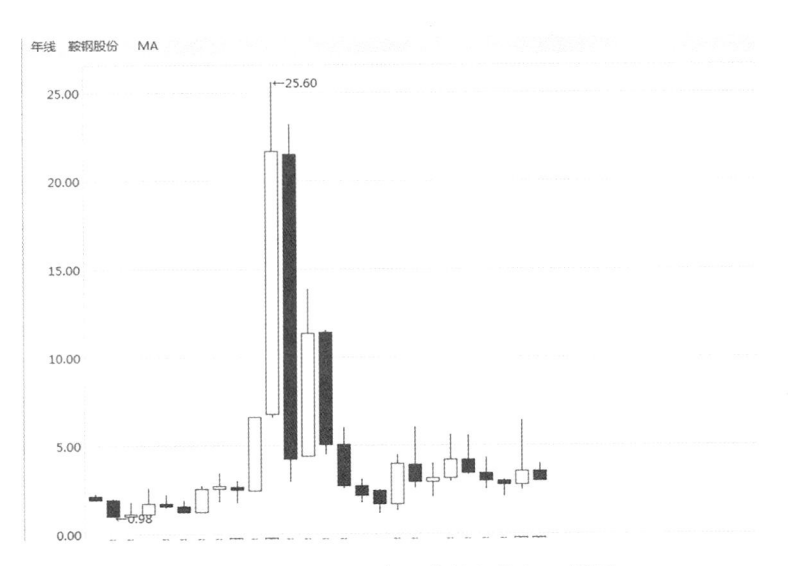

图 6-15　鞍钢股份上市以来的股价年 K 线图

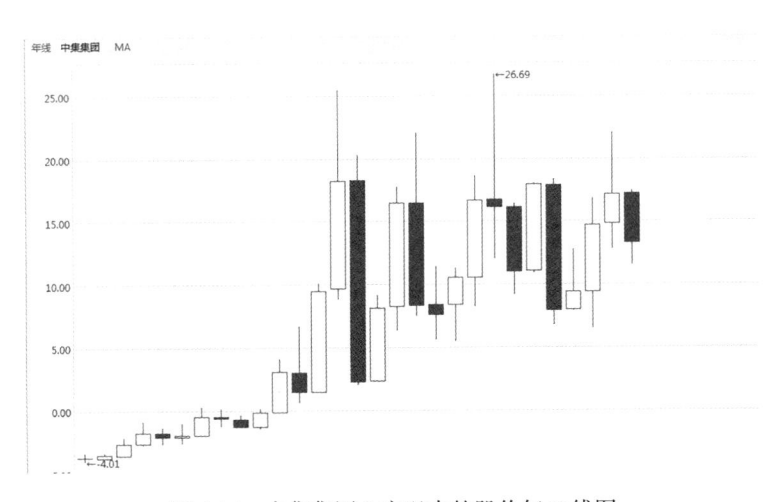

图 6-16　中集集团上市以来的股价年 K 线图

市场中更多的是类似以上的平庸企业，它们的共同点是，有价值支撑，但内在价值的复利增长速度很慢，或者过了快速增长期而不再增长，从基本面和长期股价K线都能看出，企业价值苦苦支撑的艰难。而且长期K线也凸显了行业企业是有周期的，一旦属于行业企业的时代过去了，股价好则随波逐流变成类债券，差则长期萎靡不振。从以上三只股票的股价年K线图不难看出，一旦我们投资的是平庸企业的股票，估值就变得很重要，买贵了长期亏损套牢，买得便宜也只能获得一个类债券、估值恢复或市场波动带来的回报。

很多A股投资者，哪怕在股市投资了10年、20年，甚至更久，却总结出来股票就是要炒波段的"真经"，就是因为投资的企业价值增值有限，或者买入的标的本身一直处在高估状态，眼睛看到的只有股价长期随波逐流，而没有认识到优质企业价值增值的惊人潜力，从而形成的错误认知。

3. 垃圾企业的年K线

图6-17是乐视网上市以来股价的年K线图，企业缺乏价值支撑，最后破产退市，不仅上市以来的股东血本无归，上市以前的股东估计除了大股东外，都会血本无归。当然，必然也有在2015年创业板疯牛市中侥幸逃脱挣到钱的投资者，但我们选择长期投资一家企业，首先要考虑的应该是睡得安稳，这种企业就是可能造成本金损失的企业，是必须予以排除的。

图6-18是獐子岛上市以来的股价年K线图，A股历史上养殖扇贝跑了的典型案例，由于股价本身缺乏价值支撑，随着时间的推移基本面又萎靡不振，股价也江河日下。上市以来10多年过去了，如果股东上市即买入，到2022年底，仍然是深度亏损的。

图6-19是长生生物上市以来的股价年K线图，因为疫苗质量事故破产退市，投资者血本无归。

垃圾企业的长期年K线直观地反映了价值毁灭的本质。投资者如果感兴趣，在美股、港股、A股都可以找到太多的破产退市案例，或者因为企业价值江河日下，导致长期年K线"一路向南"的案例。而且港股、美股由于没有涨跌停板限制，一旦被市场发现财务造假或者股价相对价值虚高，单日跌80%~90%的案例并不罕见，投资者买到这种垃圾企业，不仅难以获取长期

第 6 章 选股

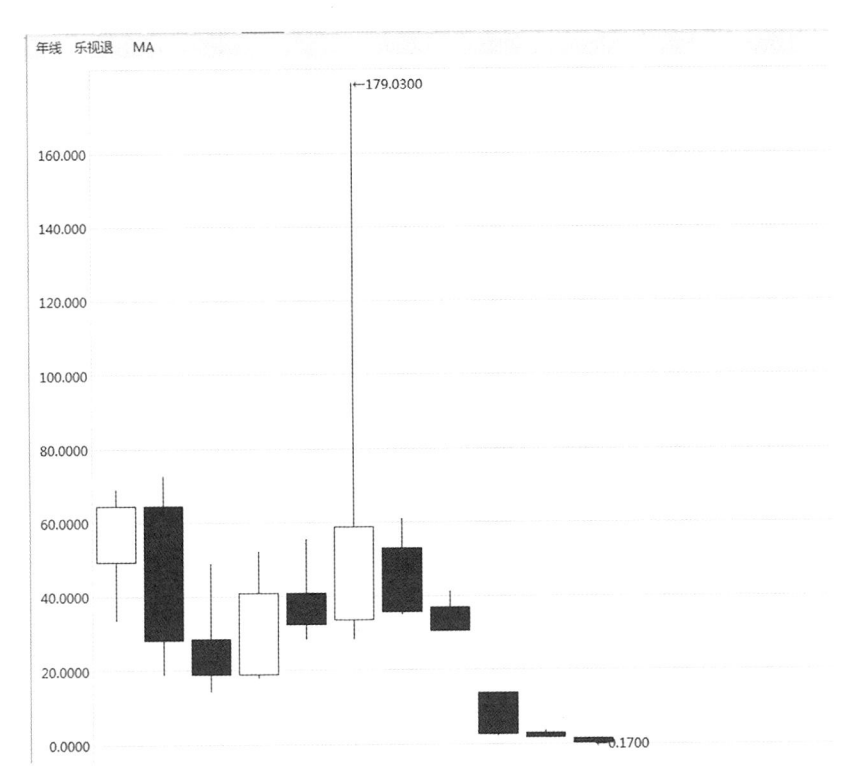

图 6-17 乐视网上市以来的股价年 K 线图

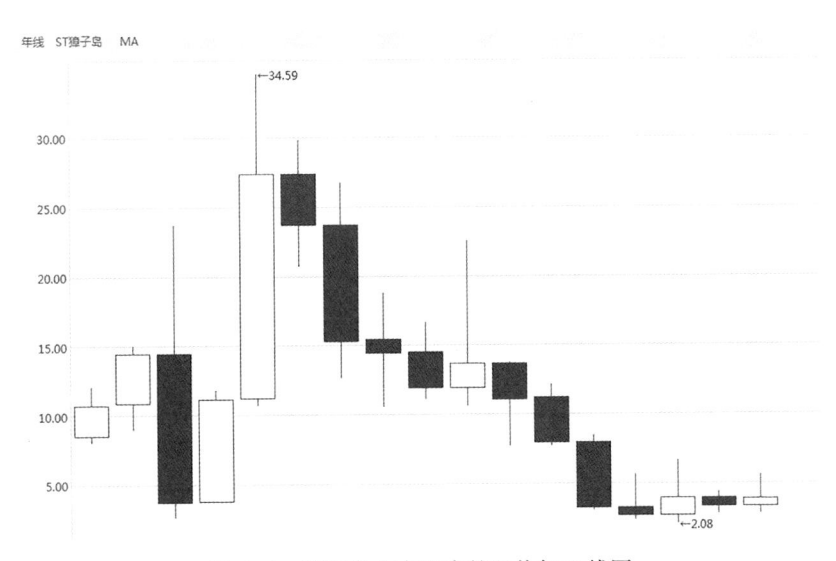

图 6-18 獐子岛上市以来的股价年 K 线图

复利增长，而且账户随时可能面临灭顶之灾。所以，排除掉垃圾企业，对投资成功而言，无论如何强调都不为过。

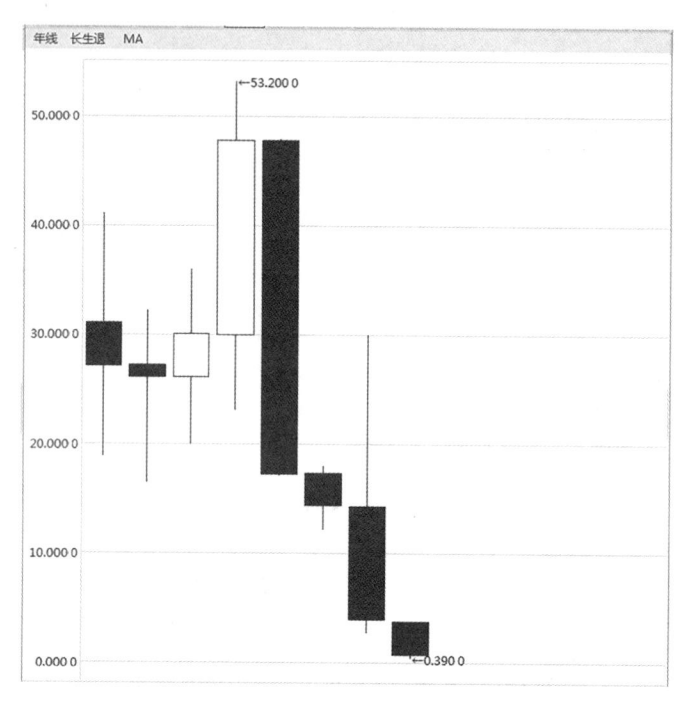

图 6-19　长生生物上市以来的股价年 K 线图

对比看多了优质企业、平庸企业、垃圾企业的长期年 K 线图，对优质企业的复利机器的本质是不是感觉更惊人？而投资平庸企业就是把命运交给了市场是不是更明了了？对垃圾企业毁灭账户的能力是不是感觉脊背发冷？而且同样是看线，看惯了年 K 线，对日线、周线、月线……是不是就毫无兴趣了？

进一步对比三类企业的长期股价表现，我们所说的选股，该选优质股票就更是不言自明了。我一直坚信，哪怕是投机，也要选择优质企业，更遑论投资了。也再次说明，优质才是选股的第一标准。

当然，所有的 K 线同企业财报一样，都是后验的，企业的发展也不是一帆风顺，而是螺旋上升的，特别是转型升级的时候，企业股价发生数年的萎靡并不罕见。比如，2007 年后的贵州茅台股价也曾经 7 年不涨，所以，比看 K 线更重要的是预测未来。

也就是说，K线能够帮助我们找到那些历史表现优秀的股票，至于它们未来是不是继续优秀，那得看它们是否继续努力和未来的客观表现，但总的规律是，优等生继续优秀的概率，要远大过差生突然变好的概率。从这层意义上讲，遵循"要么第一，要么唯一"的选股标准，还是非常有意义的，那些各行各业的领导者，那些在市场中拼杀出来的白马们，过去优秀未来继续优秀的概率远大于黑马。

本章小结

本章将企业分为优质、平庸和垃圾三类，并从不同角度论证了为什么选股的第一标准是优质。归根结底是因为，股票价格背后的锚是企业价值，而只有优质企业的价值随时间快速复利增长的规律，企业未来发展和带来满意回报的高确定性，才能让我们将投资的命运掌握在自己手中，与优质为伍能让我们永远站在时间一边，进而淡定以待股市的潮起潮落，紧紧抱牢优质企业，就能静心享受股价从新高走向另一个新高。

针对选股方法，本章集中讨论了从行业、企业特征，从定性和定量两个方面，结合正面和反面案例集中讨论了如何选出那些优质复利机器；并通过案例，向读者展示了投资优质企业才是投资的大道，投资平庸企业就是把命运交给了市场，而投资垃圾企业就是站在时间的对立面，最终难免出现本金损失的风险。读者不难感受到，优质企业价值指数级增长才是股票投资最大的安全边际，不仅能够对冲估值、宏观波动等风险，而且正是由于坚实快速的价值复利增值支撑，在每一轮熊市中它们的股价往往跌得更少，而在每一轮牛市中，它们的股价往往又能涨得更早、更迅猛，从而在价值驱动下带来长期回报。

但是，股市历史也表明，极端的牛股和垃圾股都不是股市的主流，更多的是同步于指数复合收益率的平庸股票。如是，也有人奉行以"下等马"的价格买进"中等马"的投资模式，只要做好了也不影响最终投资目标的实现。只是在股市历史中，那些优质企业的惊人回报能力，反复提醒我们，既然个人投资者不需要太多标的，那我们为什么不选择投资优质企业呢？

总而言之，不管采取哪种模式，选择投资什么样的股票，只要我们坚持不断地历练、总结反思每一笔投资，不断地精进选股能力，不断地进行牛股归因和垃圾股复盘，不断地提升投资能力，如此，当我们遵从价值的方向对了，复利增值的规律入心、入脑了，并成为我们投资实践的指导方针，我深信我们迟早会选到"牛股"，进而投资成功的。

第 7 章

估 值

企业估值就是评估企业现在和未来到底值多少钱。估值的目的一是比较不同投资机会的收益潜力,从而帮助我们选择投资标的;二是评估企业价值是否同股价严重偏离,帮助我们决定是否接受市场先生的报价。

估值本身会随着政策、市场环境等变化,而且在不同人眼里,估值也会不同。

所以,尽管特定时点的企业价值是客观存在的,但要准确"称量"却并不容易。好在我们在第 6 章已讨论过,如果我们投资的是优质企业,企业估值对投资决策的重要性就相对次要了。比如,对 10 年后价值会增长到 1 000 亿元的企业,当前买入估值是 100 亿元,还是 200 亿元,并不影响投资结果的优异。而且越是优质,越是增长期长到看不到尽头的企业,受远期复利增值的价值驱动,对股票投资决策而言,估值固然很重要,但没有企业优质重要。估值并非要准确衡量企业到底几斤几两,估值追求的是模糊的正确,能帮助我们做出理性的投资决策就好。

本章主要内容:
➤ 企业的五种价值
➤ 常见的相对估值方法
➤ 以终局思维来估值

7.1 企业的五种价值

我们首先来讨论企业的五种价值，在投资中大家经常会用到，即市场价值、账面价值、清算价值、重置价值和内在价值。

7.1.1 市场价值

市场价值就是股票交易市场对公司的出价，包括一级市场、二级市场价值。一级市场、二级市场定价往往会互相影响。二级市场价值就是股票交易所中"市场先生"给出的市值。一级市场股权投资由于处于企业生命周期的早期，交易灵活性和流动性也不及二级市场，所以，一般同二级市场相比有较大的折价。但是股市里因股价极端下跌，出现二级市场定价低于一级市场的情形并不罕见。

按投资界普遍的认知和市场运行规律，市场价值是由内在价值决定的，并围绕内在价值发生波动。市场价值同内在价值的偏离，往往就是投资人可资利用的机会。

7.1.2 账面价值

账面价值也称为股东权益，即资产负债表中归属于母公司股东的净资产，为企业总资产减去总负债后的余额。账面价值是PB估值的标尺，当PB=1时，企业市值刚好等于股东权益，大于1时代表新股东参与合伙要付出一定的溢价；小于1时，即常说的"破净"，代表市场价值较股东权益出现了折价。

特定企业的账面价值可能大于内在价值，也可能小于或等于内在价值，所以，对投资而言，账面价值仅为一种会计记账，除金融企业（净资产主要为现金）

外的实业公司的账面价值，对投资决策而言即使不说毫无价值，实际也没有多大参考意义。仅适用于公司纵向或同行横向之间的比较分析之用。另外，因其是同 ROE 直接相关的一个参数，也常用来侧面评估 ROE 指标的真实性，或者判断 ROE 是否正常。比如，当公司净资产因分红而成为负值时，ROE 也会是负的，但不代表公司是在亏损或者毁灭价值。同样的，过小的净资产总值，会导致 ROE 畸高，此时并非代表公司的真实 ROE 无限大，这些都是需要甄别的特殊情形。

7.1.3 清算价值

清算价值为破产清算或者假设某一时点清算，卖出所有资产，清偿所有负债后，归属于股东的价值。清算价值同内在价值、账面价值没有确定的对应关系。一般而言，企业清算会发生极大的价值损失，想象一下，好好一套房子，拆毁后卖废钢筋、废砖块、旧家电的所得就不难理解。

也有二级市场股价跌过头时，导致清算价值大于公司市值的情形，比如 2013 年时，不算在手现金和每年 150 亿元的现金流入，贵州茅台总市值跌到不足酒窖存酒的价值。甚至二级市场偶尔会出现公司市值不及在手净现金（在手现金减去总负债）的极端状况。公司市值不及清算价值，往往代表着市场价值出现低估，但并不意味着好的投资机会或股价一定会涨。因为清算并不由我们决定，账上的现金如果不分给股东，和我们也没有什么直接关系。巴菲特早期捡烟蒂取得成功，一是因为遍地低估的股票，组合投资一篮子烟蒂股，总有部分企业市场价值得到及时恢复而获利；二是他能买成大股东主导清算，从而快速兑现清算价值。不过，后来的巴菲特即使更有实力主导清算，也抛弃了捡烟蒂的投资方法。

所以，作为小股东，如果不能在可接受的时间内兑现清算价值，则清算价值对投资的参考意义有限。如果买进后，企业基本面每况愈下，在手现金还会不断消耗，我们也没有办法促成清算，那就是意味着我们垂涎的清算价值还会不断折损，随着时间的流逝，烟蒂会烧得越来越短，此时清算价值更是和我们无关，甚至越是长期持有，越可能造成永久性本金损失。当然，如果资金量足够，可以买成大股东主导清算那就另说，市场里也确实有通过杠杆收购，然后清算兑现价值的案例和机构。

7.1.4 重置价值

重置价值是假设有人出资构建一个一模一样的特定公司,所需的资金投入,比如上海机场,我们在旁边新建一家机场(实际上是不可能的),需要的投入如果是2 000亿元,而市场价值仅为1 000亿元,如是便有人觉得上海机场低估了。不管结论是否正确,实际上这个逻辑是有问题的,重置一家公司先不谈有没有可行性,就是可行,也要看公司自身的内在价值才能判断是否低估,而不是重置价值。比如,在沙漠中建一家加油站,建造费用为3 000万元,一年都没有多少顾客光顾,每年都在亏损,未来又看不到丝毫改善的希望,现在市场标价1 000万元出售,也就是说,重置价值为3 000万元,你会去花1 000万元把它买下来吗?所以,重置价值对投资决策毫无意义,投资与否,还得落实到企业内在价值的评估上来。

但是,重置价值某种程度上可以反映生意的护城河是否坚实。凡是靠资金规模就能复制的生意往往就不是好生意,因为世界上总会有人比我们更有钱,规模可以搞得比我们更大。反而是像可口可乐、贵州茅台、上海机场等公司,他人花再多钱都无法复制,别人也抢不走的生意,才是经得起时间检验的好生意。

7.1.5 内在价值

内在价值就是企业生命周期内所产生的自由现金流折现值。鉴于内在价值决定长期股价,所以,内在价值是公司估值最重要的概念,是股价的锚。在格雷厄姆时期,企业的内在价值强调"基于事实的价值",通常强调净资产、净利润、股息和明确的发展前景,且更为突出可获得的股息和清算价值。就如第4章中以面馆为例讨论企业价值时,当5年后面馆净利润和分红都增加到原来的3倍时,不管是同5年前的该面馆比,还是同其他资产比,显然该面馆更有价值了。

1. 净利润还是现金流

利润是指一定时期内,企业通过经营活动获得的收益和最终成果的体现。在财务报表中,利润相关的概念有四个:

一是营业利润，营业利润指企业通过生产经营活动获得的利润，是企业可持续经营价值的主体体现。

营业利润 = 营业收入 − 营业成本 − 销售费用 − 管理费用 − 财务费用 − 其他费用

二是利润总额，利润总额包括营业利润，以及经营活动以外的收入支出情况，也就是计入了一次性损益。

利润总额 = 营业利润 + 营业外收入 − 营业外支出

三是净利润，净利润体现的是公司在一个会计期内为股东到底赚了多少钱，所以是股东最为关心的经营成果。

净利润 = 利润总额 − 所得税费用

现金流是指企业某一期间内的现金流入和流出的数量。相比净利润，现金流在法律意义上并不完全属于企业或者股东，但现金流是公司可以支配的，也是公司赖以生存和发展的"空气"。企业的现金流在财务报表上一般会列示为三个类别：即"经营活动产生的现金流""投资活动产生的现金流""融资活动产生的现金流"；其中"经营活动产生的现金流"体现企业经营活动创造现金的能力，"经营活动产生的现金流净额"为企业经营活动收入减去对应成本税费。"投资活动产生的现金流"体现企业资产构建或变卖、长期股权投资等现金流状况。"融资活动产生的现金流"体现企业借款、发债、股权融资、偿还债务、分配股利等情况。以上三类现金流净额相加，所得结果即为企业在手可支配现金的增加或减少额。其中经营活动现金流是企业可持续现金创造能力的源泉，投资现金流和融资现金流反映企业的资源配置活动，目的还是获取更多的经营性现金流。

在商业世界中，正常情况下，企业长期赚得的净利润和真实现金流入是相仿的，所以，通过净利润和股息来评估企业价值通常是可靠的。

但是，尽管净利润在法律意义上归股东享有，但在实践中，净利润并不等于企业或股东能拿到手的现金。

一是利润可以"打扮"。比如，通过赊销甚至短期压货，增加应收账款会带来利润夸大，再比如延缓折旧或计提费用，也会夸大利润，类似利润增加并没有带来现金流入增加，甚至还有损股东价值。

二是按会计准则，变卖资产或资产价值重估等可能增加短期利润，但可能损害长期现金创造能力，或者增加的利润并没有对应现金流入，相反增加的税费等还侵蚀了企业价值。比如，企业本来有3套房产收租，低价变卖了1套，当期利润好看了，但损害了长期租金流入；或者因房价涨升市场估价增加了，资产重估也会增加当期利润，但并没有增加租金流入。

三是利润是真实的，但因为商业模式太差，企业为维持经营，不得不把赚的利润全部或者大部分变成资本开支，最后只收获了一堆"破铜烂铁"。比如，伯克希尔·哈撒韦的纺织机器、运输企业的车辆、航运企业的船舶、航空公司的飞机等。

所以，类似以上无现金的利润，或者无质量的利润，不仅无法提升股东价值，甚至还有损股东价值。如是就引出了评估企业内在价值的新概念和新方法，即自由现金流和自由现金流折现法（DCF法）。

2. 自由现金流

为解决用利润评估企业价值的不足，美国西北大学拉巴波特等于20世纪80年代提出了自由现金流（free cash flow，FCF）概念，即为企业产生的、在满足了再投资需求之后剩余的、不影响公司持续发展前提下的、可供企业资本供应者或各种利益要求人（股东、债权人）分配的现金。此处"自由"即意味着公司可以实际分配的现金，自然也就是股东价值的根本来源，此后即成为评估企业内在价值的基础，即企业价值最终体现为为股东创造自由现金的能力和数量。自由现金流的经济意义就是可供股东与债权人分配的最大现金额。

还是以面馆类比，面馆每年赚的净利润，一般并不能全额分配给股东，或者拿来偿还债务降低面馆负债率。面馆为了维持持续经营，总有些设施、设备需要更新，店面每过几年需要装饰、装修，如果扩大经营还需要新增一部分运营资金，如果扩大店面或开分店等还需要新增长期投资，而这些都是要从赚回来的净利润中开支出去的，所以，能够分给股东的现金最大值就是面馆的自由现金流入，而不是账面上的净利润。

自由现金流概念出现后，其理论、方法和体系逐步完善，特别是美国安然公司、世界通讯公司等利润指标完美无瑕的"绩优"公司破产后，自由现金流已成为企业价值评估中使用最广泛，理论最健全的指标，美国证监会要求公司年报中必须披露这一指标。但是，A股公司并不披露这一指标，需要根据企业财报来换算，根据自由现金流的定义和实质，一家正常经营的公司自由现金流可以近似表达为：

自由现金流 = 经营活动产生的现金流净额 - 资本性支出 - 运营资本增加额

上式中，"经营活动产生的现金流净额"可从财报现金流量表中直接查得；"资本性支出"指的是比如建造厂房、购买机器设备、并购企业、购买专有技术、采矿权等长期资本开支，通常即为现金流量表中"构建固定资产、无形资产和其他长期资产支付的现金"；"运营资本"即为购买存货、支付员工工资和偿付应付账款等维持企业正常经营所必需的现金，而"营运资本增加额"财报并不会直接列示，一般而言，企业经营规模稳定的话，运营资金变化也不大，所以，自由现金流常可简化表达为：

自由现金流 = 经营活动产生的现金流净额 - 资本性支出

如果从净利润出发，可以按如下公式推算自由现金流：

自由现金流 = 净利润 + 折旧摊销 - 资本性支出 - 运营资本增加额

上式中，净利润可以在利润表中查得，折旧摊销即为固定资产折旧额、无形资产摊销额等非现金费用。固定资产折旧额可以通过资产负债表中报告期前后的"固定资产"差额来推算，无形资产摊销额可以通过资产负债表报告期前后的"无形资产"差额来推算。由于每期固定资产和无形资产都可能发生新资产计入，所以，在推算时一定要注意可比性，经常需要查询资产负债表的附注才能推算清楚；此处"资本性支出""运营资本增加额"的意义同前。

除了以上两种自由现金流的常用算法外，还有基于息税前利润等各种计算方法；而且自由现金流还可以细分为公司自由现金流和股权自由现金流，前者属于股东和债权人共有，后者才是股东独享的自由现金流，读者如果感兴趣，可以参阅有关理论著作。但个人感觉无疑进一步增加了求得自由现金流的复杂性，进而增加了自由现金流折现估值的难度，实际上，要求得一个绝对精确的自由现金流既不容易，也意义不大，毕竟估值重要的是模糊的正确，而不是追求会计意义上的精确。

从以上讨论可以推断，经营活动产生的现金流净额才是自由现金流的直接来源；资本性支出又可以分为维持性资本支出和再投资资本支出，维持性资本支出类似酒店的装修、设施设备的维修更换等，只要不影响企业竞争力，这部分开支越小的生意，一般会越优质，比如贵州茅台的酒窖，长江电力的三峡大坝；反之，越是需要不停加大投入才能维持住竞争地位的生意，越难产生充沛的自由现金流，比如资本经营性的汽车、飞机、轮船等；再投资资本支出属于企业主动地扩大经营范围或规模的投资行为，尽管再投资确实会降低当期自由现金流，但只要投入的"每个1元能够产出1元以上的价值"，再投资正是复利增值效应的来源，所以，不仅是必要的，也是成长价值的体现，只是需要警惕有损价值的乱投资；比如重资产行业的再投资，如果新增投资缺乏丰厚的利润回报和收益确定性，可能导致有规模无效益，甚至价值毁灭；相反，护城河坚实、生意模式优质的轻资产生意，不仅再投资规模小，价值创造的潜力常常也大。

需要运营资本越少的生意，通常会越优质，甚至有的还能通过占用上下游的款项，企业能够做到仅需极少或无须保留运营资本，比如格力电器通过经销商预收款同供应商应付款之间的差额即可维持运营，不仅反映了企业的强势市场地位，也是有益于自由现金流创造的，类似占款实际上也是一种类似于伯克希尔·哈撒韦保险业务的"浮存金"；反之，如果通过赊销、提前供货、加大应收才能增加营收，同时还需要提前支付供应商的货款，导致运营资本占用加大，则不利于自由现金流的创造，实际反映的是生意模式和市场地位的低劣，比如某些监测设备和服务生意，提前向客户供货安装设备，却仅得到了一堆的应收账款，而供应商货款、企业运营开支等还不得不提前支付出去。

3. 净利润与自由现金流的关系

从以上讨论可知，净利润是法律意义上的股东应得利润，而自由现金流才是股东、债权人可以拿到手的真金白银。所以，尽管都能体现公司的价值，通常变化趋势具有一致性和趋同性，而且，就正常经营的公司而言，长期净利润和自由现金流是等同的，但无疑公司的自由现金流创造能力才是公司价值的直接来源，也是更值得投资者重视的经营指标。更多的时候，需要将自由现金流同收入、利润等结合起来看，并非见到自由现金流增长就一定是好事，有时候可能反而说明长期投资不足，甚至企业发展不可持续，见表7-1。

表7-1 净利润与自由现金流定性判断企业

收　　入	净 利 润	长期资本支出	运营资本	自由现金流	定性判断
快速增长	快速增长	增长	增长	增长	健康
快速增长	快速增长	快速增长	增长	下降	投资未来
慢速增长	慢速增长	减少	慢速增长	增长	不可持续
停滞或减少	减少	减少	减少	增长	不健康

另外，根据企业商业模式和发展阶段的不同，自由现金流可能大于、等于、小于净利润，甚至为负值。当企业固定资产、无形资产使用寿命大于账上折旧摊销年限时，自由现金流是可能大于报表净利润的，比如长江电力的三峡大坝设计使用寿命是1 000年，远大于报表折旧年限，导致自由现金流远大于净利润，这部分自由现金流是股东可以支配和享有的，而且不是通过占用上下游资金带来的，比格力电器的自由现金流含金量无疑更高、更稳健。当企业生意很优质或者进入成熟期后，在扩大经营方面，无须大的资本开支和增加运营资本时，净利润几乎就等于自由现金流，比如贵州茅台等高端白酒生意。当然，当企业处在成长期时，由于不断地在扩大再投资，企业的自由现金流通常会小于当期净利润，比如恒瑞医药；甚至在企业发展的早期，不仅自由现金流是负的，净利润也是负的，比如2014—2023年的多数年份的微创医疗；甚至经营性现金流净额也是负的，企业完全靠股东投入或举债融资生存，比如2020—2023年的北控水务集团。这些都是正常的现象，还是需要结合企业发展阶段、商业模式、行业前景和企业的竞争力来判断企业的未来价值。只不过，在自由现金流为负的阶段，需要重点关注企业发展的安全性，一旦由于现金流断裂或者滥用融资，股东价值是会归零或被摊薄的。

综上所述，自由现金流重要，但并非万能，评估企业还是要回到生意模式、护城河、发展前景等方面来判断生意是否优质，企业是否有竞争力，企业的未来是不是会复利增值得越来越好，毕竟财务数据都是后验的，而投资是基于未来。

4. 自由现金流折现模型（DCF）估值

基于自由现金流折现（DCF）模型，公司的内在价值就是公司存续期间所能产生的自由现金流的折现值。现金流折现法是一种绝对估值方法，此处绝对并非指的是能估的准确，而是说它致力于给出一个相对明确的估值。现金流折现法是一种能够充分体现资产时间价值、机会成本和计入风险的一种估值方法。

其核心思想和算法为：

$$\text{DCF 现值} = \frac{\text{自由现金流}_{t=1}}{1+r} + \frac{\text{自由现金流}_{t=2}}{(1+r)^2} + \cdots + \frac{\text{自由现金流}_{t=r}}{(1+r)^n} \quad (7\text{-}1)$$

式中，DCF 现值即为公司存续期的现金流折现价值；t 即为折现年度，从未来 1 年到 n 年全生命周期，n 为资产或企业的存续期（寿命）；r 即为折现率，代表投资者的机会成本，或者投资回报要求，通常为无风险利率加风险溢价。

式 7-1 可以按求和公式表达为：

$$\text{DCF} = \sum_{i=1}^{n} \frac{CF_t}{(1+r)^1} \quad (7\text{-}2)$$

式中，CF_t 即为第 t 年的自由现金流，其他符号意义同前。

考虑企业当前资产负债情况，当前时点企业股东的股权自由现金流折现值，可以按式 7-3 进行调整。

$$\text{股东权益价值} = \text{DCF 现值} - \text{有息负债} + \text{现金和现金类似物} \quad (7\text{-}3)$$

式中，"有息负债"为公司长短期借款、债券等需要归还的负债，不含预收、应付等负债（一般有存货、预付款、应收款等对冲）；"现金和现金类似物"为公司账上评估时点的在手现金和现金类似物，可以即刻卖出属于公司所有。所以，对于净现金型公司，股东享有的权益价值是大于 DCF 现值的；对于有息负债大于现金和现金类似物的公司，得到 DCF 现值后，需要减去净负债后，才是股东权益价值（未来现金流折现后，归还掉净负债后，剩下的才属于股东）。得到股东权益价值后，再除以公司总股本，就可以得到 DCF 估值的每股内在价值。

所以，用自由现金流折现法对公司或股东权益进行估值，包括以下四步：

第一步：估测未来公司存续期中，每个年度的自由现金流。

第二步：确定折现率（投资者的机会成本或可接受的回报率）。

第三步：按前述自由现金流折现得到 DCF 现值。

第四步：调整得到股权权益价值，同市值对比，即可判断公司估值高低，以及隐含的收益率；或者将股东权益价值除以总股本，得到每股内在价值，再同股价相比来判断公司的估值高低，以及隐含的收益率。比如，如果公司当前市值是 100 亿元，折现率取的是 10%，评估后得到的公司股东权益价值是 120 亿元，则意味着按当前市值买入，只要估值假设在未来兑现，则会获得不低于 10% 的潜在收益率。

自由现金流折现模型理论上很完美，但使用起来也只能"毛估估"，因为不仅每一年度创造的自由现金流无法估准，投资者在使用自由现金流折现模型的时候，有三个关键参数对估值结果影响特别敏感，而要做到每一个参数取值同未来商业实际相符，几乎不可能。

一是公司成长周期和存续时间。毫无疑问，公司未来成长期越长，经济寿命越长的生意，折现值会越大；但实际上，真正永续的公司是不存在的，而且越是远期未来的自由现金流，对现值的影响越小，所以，同时为了保守起见，通常估测未来 5 ~ 10 年的自由现金流来评估公司价值，远期自由现金流折现值就取为 0，或者给予一个同通货膨胀率相仿的永续增长率计算 5 ~ 10 年后的终值并进行折现。具体公司能够存续多久，建议根据行业发展周期，以及公司可以保持超额收益的经济护城河持续时间来确定，比如仅能往前看 10 年的公司，就按 10 年为周期来评估；而成长周期和护城河坚实到能持续 20 年的公司，就可以按 20 年的成长期来评估。总体原则是产生自由现金流的假设要经得起检验，以保证计算周期尽量同商业实际相匹配。所以，自由现金流折现模型，首先就排除掉了高负债、强周期、没有护城河的绝大部分生意，因为完全无法预测未来现金流，甚至连公司是否能可持续经营都不敢确信，如是统统可以归入"太难"或"不懂"的系列，从而可以避免许多投资的不确定性。

二是自由现金流增长率。通常企业发展会经历成长期、成熟期和衰退期，在不同发展阶段，自由现金流的增长率理应是不同的，成长期的增长通常会显著高于GDP增速，成熟期则与GDP增速相当，而衰退期通常会低于GDP的增速。所以，为了匹配企业的不同发展阶段，并进行长期自由现金流折现，便出现了不同计算模型。比如，永续增长模型，假设企业自由现金流从当前初始值按增长率g永续增长，则所得自由现金流折现值见式（7-4）；在两阶段折现模型式（7-5）或式（7-6）中，将企业的发展阶段划分为快速增长阶段和永续增长阶段，快速成长期的增长率和增长期长度需根据行业和企业的发展态势来确定，对于优质企业通常会获得超过行业的增长。所以，一般情况下，取行业增长率作为优质企业的增长率假设，是一种保守可靠的做法，或者根据企业可信的发展态势来选取；永续增长期的增长率通常可以取1%～5%，不应该超过长期通货膨胀率或GDP的增长率。为匹配企业长期发展增速变化，甚至还出现了三阶段模型，比如未来5年增长率取20%，未来6～10年的增长率取10%，随后按3%永续增长。不管是采用两阶段还是三阶段模型，根本原则就是阶段假设要同企业实际增长周期和增长率相匹配，理论本质还是式（7-1）所示的预测每个年度的自由现金流，然后按折现率进行折现；且其他条件不变时，不管什么模型，增长率取得越高折现值越大。

三是折现率。折现率可以理解为股东收益率要求或资金的机会成本，常常以长期国债收益率加风险溢价来处理。比如，10年期国债收益率为3%，风险溢价要求为5%，则可以取8%为折现率。如果投资者复合收益率要求是15%，就可以以15%为折现率。折现率取得越高，折现值就会越小，反之则越大，这也是为什么长期利率走高时，会提升折现率，从而导致企业估值下降，常常引起股价下跌的内在价值原因。

$$\mathrm{DCF} = \sum_{t=1}^{t=\infty} \frac{CF_0 \cdot (1+g)^t}{(1+r)^t} = \frac{CF_0(1+g)}{r-g} \frac{CF_1}{r-g} \qquad (7\text{-}4)$$

$$\mathrm{DCF} = \sum_{t=1}^{n} \frac{CF_0 \cdot (1+g_1)^t}{(1+r)^t} + \sum_{t=n+1}^{t=\infty} \frac{CF_0 \cdot (1+g_1)^n \cdot (1+g_2)^{t-n}}{(1+r)^t} \qquad (7\text{-}5)$$

$$\mathrm{DCF} = \sum_{t=1}^{n} \frac{CF_0 \cdot (1+g_1)^t}{(1+r)^t} + \frac{CF_n \cdot (1+g_2)/(r-g_2)}{(1+r)^n} \qquad (7\text{-}6)$$

式（7-4）中，g 为永续增长率，其他符号意义同前。式7-5、式7-6中，g_1 为快速增长期的增长率，g_2 为两阶段增长模型的中永续增长率，$\sum_{t=1}^{n}\dfrac{CF_0(1+g)^t}{(1+r)^t}$ 为 n 年快速增长期的折现值，$CF_n\cdot(1+g)/(r-g)$ 为基于第 n 年自由现金流，按永续增长率 g_2、折现率 r 得到的企业价值终值，$\dfrac{CF_n\cdot(1+g)/(r-g)}{(1+r)^n}$ 为相应企业价值终值的折现值。

对于自由现金流不再增长的企业，假设其可以永续经营，则其 DCF 估值就等于年自由现金流除以折现率，比如年产生自由现金流 10 亿元的企业，如果不再增长，折现率取 10%，则其折现估值就等于 100 亿元。实际上回报特征类似于定息债券、永续年金，定额租金的房子，或者一块定额租金的农地，现金流折现估值均为每年产生的定息（租金）除以折现率。

其他现金流折现模型及公式此处就不细述了，读者如果感兴趣，可以参阅参考文献中股权估值相关著作。而且互联网中有许多免费的自由现金流折现测算小工具，可以快速地对企业永续增长、两阶段、三阶段增长模型进行现金流折现估值。

再次强调，通过以上讨论读者不难看出，要准确估测企业的未来现金流和折现值，几乎是不可能完成的任务，但是，进行自由现金流折现的价值，不在于测算的精度，而在于通过 DCF 估值，能够理性地进行投资决策就足够了。比如，对于特定企业，通过最乐观、中性、最悲观等情境假设，改变增长周期、增长率和折现率，进行系统的敏感性分析，得出该企业的每股内在价值介于 50～150 元，那么当市场先生的报价为 30 元时，我们可以确定股价大概率低估，反之，当市场先生报价 200 元时，我们可以确定股价大概率高估了。或者对于不同企业进行"货比货"分析，如果一家企业最乐观情形的测算，都不及另一家企业最悲观情形的收益潜力有吸引力，我们就可以选择放弃前者，买入后者。

我曾经对比测算了许多企业的现金流折现值。比如 2021 年 2 月时，海天味业，按未来 10 年复合增速 15%，然后永续增速 3%，按当时的市值反算得到折现率为 5.6%；上海机场未来 10 年现金流增速为 10%，然后永续增长 3%，反推得到的折现率为 12.2%；给贵州茅台未来 20 年 15% 的复合增长，然后永续增长率3%，或者按未来10年保持15%的增长，永续5%的增长率，反推折现率是8%左右。

尽管测算得越多越觉得就像数字游戏，因为估值时未来现金流是推测的，折现率是假设的，要说能准确评估企业的内在价值，我是不信的，但是现金流折现模型给我们提供了一种极佳的思维框架，即通过测算能清晰地感知到企业的价值决定于成长周期长度、复合增长率和增长的确定性，否则一切测算都是镜花水月。也就是说，我们关注企业价值的核心点，还是在于"长长的坡、湿湿的雪"。

尽管难以准确估值，但从以上3家公司的测算可以看出，相对于上海机场，即使采用更乐观的增长率参数测算，贵州茅台当时的市值隐含收益率（测算折现率）为8%，海天味业为5.6%，也就是说，即使假设未来乐观增长预期兑现，理论上最终预期收益率即为前述反算所得折现率；而一旦未来10～20年企业复合增长率达不到15%，或者未来生意演进无法达到永续增长率，长期持有它们的收益率连8%或5.6%都达不到；而只有增长周期长于、增长率高于测算假设时，才能获得超过测算折现率的回报率。尽管现金流折现模型测不准内在价值，但测算结果本身也能说明，即使是贵州茅台、海天味业这样的优质复利机器，当时的估值已严重透支了未来，而且一旦发生不及预期的企业基本面波动，连如此有限的预期收益率都难以保证。所以，通过测算，不难得出结论，当时买入贵州茅台、海天味业等股票的安全边际不足。

对比而言，采用比海天味业、贵州茅台更保守的未来增长率假设，以当时市值入股上海机场的潜在收益率为12.2%，也就是说，增长率假设更保守（更可能达成）的情况下，潜在收益率反而更高。而且，一旦未来自由现金流增长超过测算假设，未来实际投资收益率就会更高。所以，综合判断，三者的生意优质和确定性程度相仿，当时买入上海机场应该有更高的安全边际和更高的潜在收益率。

综上所述，尽管现金流折现模型测不准企业的内在价值，但借助现金流折现测算这种毛估估工具，可以对比不同投资标的的风险收益比，如是在2 300元一线清仓卖出了贵州茅台，调仓加码买进了上海机场。

在早期巴菲特致股东的信中，曾经阐述过用现金流折现模型对企业进行估值，然后以某个折价，决定买进某只股票的案例。但我看他对可口可乐、华盛顿邮报等公司的测算，更像是为买入决策找到价格合理的安全边际而已，芒格也说过，他从未看到巴菲特拿计算器算过。因为企业未来的不确定性太多了，不管如何测算，还是得落实到优质上去，毕竟，企业价值增长的时间长度和增长率才是决定我们投资收益的根本。

5.DCF 估值的优缺点

自由现金流折现法的优点包括：首先，其测算所得折现值代表的就是企业内在价值，不受市场情绪的影响，比相对估值方法要客观和理性；其次，该方法是考虑了资产生命周期和时间价值的估值方法，同股权复利增值的时间价值特性非常匹配；再次，基于现金流折现测算，可以充分感受到企业生意模式优质、护城河坚实的重要性，以及快速的复利增值才是投资价值的主要来源；最后，DCF 估值方法对于不同类型的公司、不同类别的资产，估值上具有一致性和广泛适用性，即不管是债券、股权、房产、还是农地等资产，只要能够估测未来现金流，均能应用，从而便于投资者比较不同投资选择的相对吸引力。

自由现金流折现法的缺点包括：首先，DCF 估值对于初创期、成长早期现金流为负或几等于无的公司，对于高负债或强周期等现金流波动大的公司，对于科技、生物技术行业等技术、经济特征变化剧烈的公司，无法简单适用。但这也意味着某种益处，采用现金流折现模型的思维框架选股，可以排除掉不确定性，尽管可能失去一些机会，但对个人投资者而言，把握住能够把握的机会也足够了，我们追求的从来不是去"跨 7 尺栏，而是尽量选择 1 尺栏"即可。其次，尽管现在有电脑可以辅助测算，但要基于财报找到相关计算参数，设定各种假设参数，过程较相对估值方法要复杂得多，而且同样测不准。再次，对于稳定增长型公司或者增长停滞型的公司而言，公司短期自由现金流折现值是影响公司价值的主要部分，但投资者经常采用线性外推的增长假设，可能导致稳定增长型公司，发展成熟阶段的公司价值被高估；而对于快速增长性公司，或是处于成长早期阶段的亏损公司而言，终值是企业价值的主要部分，在预测远期自由现金流和终值方面，该方法可能低估亏损或成长早期公司的价值，低估当前未产生现金流资产的价值，低估大力度再投资未来的公司价值。最后，折现率是个性化选择的，每个人的机会成本和收益率要求不同，导致合理估值范围会非常大。但是，正如前述讨论所知，尽管存在测不准的缺点，但不改自由现金流折现模型在企业估值、投资决策中的优势和价值。

综上所述，公司估值的关键在于盯住内在价值，而内在价值在才是公司估值的依据。在五种价值中，市场价值是市场给的，公司财报仅会给出账面价值，其他价值都可以通过财报披露的资产负债情况，根据市场行情进行推算，但都只能作为投资参考，做不得股票估值和定价的可靠依据。

7.2 常见的相对估值方法

除了前述自由现金流折现法，为了便于使用和进行比较分析企业估值，市场常用的还有许多相对估值方法，每种方法的具体定义和测算原理此处不做详述，读者可以便利地找到足够多的图书、资料或免费网络课程进行学习。此处仅对各类方法的适用性、优缺点，结合个人多年的学习摸索做简要说明，便于读者在使用的时候参考，能够少走弯路就好。

7.2.1 PE 估值

PE 估值即市盈率，为企业市值同年度盈利的比值，也等于股价除以每股收益（EPS），是最常用的一种相对估值方法。个股市盈率变动极大，行业间，企业间差异也大，对特定企业、行业、指数或者市场估值，市盈率越小越低估是确定的，也就是说，对特定股票而言，在 10 倍 PE 时入手，比在 20 倍 PE 时入手，潜在收益率会更高。但对不同企业，并非 10 倍 PE 的股票就比 20 倍 PE 的股票要低估，或更有投资价值。反而大多数时候，同行间看起来市盈率更高的股票，反而可能更优质，未来发展前景更具确定性。

市盈率估值适用于稳定增长型股票，特别是非周期消费、医药、公用事业等行业股票的相对估值，一般情况下，它们的真实市盈率低至10倍PE以下时，往往代表着较好的投资机会，一般市盈率高至30倍PE以上时，很难有好的投资机会。低市盈率往往是高股息率的前提，反之，当市盈率高达30倍以上时，即使将盈利全部分红，也难有3%以上的股息率。但是，市场先生经常发疯，即使是稳定增长型的股票，市盈率估值也可能在5～100倍PE波动，甚至会更低或更高，当然，这种时候往往也是投资者可以利用的好机会，当PE估值能够一眼观胖瘦时，能够克服恐惧和贪婪，低买高卖优质股票，往往会得到市场估值波动带来的额外奖赏。

而亏损或微利企业市盈率为负值或畸高，说明企业盈利能力很差，一般代表着投资价值较差，但也不能绝对，在优质成长企业发展的早期阶段，因为再投资或研发市场投入的加大，导致企业微利或者亏损，不代表就没有投资价值，有时候恰恰是企业在投资未来，深具投资价值的标志。

对高负债或周期性企业，恰恰是在市净率低，但市盈率很高或为负值时，才是参与合伙的良机，比如大幅度破净的券商股，哪怕市盈率高达1 000倍PE，甚至为负值，只要资产负债表显示不会破产，这时恰恰可能是熊市底部带来的低估机会；而在市净率高、市盈率低时正是应该退出投资的时候。比如，2021—2023年的港股地产股，如果投资者在市盈率低至5倍PE时买进，1年不到的时间市盈率可以跌到1倍PE左右，最后突然亏损爆雷，市盈率急剧增高或者成为负值，甚至企业破产归零，此即为常说的低估值陷阱。

7.2.2 PB估值

PB即市净率，为企业市值同净资产的比值。前面已经说明，净资产高低对投资价值的判断，没有直接关系。同PE一样，也是一种相对估值方法，同一股票、同一行业纵向对比可以论PB估值高低，不同行业企业之间，表观PB对投资决策没有较大的参考意义。鉴于现金也是企业资产组成部分，现金占净资产比例越高，PB估值的含金量越高，也越有意义，所以，对金融企业

PB 估值参考意义更大。但也不能绝对，金融企业 PB 大幅度低于 1 的情形还比较常见，此时并非一定代表着有较高的投资价值，反而可能是因为高负债经营的特性，甚至存在风险敞口或坏账影响的合理定价，0.5 倍 PB 以下估值的金融企业，最后破产退市的案例并不罕见。

在做投资决策时，对非周期性行业，可接受的 PB 估值同 ROE 密切相关，比如投资者想要获得 15% 以上的复合收益，假设企业挣的钱全部用来扩大再投资，对于 ROE 为 15% 的企业，其买入价格不能高于 1PB，15% 的复合收益对应 5 年期资产增值 1 倍（为原值的 2 倍），10 年期资产增值约 3 倍（为原值的 4 倍）。要满足这个收益率要求，相应不同 ROE 的企业，不同的增长雪道长度，对应的可投资 PB 估值测算，见表 7-2。

表 7-2 获取 15% 复合回报可买入的 PB 估值

长期 ROE	15%	20%	25%	30%	35%	40%
5 年雪坡买入 PB	1	1.23	1.51	1.82	2.22	2.63
10 年雪坡买入 PB	1	1.51	2.33	3.33	5	7.14

由表 7-2 可见，长期 ROE 越高，获得 15% 复合回报的买入 PB 越高，可投资周期，即滚雪球的雪道越长，可以给的估值也越高，如果测算 20~30 年的情形，会发现可买入的 PB 估值会高到惊人。当然，以上测算也只是理论上的，但仍然可以看出，要获取良好的投资回报，表观 PB 不重要，重要的是生意优质，即有足够长的增长周期和足够高的复合增长率。当然，对特定优质企业而言，买入 PB 越低，未来潜在收益率越高是确定的。

7.2.3 PS 估值

PS 即市销率，为企业市值同年度销售额的比值。PS 估值也是一种相对估值方法，适用于同行企业间的纵向和横向对比分析，PS 估值高低判断同净利率密切相关，所以，不能用于不同行业企业之间的直接对比。盈利能力越强的企业，净利率越高，可接受的市销率也越高。市销率除以净利率就等于市盈率。

当企业处于亏损阶段时，市盈率失效，市销率可以用来评估营收所体现的未来盈利潜力，但前提是未来的净利率可预期。根据未来营收规模和稳定盈利后的预期净利率，可以估算未来的净利润，从而判断估值的胖瘦。比如，2008年时伊利股份受三聚氰胺事件的打击，叠加全球金融危机的影响，当年年度业绩亏损16.9亿元，年度营收216.6亿元，市值一度跌到30多亿元。也就是说，PS跌到了0.15倍，如果行业未来长期稳定后净利率为7%，即相当于当时PE估值不到2倍，对一线消费龙头股而言，简直是极端低估。即不考虑国内奶业巨大的增长空间和伊利股份在奶业的龙头地位，仅以当年216亿元的营收，按正常年份7%的净利率计算，一旦危机过去，净利润会恢复到15亿元左右，只要不发生破产退市，当时就是极佳的买入机会。实际上到2021年时，伊利股份营收达到了1 101亿元，净利润83亿元。遗憾的是，由于当时不懂PS估值，所以，就理所当然地错失了伊利股份后来40倍的股价涨幅。

7.2.4 股息率

股息同股价的比值即股息率，也是常用的股票估值指标。股息作为股票投资回报的组成部分，特别是对有定期资金支出需要的股东，或者由于能在熊市中提供股息现金流，无疑极具价值。而且能够持续拿出真金白银分红的公司，不仅说明企业重视股东回报，而且也说明企业挣的钱是真金白银，而不是镜花水月；另外，通过发放股息，也能够部分兑现股东价值，对于长期投资而言，能够通过股息兑现部分价值，对于一旦企业衰亡破产的情形无疑是至关重要的。比如，港股2005—2023年的大批地产股，如果股东通过股息已经收回了成本，甚至几倍、几十倍的投入成本，即使企业最后破产，股东的投资结果也不至于太悲惨。当然，如果选择了股息再投的方式持续投资最终破产的企业，最后的结果仍然会是本金归零。

股息万般好，但也不能绝对，毕竟还存在大股东通过分红掏空公司的案例，甚至通过借债来分红的案例。所以，与其机械地对比股息率高低多少，不如重点关注股息的可持续性和增长潜力，特别是一次性的股息，或者借债分红带来的高股息率、高负债企业异常的高股息等，往往是估值陷阱。比如，港股融创中国，2021年股价在30港元时，股息率超过5.4%，后来股价腰斩到15港元时，股息率超 10%；跌到 2022 年 3 月停盘时，股价只有 4.58 港元，财报显示的股息率为 36%，市盈率 0.56 倍，市净率 0.16 倍。此时的股息率，就不是可持续的股息率，公司甚至有资不抵债和破产的风险。类似的案例并不罕见，甚至当时港股的红利指数 ETF 因为大量持有地产股，结果该红利指数的跌幅，比股息率低得多的其他指数要大多了，而且这种跌幅并非正常的市场波动，反而大部分是实质价值折损。

所以，只有可以长期稳健收息的股票，比如公用事业、挣钱格局稳定的消费股等对比股息率高低才有意义。但回测数据表明，对于成熟期公司，在企业价值不再随时间指数级增长时，此时股票的投资属性即类似于债券，股息类似于债息；此时企业每年现金滚滚流入，又无足够吸引力的投资机会，最符合股东利益的做法就是加大派息率，把公司利润的支配权交给股东，或者回购注销公司股份。对这种企业价值慢速增长甚至不再增长的公司，6% ~ 10% 的股息率是作为收息股配置的必要标准。比如，6% 的股息率，净利润复合增长率 5% 的公司，假设未来派息率不变，股息也会以 5% 复合增长，则红利再投的复合回报率 = [（1.06×1.05）–1] ×100%=11.3%；而对于股息稳定，且不再增长的公司，股息率需要达到 10% 以上才有足够吸引力（机会成本取 10%），比如股息率 10% 的 0 增长型公司，此时红利再投的复合回报率就是 10%。需要提醒的是，以上测算都未考虑红利税等税费的影响，若计入红利税等影响，无疑需要更高的即期股息率，才能带来不低于 10% 的复合回报率。从港股 2018—2023 年的大熊市来看，高股息公司每次跌到以上股息率和估值时，就再也跌不动了，而且成了度过漫长熊市的坚实依靠。至于股息增长率更高的企业，估值理应更高，可接受的股息率就可以更低，此时实际复合回报率反而可能更高；当时，企业减少派息，或者因营收、利润停滞或下滑等，财报一出来股价就会大幅调整，直至跌到 10% 以上的潜在复合回报率。

能够派出高股息率的股票，通常 PE 估值比较低，比如 10 倍 PE 估值的公司，派息率 100% 时的股息率就是 10%，派息率 50% 时股息率为 5%，所以，对一家成熟期的公司而言，若再无复利增长潜力，10 倍 PE 估值也不算低估。而 40 倍 PE 估值的一家公司，哪怕 100% 派息也只有 2.5% 的股息率，所以，高 PE 估值的公司难有高股息率。

所以，除了即期股息率，投资者更应该关心股息的增长率，以及企业内在价值的增长周期长度和增长率，毕竟内在价值的快速成长才是股票价值的主要来源，也是提升股息的根本价值来源，即不应该片面地追求即期高股息。成长期的公司往往无钱派息或者很少派息，因为大部分或所有的现金都拿去扩大再生产了，此时，抢抓发展机遇才是符合股东利益的选择，这类公司的股息率一般不会高过3%，甚至不派息也是可以理解的。比如，前述伯克希尔·哈撒韦公司从不派息，因为公司所有留存利润继续交给巴菲特、芒格投资，能够获取的ROE高达20%以上，此时，留存利润继续投资，才是符合股东利益的选择。简而言之，还是要回到投资的本源，只要公司留存的每1元钱利润能够换来大于1元的价值，理性选择就是继续扩大再投资。

所以说，派息与否，股息率高低同企业价值评估不能简单等同。股息是股票投资收益率的一部分，很多时候只是一小部分，高股息率股票作为防御配置，是保持投资组合攻守平衡，甚至是必须配置的股票而已。在经历了多年的市值沉浮以后，个人组合中始终会保持一定仓位的基本面坚实的、非周期的收息股配置，既是应对各种现金开支的需要，也是随时准备迎接股市发疯，度过深度熊市的应对之计。

7.2.5 其他估值指标

不同行业有自己特定的估值指标，比如保险行业的内含价值EV估值，新业务价值估值；房地产行业净资产价值NAV估值；2000年互联网泡沫时的点击率估值；2021年港股生物医药泡沫时的市研率估值，等等。但不管怎么估值，不能反映企业未来现金流、利润的估值，都参考意义不大。此处之所以提一笔，是为了便于感兴趣的读者了解，除了以上常见的估值方法，还有众多的各种特定行业的估值方法，必要时去追踪学习即可。

7.2.6 成长陷阱与PEG估值

成长陷阱是指成长不及预期，投资者为成长付出了过高的出价，导致投资失败的风险。受股票成长复利的诱惑，每一轮泡沫中"伪成长"和投机者合力带来"鸡犬升天"的泡沫行情，每一次泡沫破裂后，都难免一地鸡毛，比如 2000 年前后的美股科网股泡沫。泡沫破裂 10～20 年后，除了极少数领导股股价跌八至九成后，还能东山再起外，绝大部分公司都已从资本市场消失，或者从此股价一蹶不振。所以，相对稳定性行业和成熟期企业，给成长期企业估值更为困难，投资成长性企业的风险和收益都可能更大。

PEG 估值是用公司的市盈率除以公司的盈利增长速度，是在 PE 估值的基础上发展起来的一种成长股估值方法，其本意是用于弥补 PE 估值对企业成长性估计的不足。PEG=PE÷（企业年营利增长率×100），通常认为 PEG 小于 1 处于低估区间，等于 1 时估值合理，大于 1 就是高估。

但所有相对估值模型中，个人觉得 PEG 是较不可靠的一种估值方式，毕竟 PEG 估值默认的假设是高速成长可以持续，但事实是，没有哪个生意可以保持长期的高复合增速。比如，某家企业某年的增速为 60%，按 PEG 估值合理的 PE 估值为 60 倍，但有什么生意能长期保持 60% 的增长率呢？所以，采用 PEG 估值常常导致短期股价和估值的巨大波动，催生泡沫，投资者据此估值，极易坠入成长陷阱。

PEG 估值还不算最离谱的，2000 年科网泡沫时，市场还发明了网站"点击率"估值，用户数估值；2021 年港股 18A 大批非营利性生物医药企业上市，市场泡沫时发明了市值除以研发费用的"市研率"估值。不管什么估值，都别忘了自由现金流折现估值才是企业内在价值的标尺，下一次市场发明什么新的、同现金创造无关的估值方法时，我一定会记得减仓的。

7.2.7　低估值陷阱

低估值陷阱指的是表面看起来的 PB、PE 估值很低，但并非代表企业处在低估状态，反而是价值陷阱的一种情形，所以往往更具有迷惑性。

一是企业财务造假，即我们看到的低估值是假的。比如某企业，市盈率 1.9 倍，市净率不到 0.5 倍。什么意思呢？按估值原理，投资者现价入手，从净资产看是花 5 角钱就买到了 1 元钱的东西，而且这个资产还能赚钱，一年就能赚回净资产，两年就能赚回总市值，便宜吗？看起来便宜得过分，但是半年后就因财务造假而破产退市了，投资者即使买得再便宜，投资结果一样是本

第 7 章 估值

金归零。对投资人而言，高估值相对容易避开，低估值陷阱是更隐蔽、更迷惑人的一种投资陷阱；股市里面和生活中一样，还是要不贪便宜，不与狼共舞，以避免掉入类似陷阱。

二是企业长期发展前景暗淡，甚至更灰暗，有因高负债、经营失败而导致信用违约、挤兑、资金链断裂等风险。此时，我们看到的低估值，实际反映的是企业黯淡的基本面，甚至是破产风险。比如，2021—2022 年，港股中以中国恒大为代表的房地产企业。中国恒大一直靠激进负债扩张，在房地产行业顺风顺水的年代，2015—2017 年，企业营收和利润随销售规模扩大剧增，期间股价涨超 10 多倍，一度被认为是"中国价值投资的典型"。2020 年后估值长期在 5 倍 PE 徘徊，后来房地产市场下行，本身高负债叠加销售不畅发生商票挤兑、信用违约，估值很快跌到 1 倍 PE，市净率 0.09 倍，股价跌超九成（图 7-1），股价跌回到 2015 年以前，并紧急停盘，实质上企业已经资不抵债。读者若想加深对低估值陷阱的理解，可以去复盘 2021—2022 年，港股中大批地产股从"低估值"，到因信用违约，单日股价跌去五至九成的案例；也可以去复盘美股硅谷银行、第一共和银行等高负债企业破产的案例。

图 7-1 中国恒大 2000—2023 年的股价月 K 线图

7.3 以终局思维来估值

自由现金流折现估值提供了一种认知优质企业的极佳思维框架，相对估值方法提供了便于企业纵向和横向比较分析的便捷工具，但不管是绝对估值还是相对估值，其共同点都是估不准。特别是很多时候，短期PE、PB、股息率等估值变动非常大。比如，标普500指数估值可以在7～32倍PE变化，港股恒生指数估值历史变动区间为6～43倍PE，沪深300指数在8～48倍PE变动，指数尚且如此，市场中板块和个股估值变动就更大了。

在市场先生发疯时，仅看短期相对估值会一片迷茫，以相对估值对优质企业估值，并据此做投资决策，难免陷入投机或者犯错。面对熊市底部时的恐惧好办一些，毕竟优质股越跌越吸引人，让我们能够自信加码，即便无钱加码就地卧倒，也不影响未来收益率。但面对牛市顶部的贪婪如何保持清醒，特别是在优质股极度高估时，股价泡沫对投资人的考验要远大于熊市底部时的考验。

正如生活中看不清未来时，可以选择登高望远。当在股市短期迷茫时，可以尝试看涨，以终局思维来估值，是一种可供参考的办法。终局思维就是看企业的长远发展可能，假设企业发展成熟，产品渗透率、市占率达到顶峰后，可以占有多少营收和利润。如果市场先生给出的市值，都超过了最乐观的预期（经常发生），是不是就意味着当时的估值本身就已经极度高估，此时，这种企业还值不值得我们继续守候，就不难回答了。

终局思维会促使我们关注行业的长期未来，比如长期空间有多大？目前处在哪个阶段？竞争格局如何？例如，服装辅料行业，全球整体市场规模约650亿元，属于随世界人口增长而慢速增长的成熟行业。行业格局为一超多强，竞争激烈且分散的细分行业。全球龙头YKK的市占率为20%，2020年营收130亿元，利润约9亿元；国内龙头伟星股份2021年营收33亿元，利润4.5亿元，全球市占率约5%，国内还有一家浔兴股份收入约22亿元，净利润1.3亿元。其他都是极为分散的营收亿元级别的小玩家。

终局思维会促使我们关注企业的竞争优势，比如企业能不能持续经营到预测的长期时刻？实现发展预期的概率大不大？伟星股份从营收规模来看比 YKK 要小，但经营质量较 YKK 和其他同行要高，属于细分行业的优质股，相比同行企业竞争优势突出。现在假设 10 年后伟星股份仍然存在（大概率会），能够拿到 15%～20% 的市占率（非常难），营收规模会达到 100 亿～150 亿元，按 15% 的净利率（不容易），届时净利润会达到 15 亿～22 亿元。这是极其乐观的预计了，当然仅仅是测算，还得根据企业愿景和能力预测确定。如果此时市场先生给出伟星股份 200 亿元的市值，我们还愿不愿意守候？经过如此推演，理性的选择应该是卖出股票，兑现投资结果。因为一是实现如此乐观预期的难度很大，二是即使实现了乐观发展预期，且 10 年股价不涨估值也才下降到 9～13 倍，对一个慢速增长的成熟行业，10 倍左右的估值，即使假设利润全分红也仅仅是勉强可以接受的股息率水平。通过终局思维估值，是不是便不难看出，200 亿元的市值已经高估了？或者股价已经透支了 10 年的成长？

如果此时"市场先生"给出的伟星股份市值不是 200 亿元，而是 100 亿元呢？50 亿元呢？那就要看投资者的投资选择和机会成本了。20 年后可不可以这样测算呢？30 年后经不经得起乐观、悲观情景假设的考验呢？当然可以按照类似办法去推演和预测，只是有的行业企业看不清楚未来，有的行业竞争格局仍然稳固，可以适当地以此进行"毛估估"，并根据估值结果进行大概率正确的决策即可。

终局思维估值当然也测不准，但提供了一种思维框架，让我们能够基于行业企业的实际，进行长期情景推演。可以排除那些经不起时间检验的企业，或者看不懂的机会。一旦发现可以看得很远，即使用最悲观的情景假设，都极具吸引力的标的，就是我们需要战胜恐惧，果断参与合伙的良机。这种标的买进后，不仅更可能经得起时间检验，实现发展预期的概率更大，而且通常还会超预期。反之，一旦即使用最乐观的情形进行推演竞争终局，也难以支撑现有市值的情形，无疑就是我们应该克服贪婪，果断退出的时候。所以，运用终局思维的好处在于，哪怕最终假设同事实差距甚远，但一切市场发疯带来的极度低估或极端高估情形，都会在终局推演中现出原形。

本章小结

本章讨论了企业的市场价值、账面价值、清算价值、重置价值和内在价值等,其中内在价值,即企业生命周期内创造的自由现金流折现,才是企业估值的锚。但是,实践表明企业内在价值是很难测准的。

尽管企业某一时点的内在价值测不准,但自由现金流折现模型和终局思维为我们提供了两种良好的估值模型框架,可用于评估和比较企业在未来时间长河中可能实现的价值,并结合乐观情景、中性和悲观情景进行敏感性分析和推演,尽管也只是一种"毛估估"方法,但足以帮助我们作出相对理性的投资决策。特别是在市场极端乐观和极端悲观的关键时刻,内在价值评估和终局思维能让我们看清未来,厘清风险和收益比,从而帮助我们保持理性和独立,进而果断作出经得起时间考验的关键投资决策。

至于本章讨论的众多相对估值方法,很多时候只是一些便于比较分析的相对标尺。通过内在价值和终局思维估值测算我们还发现,企业优质和永续经营才是投资的大道,而估值的价值在于衡量收益和风险,帮助发现好企业和好的投资机会,进而作出理性的投资决策。当然,通过本章的讨论,读者不难得出结论,不管采用什么估值方法,最好的估值还是"一眼定胖瘦",最好的投资还是找到优质企业,在其估值合理和低估的时期参与合伙。因为优质企业价值的快速复利增值,不仅是企业价值之源,也是投资者可以依靠的投资收益来源。

第 8 章

打理投资组合

选股、估值和打理投资组合三件事中,如果把选股和估值做好了,其实打理投资组合就没有太多事可做了。只要我们的投资组合始终持有优质低估的股票,股票价格随企业价值复利增长的规律决定了时间和复利机器自然会带来应属于我们的财富。但是,由于企业发展既有其确定性,也有许多偶然性,我们的认知、选股、估值也难免出错,加之股市市况瞬息万变,所以,在纷繁复杂的市场中,投资者如何构建和打理股票投资组合,才能不断地降低组合风险,提升组合长期复合收益潜力,从而助力投资目标的尽快实现,滚出更大的财富雪球,当然也是投资者必备的投资能力。

本章主要内容:
➤ 我们的目标与优势
➤ 集中还是分散
➤ 安全边际
➤ 何时买
➤ 何时卖
➤ 组合管理

8.1 我们的目标与优势

为了确保尽快的高概率地实现财务自由，在打理投资组合方面，我们需要设定一个理性的收益率目标，并善用个人投资者的相对优势，以便让我们的每一个投资决策都有助于提高实现财务自由的概率和速率。

8.1.1 我们的目标

基于前面7章的讨论，既然我们投资股票的目标是实现财务自由，而实现财务自由的最佳途径又是依靠优质企业的复利增值。那我们打理股票投资组合的一切选择，都得服从于、服务于财务自由目标的实现，都得遵从于可复制的、可持续的财务自由实现路径。

我们必须清醒地认识到，我们的目标不是战胜机构或其他投资人，不是不犯任何错误，不是不发生阶段性亏损，也不是不会阶段性地跑输市场，更不是来预测牛熊和短期股价涨跌，来市场追涨杀跌寻求刺激的。股市自有其固有规律，在股市里，我们更类似于被动的接牌方，除了矢志不渝地追寻优质低估的投资机会，还要随时做好准备，以便充分利用市场先生的出价，同时在历练中精进投资能力，修炼投资心性，坚守价值复利增值的正道即可。只要我们修炼到位了，按照经过反复检验、大概率的投资原则打理投资组合，目标自然会顺利实现，而最终结果甚至会不差于优秀投资人；反之，如果努力的目标和前进的方向不对，无论我们如何努力，财务自由一定是在离我们远去。

作为个人投资者，投资股票，设定比指数收益率更高的复合收益率目标是必要的，比如设定15%的长期复合收益率目标。15%的复合收益率也是个人选股和调仓的决策底线，代表着股价涨幅约为5年1倍，10年4倍（增长3倍），20年16倍，30年66倍。在第2章我们讨论过，优秀投资人的长期复合收益率多为 15% ~ 20%，优质企业的长期复合收益率多为 20% ~ 30%，所以，只要我们投资的是优质企业，且买得不贵，15% 收益率目标是大概率可行的。如果遵循第 6 章的标准，按 ROE 不小于 20% 的标准选股，所选出的股票隐含的长期潜在收益率就是约 20%，同 15% 的目标相比还留有一定的安全储备。

另外，回测历史上的那些优秀投资人的投资记录，15% 的长期复合收益率目标实际上也不低了，既然机会是市场给的，并不取决于我们的良好愿望，再设定更高的目标收益率，难免流于缘木求鱼，会让投资标的的选择更为不易，投资机会更为稀少。比如说，如果非要等 20% 的潜在收益率机会出现时才挥杆买进，可能会失去 15% 的高确定性机会，如此便背离了我们的投资目标，毕竟我们的目标不是滚出最大的财务雪球，而是在有限的本金、有限投资周期下，能够跑得既快且稳，最终能够顺利实现财务自由即可。在此基础之上，再来边走边看，市场如果发疯犯蠢，给我们机会摘取更为丰硕的果实，我们笑纳即可，如果不给，有 15% 的复合收益率保底，也十分不错，这应该才是对待股市机会的理性选择。

如果设定的目标太低，那我们劳神费力的打理投资组合就失去了意义，毕竟还不如直接投资宽基指数基金。不管如何，清楚地知道我们不是神话，股市自有其规律，心中有合适的收益率目标很重要。设定收益率目标不仅是我们投资决策的底层依据，合理的收益率目标还可以提醒我们，快速暴富的方法和机会多半就是陷阱，目标也会提醒我们，当我们投资组合的阶段性回报远远超出最乐观的预期时，市场可能已经累积了较高的风险。更重要的是，我们清楚地知道 15% 的复利，意味着 20 年能涨 16 倍，30 年能涨 66 倍，那我们投资股票，何必慌慌张张呢？有清晰的收益率目标，通过测算能清楚地感知慢就是快，我们"知道"时间和复利机器将来会带我们到达的高度，必然也有助于我们气定神闲地对待股市的潮起潮落。

当然，设定的目标收益率越高，所要冒的风险和等待的煎熬会愈加考验人性，如果我们本金量足够大，完全可以根据自己的测算设定自己的收益率目标要求。比如，在已经实现财务自由之后，如果把投资定位为稳健的跑赢通货膨胀，实现购买力的适度增值，10% 应该就是可以接受的收益率要求，此时投资者更应该关注的是投资标的的确定性，而不是收益潜力的最大化，如何跑得稳健而不是跑得更快。

8.1.2 我们的优势

许多个人投资者，以为买不起新鲜出炉的卖方研报，没有时间和精力去企业调研，不能及时了解市场信息，没有豪华的交易室和 6 块行情显示大屏幕等，就以为我们投资股票没有优势可言。确实，在信息获取方面个人投资者不如机构。在我曾经投资一家药企时，接触到的一位买方基金经理，比卖方研究员研究追踪企业动态都要细致多了，更别说相对我们这种小散户的信息优势了，估计他比公司董事长都熟悉企业一线的关键动态。他居然调研到了某主导产品的每日班组生产片数，以及海关出口的出货情况等数据。

所以，那些想和机构比获取信息的速度、数量、质量和准确度，进而以此预测季报、年报业绩，热衷公司所谓利好、利空信息，玩"主题投资"的人，显得多么幼稚。实际上，对预测短期股价而言，绝大多数信息都是噪声，而且市场找到的所谓股价上涨下跌的原因，往往都是事后诸葛亮，或者本就是无厘头归因；最有意思的是所谓超预期、低于预期的说法，不管是业绩所谓超预期还是低于预期，每次公告后短期股价可能涨也可能跌，因为股市自有其规律，那就是短期股价本就无法预测。如果投资者想以所谓信息、预期等作为交易的依据，甚至想通过研究的精细战胜市场，不仅是徒劳的，甚至还是有害的。而且，就算真的能依靠信息差投资，个人投资者相对机构、内部人等也毫无优势可言。但好在就投资成功和实现投资目标而言，个人投资者相对机构恰恰有很多优势，只是我们没有觉察到，或者没能善用这些优势而已。

一是我们钱少。钱少也是优势啊？当然，打理 100 万元的资金和 100 亿元的资金，尽管投资理念和原理上没有区别，但实际操盘差别是很大的。钱少的好处是需要的标的少，可选择的标的多，且不用担心交易带来的冲击成本。机构投资者除了和我们一样要精心挖掘好机会外，还得操心机会出现时买不买得到足够的股票数量，很容易发生股价被机构建仓买上去了的情形，忙活半天，结果对净值增长毫无意义；卖出的时候也一样，只是影响相反，比如熊市流动性不好时，主动或被迫卖出股票的机构，没有卖出多少持股，结果导致股价已经跌的惨不忍睹；另外，资金量越大的机构，因单家企业持仓限制，可投资的股票越是趋向少数大盘股。而我们就没有以上这些烦恼，我们可不管什么大中小盘股，哪里有机会我们就可以去哪里，哪个"池塘"有鱼我们就可以去哪个"池塘""钓鱼"。资金少，我们的交易可能都影响不了1秒的股价，买卖时机和价格可以随行就市，调仓换股也更灵活，这些都对提升复合收益率有利，所以，钱少是个人相对机构投资人的优势之处。当然，要是个人投资者的组合复利增值到有了资金量太大的烦恼，相信大家都会乐意承受这种烦恼。

二是我们只需要1～3个成功投资就能实现投资目标，改变财务命运。我们完全可以通过精研个股，深耕能力圈，长时间追踪特定行业、特定股票来投资。正因为无须太多机会，我们可以做到专注，而专注带来的研究深度、广度和理解深度，不仅有助于发现价值和投资良机，还有利于增强投资的定力，并最终取得投资成功。而机构投资人就累多了，比如彼得·林奇管理麦哲伦基金的13年间，获取了26.4倍的惊人回报，复合回报率为29%，但其代价是每周工作80个小时，13年间买过15 000多只股票，结果56岁主动选择退休时，头发都全白了。而我们"鸡蛋"本就有限，完全不需要担心"篮子"不够的问题，只需要成功抓住1～3个机会就能实现投资目标，这难道还不是优势？

三是我们仓位限制少。此处仓位限制少不是说我们可以动辄空仓，动辄满仓。而是说当机会出现时，可以给单只股票足够多，又睡得着觉的仓位，而机构不得不在个股、组合和建仓周期等各种约束下投资。个人投资者分配给组合中单只股票的仓位，无须教条地定在10%或者30%，比如，单只股票的最大仓位，完全可以配置的仓位即使归零，也不影响投资目标的实现为原则来考虑。至于单只股票最低仓位，可以即使只有1只股票成功了，也以实现投资目标为原则来配置足够的量。如此处理都是为了财务自由目标得更好、更快实现，从而既能增强淡定以待股市波动的耐心和实现目标的信心，又不会因为过度分散而让组合走向平庸。

四是我们无考核排名压力。如果我的家人像机构一样，每3个月清查一遍我的账户，然后放到全国投资者中去排名，一旦组合阶段性表现不好就需要面对家人哀怨的眼神，甚至炒我的鱿鱼，我很怀疑我还能不能淡定以待持股组合的巨幅波动。而没有排名压力就不用在意一时一股的得失，目光可以盯住长远，可以持股到几乎无限长的未来，这当然是我们投资股票很大的一种优势。

五是我们有闲钱投资的优势。个人投资者在牛市时不会像机构那样，被涌入的申购资金所迫而在高估值区间买股票，熊市底部也不会因为赎回而被迫卖出股票，反而可以反其道而行之，在牛市疯狂时兑现收益，在熊市低估时加码买进。而且因为是闲钱，投资周期可以长达 20～30 年，不用面对出资人压力，无撤资之忧，投资计划性好和可预期性更强，必然就会多一份对投资成功而言，极为重要的淡定和从容。

善加利用我们的优势，远离噪声，专注研究，坚守价值，始终不忘我们的投资目标是什么，诚实地对待自己和投资，保持耐心，即可从容享受个人成长和账户的长期复利增值。

8.2 集中还是分散

个人投资者适合集中投资，还是分散投资？到底什么是集中，什么是分散？这些问题是大家经常讨论，甚至争论的问题，连投资"大师"们也难有共识，甚至见解完全相反，比如，巴菲特推崇集中投资，而施洛斯就非常分散。那我们该怎么办？个人理解，还是得回到我们的投资目标上来，根据自身的情况和市况，以确保大概率的尽快实现财务自由为依据，来处理集中还是分散的问题。

8.2.1 集中有度

分散和集中是相对的，每个人的理解和标准也不同。只要选股工作做得越扎实，对行业企业的把握越精到，则合理的选择就是集中持仓，因为集中投资复利机器，依靠复利机器价值增长驱动股价成长的规律决定了，这就是实现投资目标的最佳路径。比如巴菲特，在其投资生涯中，单股持仓占比超过 40% 的情形并不少见，盖可保险持仓占其个人资产的比例曾经一度超过 50%。芒格也提到，如果把他们几个成功的投资去掉，他们就是个笑话。也就是说，优质企业本就稀有的特点决定了，投资股票就应该致力于投资复利机器，持仓上就适合适度的集中，但又不能单一持仓或过度集中。

为什么不能单一持仓或过度集中？我们在第 3 章已做过专门讨论，因为即使精明如巴菲特也曾经有过不少失败的投资。比如，1966 年投资的 HK 百货公司，1987年投资所罗门公司，1993年投资Dexter鞋业，1998年投资美国航空。2006—2010年不断逢低收集股票投资乐购超市，结果2012年以后企业发展屡屡低于预期，2014年还爆出财务造假丑闻。2020年2月投资达美航空100亿美元，4月即斩仓亏损50%。甚至执掌的伯克希尔·哈撒韦公司，本身也是一笔失败投资而来，即来自1965年收购的伯克希尔·哈撒韦纺织厂。因为贪便宜而买进后，即因国外廉价纺织品竞争而不断亏损，勉力维持经营，结果无非是不断地侵蚀股东价值，最后不得不剥离纺织业务。

这也是为什么，即使我们研究做得再仔细，选股和估值工作做得再怎么好，出于对不确定性和人的认知局限性的敬畏，绝对不能单一持仓的原因。投资者没有前视眼，仅持有1只股票，如果买到的是亚马逊，理论上可以获取超1 000倍的投资回报，如果投资的是乐视网，就是本金归零，会严重阻碍投资目标的实现，甚至永无翻身之日。而且即使买到的是亚马逊，但谁能保证我们就一定能扛住2000年科网股泡沫破裂后95%的股价下跌？所以，单一持仓是不行的，集中也需要有度。

至于过度集中的标准，那就因人而异了，个人理解如果给到某只股票的仓位，即使完全损失，也不影响投资目标的实现，那就不能算作过度集中。比如，某人有500万元，其中投资到某只股票300万元，剩余200万元的仓位配置，按正常推算也有实现财务自由的足够安全边际，对其而言就属于可以接受。如果只有50万元，却投资某只股票40万元，指望剩余10万元实现财务自由，这种情形无疑就属于过度集中，背离了最大化财务自由目标实现可能性的原则，一旦40万元的仓位投资失败，离实现财务自由的目标必然越来越远，这种后果是难以接受的。

8.2.2 几只股票好

组合投资的目的是在不牺牲组合收益潜力的同时，减少个股风险，从而保证投资目标的顺利实现，所以，适当的分散是必要的，但不能为分散而牺牲选股质量。那我们到底投资几只股票好呢？既能将仓位集中到最优质的股票上去，又不会因为集中投资而承受投资失败的风险，也不会因过度分散导致选股质量下降，持股过多而走向平庸呢？

统计数据表明，投资组合等仓位配置 2 只股票，即能将个股风险减少 46%；3 只则能减少个股风险 62%，4 只能减少个股风险 71%，8 只能减少个股风险 81%；16 只能减少个股风险 93%，32 只能减少个股风险 96%，持有 100 只股票能减少个股风险 98%。也就是说，持股数量越多，组合所冒的个股风险越低。持股数量从 1 只增加到 4 只时，个股风险降低非常快，增加到 8 只时则仅剩 19%，如果继续增加持股，个股风险仍然会降低，只是降低的速率越来越小。

所以，鉴于个人投资者资金量和研究深度、广度及能力圈限制，组合投资 3～5 只股票是必要的，最多不要超过 10 只。否则再继续增加持股，不仅研究质量会下降，而且复利机器本就稀少的事实决定了，持股越多，投资组合的收益率会越趋同于指数。也就是说，增加持股数量确实有助于减少个股风险和组合的波动性，但无限制地增加持股数量，客观上会降低组合获取优异回报的可能。

永远别忘了我们的目标，我们投资的目标不是减少波动，而是以更大概率、更快地实现投资目标为一切决策的依据，不能一味地为了分散而分散。所以，个人投资者组合投资 3～10 只股票足够了，因为我们首先要确保的是我们投资的公司是优质的，宁可要市值大幅波动下的 15% 的长期复合收益率，也不愿要持仓波动较小的 10% 的复合收益率。

8.2.3　组合投资的免费午餐

组合投资除了要有一定的持股数量，还要确保能够实质上的分散风险。比如，如果我们的组合配置的是 5 只银行股，或者买的都是同一家股东控股的 5 只股票，或者单只股票配置了 90% 仓位，剩余 10% 仓位买了 10 只股票，这些情形也不能叫作分散。比如，在上述第一种情形中，如果银行业出问题，买 5 只银行股和全仓银行的风险差异并不大；在第二种情形中，如果控股股东出问题，5 家公司难免都会受到风险事件的影响；第三种情形看起来持有了 11 只股票，但实质就是过度集中的情形。所以，分散不仅仅是持股数量上的分散，而是细分行业上的分散，最重要的是有助于降低个股风险，即实质上的分散。

投资组合要在实质降低个股风险的同时，保持足够的复合收益潜力，投资者需要挖掘非关联的、收益率不低于15%的3～10个生意，组成一个投资组合即可。如此，既然组合中每只股票的潜在收益率都不低于15%，则该组合的潜在收益率仍然是不低于15%的，从而既保障了潜在收益率要求，较单一持仓相比又大幅降低了个股风险。也就是说，投资者只需要遵循组合投资的原则，无须支出任何额外花费，就能做到既保证收益率潜力又大幅度降低个股风险，所以，人们才把组合投资称为股票投资中唯一的"免费午餐"。

此外，分散也要有度。若投资者投资了30多只股票，甚至100多只股票，这种做法对投资目标的尽快实现是没有助益的。尽管确实降低了个股风险，也会减少组合波动性，但付出了很多精力，最终的结果就是趋近于市场平均收益率。曾经有一段时间，不计A股持仓，我用两成仓位试水港股投资，一口气买了19只股票，其中电力股就买了5只。当时买入的逻辑就是买折价、买便宜，行业企业研究、价值评估完全顾不上。现在不查记录都想不起来当时买了什么，为什么要买，又为什么要卖。只记得盈亏各异，后来还花了不少时间清理持仓重新走向相对集中，一度的过度分散投资，对实现投资目标而言毫无助益。

如果投资者本金量足够大，比如有250万元的本金，也可以简单化处理，利用股票投资损失有限（最多本金归零），而复利增值无限的特点，给每只股票配置一个即使亏完也能接受的仓位，比如每只股票投入50万元，则5只股票中只要有1只股票达到投资预期，就能实现财务自由，如此，实现投资目标的概率和速度无疑会极大提升。

8.3　安全边际

传统安全边际指的是对企业未来发展前景、自由现金流预测的确定性有信心，其次才是一定的买入折价。所以，安全边际从来就不能等同于仅仅是买入估值便宜，而更重要的是企业质地的优质和确定性，从而能够大概率的实现长期投资结果，这才是安全边际的本意。在本书中，既然我们的目标是实现财务自由，那么，我们讨论安全边际，投资是否符合安全边际原则，必须以是否有助于高概率的实现投资目标来衡量。所以,此处要讨论的安全边际,远远不是买入价格就能够决定的。就如我们为了去向某个目的地,首先要考虑的是骑马、开车还是坐飞机,如果我们选择了骑马,相比开车或坐飞机而言,远不是靠买的马好,买的马便宜就能安全和快速地到达目的地。

8.3.1 投资优质企业是首要安全边际

对顺利达成投资目标而言,首要的安全边际就是买到类似亚马逊、贵州茅台、腾讯控股等不断创造价值的优质企业,也就是说,企业价值的快速指数级增长,才是投资人实现财务自由首要的安全边际。为了读者能理解优质的重要,表8-1展示了企业价值增长倍数、买入价格对投资收益率的影响。从测算可见,假设买卖时刻估值不变,只要投资者买到的是10年内在价值增长10倍股,即投入1元将得到10元的投资结果,相应复合收益率为25.9%;如果我们买贵了1倍,以2元入股,则到10年后收益为5倍,到期收益率为17.5%;如果买贵了2倍,则到期收益率为12.8%,如果买贵了3倍则到期收益率为9.6%,如果买贵了4倍则到期收益率为7.2%。如果投资的是10年价值增长5倍股,即投入1元10年后得到的内在价值为5元,则复合收益率为17.5%;此时我们如果买贵了1倍,则到期收益率为9.6%……如果我们投资的是10年价值增长2倍股,即投入1元10年后得到2元的内在价值,则相应复合收益率为7.2%,如果买贵1倍,则10年投资收益率是0,实际还亏了通货膨胀,即买贵1倍以上就会出现负收益。

表 8-1 价值增长倍数和买入价格对投资收益率的影响测算表

	买入价格(元)		1	2	3	4	5
10年复利增值结果(元)	10	投资收益(倍)	10	5	3.33	2.5	1
		复合收益率	25.9%	17.5%	12.8%	9.6%	7.2%
	5	投资收益(倍)	5	2.5	1.67	2.5	1
		复合收益率	17.5%	9.6%	5.2%	2.3%	0
	2	投资收益(倍)	2	1	0.67	0.5	0.4
		复合收益率	7.2%	0	−4%	−6.7%	−8.8%

通过以上测算可见，企业越优质，对买入估值或未来不确定性的容忍度就越高。只要我们投资的是 10 年内在价值增长 10 倍股，哪怕买贵了 1 倍，或者卖出时估值下降了 50%，仍然可以获取超过 17.5% 的收益率。若我们投资的是 10 年内在价值增长 5 倍的股票，对买入估值要求就很严格了，稍微买贵，或者碰到市场估值下降，就达不到 15% 的收益率要求；如果我们投资的只是 1 只 10 年内在价值仅增长 2 倍的股票，除非买到 50% 以上的折价，同时运气爆棚，卖出时还有市场估值膨胀助力，才有可能获得 10 年 4 倍的投资结果，才能勉强获取 15% 的复合回报率，如果以合理价格买进，则获利会极其有限，若稍微买贵，或者碰到市场估值下降，则 10 年的投资结果还会发生亏损。

以上测算的还是内在价值在增长的企业，如果我们投资的是企业价值已停止增长或者价值毁灭型的企业，毫无疑问，投资结果会更为惨淡，无论我们买得如何便宜，投资结果都不会好到哪里去。

当然，以上测算的优质企业是内在价值成长 10 倍的企业，如果是成长 1 000 倍的企业呢？比如腾讯控股、亚马逊等；10 000 倍的企业呢？比如 Adobe、伯克希尔·哈撒韦等。是以 1 元、2 元、5 元，还是 10 元买入，买入价格对复合收益率的影响会越来越小。这也就是"长长的坡""湿湿的雪"长期复利增值的惊人效应，而且"坡越长，雪越湿"，买入价格越不重要，甚至像格力电器、万科 A 等公司一样，长期投资后即使不计最后得到的持有市值，每年的分红都会是原始本金投入的数十倍。

通过测算，也再次说明了，投资优质企业才是首要安全边际。由于市场估值变动不是我们能掌控的，我们只能依靠坚实的价值增长，才能高概率的实现投资目标，所以，平庸才是投资的大敌。我们追求买得便宜，一定是在优质前提下的便宜；我们追求的首要安全边际，一定是企业质地的优质。

8.3.2　仓位配比是第二层级的安全边际

前已述及，我们的目标是顺利实现财务自由，复合收益率要求就是实现不低于 15% 的复利增长。假设投资者构建了一个由 5 只股票组成的投资组合，总投入为 50 万元，每只股票平均分配 20% 仓位即 10 万元，按投资者的目标预期，10 年后投资结果的理想状况见表 8-2。

表 8-2　组合投资的理想状况

标的名称	初始投入（万元）	投资结果（万元）	总收益率（%）	复合收益率（%）
股票 A	10	40	300	15
股票 B	10	40	300	15
股票 C	10	40	300	15
股票 D	10	40	300	15
股票 E	10	40	300	15
总计（万元）	50	200	300	15

之所以说是理想状况，谁都明白，在股市里任何投资都不可能如此精确地按照预期实现。更可能的情况见表 8-3～表 8-6。

表 8-3 说明，5 只股票，只要有 1 只股票是复利机器型优质股票，其他 4 只股票符合预期，就能得到超出预期的收益率。

表 8-3　组合投资可能结果 1

标的名称	初始投入（万元）	投资结果（万元）	总收益率（%）	复合收益率（%）
股票 A	10	100	900	25.9
股票 B	10	40	300	15
股票 C	10	40	300	15
股票 D	10	40	300	15
股票 E	10	40	300	15
总计（万元）	50	260	420	17.9

表 8-4 说明，5 只股票，只要有 1 只股票是复利机器，3 只股票符合预期，哪怕有 1 只股票不幸踩雷破产归零，仍然可以获得超过目标值的复利回报。

表 8-4　组合投资可能结果 2

标的名称	初始投入（万元）	投资结果（万元）	总收益率（%）	复合收益率（%）
股票 A	10	100	900	25.9
股票 B	10	40	300	15
股票 C	10	40	300	15
股票 D	10	20	100	7.2
股票 E	10	0	−100	−65
总计（万元）	50	220	340	16

表 8-5 说明，5 只股票，只要有 1 只股票是复利机器，2 只股票符合预期，哪怕有 2 只股票不及预期，其中 1 只股票还不幸踩雷破产归零，仍然可以获得预期目标所需的收益率。

表 8-5　组合投资的可能结果 5

标的名称	初始投入（万元）	投资结果（万元）	总收益率（%）	复合收益率（%）
股票 A	10	100	900	25.9
股票 B	10	40	300	15
股票 C	10	40	300	15
股票 D	10	20	100	7.2
股票 E	10	0	−100	−65
总计（万元）	50	200	300	15

表 8-6 说明，5 只股票，结果 4 只股票符合预期，但有 1 只股票不幸踩雷破产归零，最终将难以获取预期目标收益率。但好在有组合投资的安全保护，尽管不及预期，仍然可以获得可以接受的复合回报率，只是由于收益率的下降，实现投资目标的时间会拉长或者投入的本金量需要加大。

表 8-6　组合投资可能结果 6

标的名称	初始投入（万元）	投资结果（万元）	总收益率（%）	复合收益率（%）
股票 A	10	40	300	15
股票 B	10	40	300	15
股票 C	10	40	300	15
股票 D	10	40	300	15
股票 E	10	0	−100	−65
总计（万元）	50	160	220	12.3

从以上测算再次证明了买优质才是实现投资目标最重要的安全边际，只要买到 1 只复利机器型股票，就可以大概率实现超预期的收益率，或者对冲掉各种未来不确定性和风险。组合投资和分仓，为投资目标的实现提供了充分的安全防护，即使碰到个股踩雷、亏损或者收益不及预期的情形，正是组合投资保证了账户的长期稳健复利增值，个别股票的不及预期，只会影响财务自由实现

的快慢，以及滚出来的财富雪球的大小，而不会发生毁灭性的错误。也正是组合投资，通过仓位配比即可避免"航船倾覆"的悲剧。所以才说，组合投资，仓位配比是第二层级的安全边际。

8.3.3 买得便宜是第三层级的安全边际

对于实现预期投资目标而言，买得便宜会提供入股价格上的安全边际，从而可以增大未来潜在收益率。比如，1元的资产以5角的价格买进，未来不管资产价值增长到几元，都相当于储备了1倍的涨幅空间，由此可见，买得便宜对长期收益率的影响是显著的，也是我们需要重视的。

但是，买得便宜相当于占了交易对手折价卖出的便宜。既然是占便宜，只是预留了折价部分估值恢复的收益空间，而且通过前述测算可见，股票的未来内在价值能增长到2元还是10元，才是影响复合收益率的关键。而且，持有时间越久，内在价值复利增值得越快，一次性买得便宜对长期收益率的影响会越来越小。除非有不断的便宜股，同时价值又能及时恢复和卖出兑现，能可持续、可复制的"捡烟蒂"，否则，如果仅仅依赖买得便宜，而不关心企业质地，"捡烟蒂"的投资模式又难以走通，一味追求买便宜就是在阻碍财务自由目标的实现，"捡烟蒂"也并非投资股票最有效的获利方式。

另外，买得便宜常常可遇而不可求，绝大部分便宜都是因企业质地平庸而带来的表面便宜，甚至是因价值毁灭型企业带来的低估值陷阱。所以，我们买便宜的前提一定是优质，优质股在企业发生暂时性困难、行业利空打压、系统性风险等情形下，带来的股价相对便宜，才是我们投资股票的最佳买入时机。

所以，此处把买得便宜作为实现投资目标第三层级的安全边际，不是说买得便宜不重要，而是避免因为过度强调便宜，而忘记了投资复利机器才是我们获取复利增长最快、最安稳的依靠，也只有投资优质企业，我们才能把投资命运掌握在自己手中，因为企业优质才是最大的安全边际，而远期市场估值并不受我们掌控，也无法预测；另外，组合投资带来的仓位配置也比单纯的买得便宜要重要，正是组合投资才奠定了实现投资目标的第二层级安全边际；买得便宜对实现投资目标而言，相当于锦上添花，尽管也非常重要，但它只是第三层级的安全边际。

8.4 何时买

什么时候买，表面看起来是择时，实际上是在选择买入估值，衡量市场先生的出价是否低到能够满足 15% 的潜在收益率标准，这是绝对标准。但是，由于未来自由现金流折现是估算的，估值又是市场给的，15% 的潜在收益率要求实际上也是一种"毛估估"，更多的是一种买入标准的思维方法和投资决策逻辑框架。

在选择买入时机时，有四点是需要首先明确的：

一是我们选的股票是优质的。企业价值会随着时间的推移而快速增长，会让我们站在时间这边，优质才是长期收益率的保证和最重要的安全边际。同时，优质也意味着市场通常很少给出诱人的股价折扣。

二是买的越便宜未来潜在收益率越高。所以，再怎么优质的企业，仍然有等待市场机会出现的必要。

三是便宜的标准是跌到满足收益率要求。此处所说的便宜是市值相对其内在价值进入合理或者折扣区间，未来收益潜力达到了 15% 的收益率目标要求。而不是表面的 PE、PB 等相对估值高低，也不是股价涨了，还是跌了 50%、80%。

四是不要期待买在最低点。既然都是"毛估估"，所以，符合买入估值标准的买入价格一定是一个区间，且越低越好，在某个价格开仓后，理性的做法是越跌越买，直到买到目标仓位，而不是刻舟求剑般非要等几元钱，或者总是贪婪地期待买在最低点。

基于以上认知，其实绝大多数时候，我们需要做的就是潜心研究，在做好选股和估值的前提下，剩下就是耐心地等待，冷眼旁观股票池中目标公司股价的涨涨落落，等待优质公司进入我们的"射程"。在我投资的早期，发现好公司后总担心股价涨飞了，总是迫不及待地买进，后来才发现，根本原因在于自己的能力圈太小了，视野太狭窄了，研究也不够深入和勤奋，导致能够识别的好公司太少，才怕错失好不容易发现的机会。后来随着研究的持续和深入，当我构建起了一个优质公司股票池时，买入就没有那么急迫了。因为只要我们耐心等，每年总会有那么 1～2 次市场发疯的时候，股票池中也总会有优质公司碰到困难的时候，东边不亮西边亮，如是，每年总会出现 1～2 个入股好生意的良机。

感谢市场先生，他忠实的负责报价，他不强迫我买入，也不强迫我卖出，我只是一直等，一直等，直到他报出我满意的价格。并在建仓时，越跌越买，在卖出时，越涨越卖。

8.4.1 可口可乐案例

可口可乐 1919 年上市，迄今经历过公司经营方面的数次危机，到 2022 年上市 103 年时，市值 2 770 亿美元，不计分红收益股价涨幅超过 60 万倍，百年长牛复合收益率 14%。投资者若在其上市时以 40 美元的股价买入 1 股，不计分红，持仓市值到 2022 年时将超过 2 000 万美元。可口可乐的股价表现充分体现了优质企业复利机器的本质，属于绝对的"长长的坡，湿湿的雪"，是值得反复复盘的超级长牛股案例。

这 103 年累计 60 万倍的收益，显然不是像上好发条一样的每年增长 14% 而来，同任何股票一样，其股价是在反复的波动螺旋式上升中完成的，可口可乐上市以来有据可查的股价大幅下跌见表 8-7。

表 8-7 可口可乐历史上有据可查的股价下跌

时间（段）	股价跌幅	股价下跌的主要原因
1920 年	-51%	糖价暴涨，炒糖几近破产
1929—1932 年	-66%	大萧条
1972—1980 年	-50%	"大通胀"，估值从 1972 年的 47 倍 PE 下降到 1980 年的 11 倍，估值下降 80%
1987 年	-30%	股市崩盘
1998—1999 年	-54%	1998 年约 47 倍 PE，美股 17 年长牛结束，估值下降 65%
2001 年	-21%	利润下滑，网络泡沫破裂
2008 年	-26%	金融危机
2020 年	-35%	疫情股指连续熔断

由表 8-7 可见，即使如可口可乐这样的强品牌长牛股，上市以来业绩持续双位数增长，历年净利率在 7%～12% 波动，历年 ROE 在 30% 左右波动，基本面应该说是极其稳健的。但是，每隔 10 年左右，其股价都会出现一次大跌，从而带来极好的买点，原因要么是股票市场发生系统性风险，要么是公司基本面发生短期困难，而更多的是企业外部的宏观因素所导致。回测可口可乐长周期的估值变化，会发现每隔 10 年左右，市场给它的估值都会发生一次高低轮回，低点在 11 倍 PE 左右，高点在 47 倍 PE 左右。期间无论公司业绩涨跌，每次估值低点，都是新一轮股价走牛的起点，反之，每一轮估值高点，都是新一轮股价走熊的开端。所以，什么时候买的问题，对照可口可乐的历史股价和估值变动，在每轮股价大跌后的历史估值低点买，无疑是理性的选择。

作为经典投资案例，我们来复盘巴菲特投资可口可乐的历程。20 世纪 70 年代"大通胀"后，可口可乐的股价和估值低点出现在 1980 年，当时可口可乐估值 10.6 倍 PE，股价刚刚经历一轮时间长达 8 年的震荡下跌，跌幅 50%，而此时正是 1980—1998 年牛市的起点，以后视镜看，当时是极好的买点。到 1988 年，巴菲特买进时可口可乐的估值膨胀到了 14.7 倍，期间股价已连续涨升了 7 年，涨幅 2.6 倍，若从上市算起股价已经涨超 30 000 倍。所以，他并不是等股价下跌才买进的，1987 年股市发生毫无征兆的黑色星期五崩盘期间，可口可乐股价发生了 −37% 的短期下跌，此时市场再次提供了一次买入良机，但巴菲特仍然没有买入。而是在 1987 年股市崩盘恢复平静后的 1988 年才来"追涨"，1989 年继续加倍买进，总投入 10.24 亿美元，买入期间平均市盈率约 15 倍。该笔投资到 1998 年时，10 年时间里可口可乐的股价增长了约 11 倍，期间年复合收益率约 28.2%。10 年间，可口可乐的净利润复合增长率为 14.7%，股价表现归因为利润增长为原来的 4 倍，估值增长贡献了 3 倍。

1998—2011 年期间，可口可乐的净利润年复合增速约 10%，并不慢，但到 2011 年时市盈率下降为 12.7 倍，即期间估值下降了约 65%，尽管期间净利润增加约 1.6 倍，由于估值下降，导致 13 年间巴菲特的持股市值发生下降，直到 2012 年才再创新高，其持股市值在 14 年时间里只增长了约 10%，除分红收益外的复合收益率几可忽略。

如果以 1998—2022 年作为回测区间，期间可口可乐净利润复合增速约 4%，23 年间累计市值增长收益约 1 倍，期间年复合收益率也只有约 3%。如果从巴菲特投资可口可乐以来的全投资周期，即从 1988 年算起，到 2022 年，持股期间股价涨幅约 20 倍，复合收益率约 9.4%，加上股息收益，仍然超过了同期标普 500 指数。

总结起来，巴菲特投资可口可乐可以分为三段，1988—1998 年的 10 年估值和业绩双击，期间复合收益率极为惊人。1998—2012 年，14 年间，尽管公司业绩还在快速增长，但股价增长约等于 0。2012—2022 年 10 年间盈利波动向上，业绩复合增速有限，股价增长带来的复合收益率约 4%。无论如何，1998—2022 年间的 24 年很难说是一笔成功投资，原因一是 1998 年时可口可乐的 PE 估值高达 47 倍，过度透支了未来业绩，二是后续可口可乐公司业绩增速的下滑。

以可口可乐 43 年的股价表现回测（图 8-1），除 1998—2012 年期间股价发生持续 14 年的震荡下跌外，其他年份都在稳定上涨。如果投资者不看估值，仅仅是一味地想等股价大幅下跌机会才买进，他需要从 1980 年等到 1999 年才有机会，期间长达 19 年，如果在 1998—1999 年间发生股价大幅下跌后买进，后来将面临 14 年股价都未能新高的股价表现。即使是在 –54% 的股价跌幅底部买进，后续 23 年的复合收益率也极其有限。

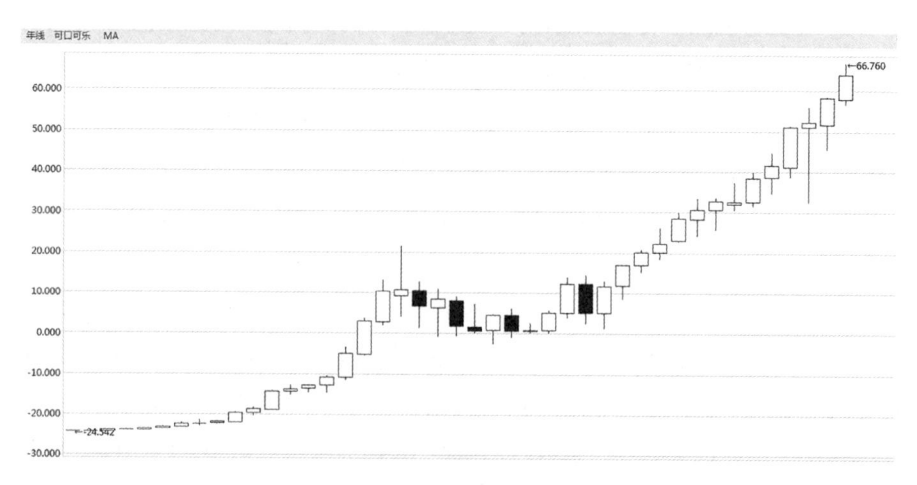

图 8-1 可口可乐 1980—2022 年期间股价年 K 线图

所以说股价上涨了多少，跌了多少，都不是买进的理由。核心还在于买入估值的低廉，以及买入后持续的业绩表现，由于未来业绩始终存在一定不确定性，而买入估值是高还是低是确定的，从估值角度看，买得便宜，仍然是极为重要的。从可口可乐历史股价回测发现，对稳健型成长公司而言，在估值低廉区间买进，会奠定未来良好收益率的基础，但要获得较高的复合收益率，买入后业绩复合增速仍然是股价表现的最重要驱动因素，也就是优质仍然是长期股价增长收益的第一依靠。

总结以上可口可乐案例及巴菲特买入时机的选择，我们可以发现，即使是巴菲特，也没有买在最低，卖在最高的能力。他的买入依据从来就不是涨了多少，或者跌了多少，或者一定要等到股价大跌才买入。而是对基本面稳健的优质股，股价处在低估区间时即开始买进，哪怕它已经连续涨升了7年和2.6倍。除可口可乐外，回测巴菲特其他投资案例的买入标准，发现他鲜少有超过15倍PE买入的案例，回测可口可乐100年历史股价与估值，15倍PE的相对估值确实也是一个较好的买入标准。

尽管15倍PE估值可以作为参考，但毕竟是一种相对估值标准，回测A股、港股的许多长牛股复利机器，比如腾讯控股、恒瑞医药、海天味业、涪陵榨菜等，一般很难等到跌到15倍PE以下的估值，甚至连20倍PE的估值都难得碰一下，通常基本面越优质越是如此，但买入略贵并没有妨碍它们的股价随时间，在价值复利增长的驱动下带来惊人的长期回报。也就是说，对于买入价格或买入估值不可刻舟求剑，很多时候当所谓利空反复轰炸，优质股的股价却跌不动了时，就是好的买入良机。

总结起来好的买点有三种：

一是市场发生系统性风险时；

二是行业危机或被系统性偏见打压时；

三是优质企业发展面临暂时性困难时。

8.4.2 买在市场发生系统风险时

市场系统性风险发生时，绝大部分公司的股价都会泥沙俱下的下跌，由于各种原因，特别是投资者由于赎回、爆仓被迫卖出股票时，往往会出现把孩子和洗澡水一起倾倒的时候。

比如，2008年国际金融危机爆发前后，A股上证指数发生-65%的下跌，同期贵州茅台下跌52%，对应PE估值约27倍，回测发现，此次市场系统性风险带来的贵州茅台股价低点从此一去不复返，成了此后14年股价惊人上涨的起点，到2022年7月时股价涨幅23倍，年复合收益率25.1%。

同期，港股恒生指数下跌49%，腾讯控股股价跌57%，2008年底时的股价低点对应估值23倍PE，该股价低点也是从此一去不复返，到2021年7月时，股价上涨77倍，13年间年复合收益率39.7%；香港交易所当年下跌62%，市场系统性风险带来的股价低点也是一去不复返，对应PE估值11倍，到2021年7月时，股价上涨6.6倍，13年间年复合收益率16.9%。

以上列举的复利机器，除了股价涨幅惊人，在金融危机后的13年间，仅期间股息分红，均已把2008年买入的投资者的买入成本变成了负值。以上案例还说明了两点：

一是系统性风险发生时就是买入优质股票的良机；

二是优质股长期惊人的复利增值效应，能让买入成本靠分红就能变成负成本。

投资者如果感兴趣可以继续去复盘当年金融危机带来的优质股长期买点。危机，危机，对股票市场来说，危机恰恰代表着买入的良机。其实，每一轮大熊市底部，投资者浮亏不断加大，基金卖不动，基金股民不断逃离股市，新股发不出或者IPO定价便宜到企业不愿发行，企业和居民信心萎靡不振……大浪淘沙之后，那些闪亮的珍珠暴露在沙滩上无人捡拾的时候，难道不就是最好的买入良机吗？

8.4.3 买在行业危机或被系统性偏见打压时

行业出现危机时，行业内的企业都会受到影响，往往造成业绩下滑，甚至导致企业生存都可能成为问题，优质企业的股价也难免泥沙俱下。而历史证明，每一轮危机都会让行业出清，从而让优质、健壮的幸存者得到发展良机和更大的市场份额。

比如，2008年9月，奶业三聚氰胺危机事件，一时演变为中国奶业行业性的危机。叠加金融危机引发的市场系统性风险的影响，当年奶业龙头伊利股份的股价下跌了68%，业绩发生亏损，企业股票名称一度被冠以ST风险警示。但作为奶业龙头，伊利股份不仅扛住了行业性危机的洗礼，还重新赢得了市场的信任，随后13年，到2021年7月时，股价上涨了43倍，年复合收益率33.6%。危机中行业亚军蒙牛乳业股价也下跌了64%，随后13年股价上涨11倍，年复合收益率20.3%。事后回测，当年的行业危机无疑是极好的配置奶业优质龙头股票的良机。

2013年，塑化剂危机，导致白酒消费萎靡，一时间高端白酒过剩，白酒是夕阳产业等声音四起。导致贵州茅台、五粮液等白酒股票从仅10多倍PE的估值，进一步发生大跌，贵州茅台当年股价下跌36%，估值跌到8倍PE的历史最低估值；五粮液股价下跌43%，估值一度跌到6倍PE。当时，贵州茅台的市值不及存货价值，五粮液总市值600亿元，而在手净现金约300亿元，每年还能净流入现金近100亿元。一个个资产负债表如此坚挺，生意模式如此优质的企业，一度下跌到按股息率估值，甚至连在手现金太多都会被市场诟病，说是现金多会降低ROE，可见当时市场对白酒有多么严重的偏见。当时的白酒股被市场弃之如敝屣，随后8年，到2021年7月时，五粮液股价上涨20倍，期间年复合收益率45.4%；贵州茅台股价上涨21倍，期间年复合收益率46.3%。估值和业绩双击，演绎了白酒股复合收益率的暴利传奇。再次说明，当优质行业优质股票遭遇行业危机时，或者市场发生系统性偏见时，带来的合伙机会是多么的诱人。

类似的例子在A股市场，以及全球资本市场历史中可以找到很多。正是因为行业危机、市场偏见的极度打压，才带来了优质企业极低的估值和参与合伙良机。投资那些在行业危机中能够活下来的企业，不仅能够享受到企业内在价值的增长，还附带享受了危机过后估值恢复带来的股价上涨。由此观之，2021—2022年港股、A股医药股因集中带量采购等政策，以恒生医疗保健指数为代表的医药指数连续两年发生30%左右的下跌，个股跌幅80%、90%的比比皆是，不少新上市非营利性医药股的市值跌到低于企业在手净现金。市场上充斥了老龄化是利空等奇谈怪论，而事实是，远观老龄化前景、巨大的、未满足的临床需求和行业创新、国际化发展的战略机遇，对行业中那些领导者和优质企业而言，大概率又是一次行业性危机和偏见导致的股价下跌，是跌出来的入股良机。至于是不是真的良机，暂且留待时间来检验吧。

8.4.4　买在企业暂时困难股价回调时

市场系统性风险和行业危机带来的买入良机，往往是可遇而不可求的。因为股市大的系统性风险通常10年甚至更久才会发生一次，如果投资者苦苦等待股票市场发生系统性风险才买进股票，完全可能错失投资机会。比如，对优质股票而言，企业价值指数化增长10年后，在坚实的企业价值支撑下，即使后来发生系统性风险时的股价，完全可能远远高于10年前的合理股价。此时，这种等待无异于放弃了优质股票的复利增值收益。而行业危机更是可遇而不可求，只能在偶然出现时被我们利用，而无法去等待和制造。

企业发生暂时困难而发生股价大幅下跌的情形要常见多了，甚至找不到任何原因的股价大跌也并不少见，所以，个股股价大幅下跌时才是买入优质股更常见的机会。因为任何企业在发展过程中，哪怕是再优质的企业都不会是一帆风顺的，甚至每年都会发生大大小小的各种"困难"。比如，产品研发进度不及预期，生产线建设超支，销售不及预期，季（年）度业绩不及预期，关键人员离职，重要股东减持，企业爆出丑闻，等等。各种投资者想得到和想不到的暂时性困难，甚至找不到任何理由，股价发生三成到五成，甚至更大幅度的下跌并不罕见。比如，前述可口可乐上市第二年因为糖涨价事件差点儿破产，当年股价下跌51%，投资者若在此时参与合伙，到2022年时，收益将超过120万倍，企业碰到暂时性困难带来的股价大幅下跌，提供了较上市即买入多出60万倍本金收益的良机。

2019年底，中国中免股价在2019年四季度、2020年一季度发生了一轮-31%的回调，随后1年股价即涨升了5倍。同期，中国中免的合作伙伴上海机场，受疫情打击股价也发生了一波显著回调，在2021年时，因疫情持续时间一再超预期和免税租金协议重签，股价从80元，最低跌到36元，作为亚太枢纽空港、坐拥长三角和中国优质国际客流,只要其中国门户的地位不变,相信也是一次难得的优质股参与合伙机会。

腾讯控股在 2004 年前后,收入来源单一,主要为移动增值业务(SP 业务),尽管 SP 业务营收占比逐年下降,但仍然为腾讯公司绝对的主导业务,2004 年营收占比 56.1%,到 2005 年时,因行业治理影响,当年 SP 业务营收下降了近二成,导致公司收入增速从前几年 60%～70% 的增速,降速到了 2005 年的 25%,行业也面临整顿压力,股价在 2005 年四季度发生了一次 -25% 的下跌。回测表明,此次营收增速下降,基本面疑虑导致的股价波动,恰恰是入股良机。而从 2015 年 4 月开始,腾讯控股创始人马化腾持续大力度减持腾讯控股超 100 亿港币,结果当年 5—9 月期间,腾讯控股股价连续下跌,也发生了一次 25% 的回调;2018 年 3 月,腾讯控股大股东 Naspers 减持 2% 的腾讯控股股票,套现约 770 亿港元,从 3 月到当年 10 月,腾讯股价发生了一波 40% 的回调,以上创始人和大股东减持造成的波动,事后看都是极好的参与合伙时机。2021 年—2022 年 10 月,因整治平台型公司和反垄断,加之游戏治理和宏观经济影响,腾讯控股的业绩也出现历史上仅见的营收下滑;此时大股东又在持续减持,股市也发生了系统性风险,腾讯控股的股价从 700 港元持续下跌到了 200 港元左右,持续的公司回购也阻挡不住市场的信心不足,在持续跟踪了 14 年后,判断其社交龙头地位无忧,暂时的困难不改其竞争地位和发展前景,于是在 220 港元左右入股了腾讯控股。

除了基本面向下波动或重要股东减持带来的入股良机,有时候企业发展蒸蒸日上,基本面上找不到任何利空因素,股价也可能发生大幅度下跌。比如,在亚马逊飞速发展的 2000 年,当年注册用户数增长 8%,营收增长了 68%,毛利润增长了 125%,但是,当年股价却下跌了 80%,次年继续下跌了 30%。恒瑞医药 2011 年营收稳健增长 22%,利润增长 22%,股价却连续下跌 4 个季度,回调幅度约 38%。事后回测,以上企业基本面快速上涨,股价却发生下跌时,就是市场奖赏给投资人的好机会。

以上案例说明,在优质企业发展过程中,难免会碰到短期困难或因为各种因素造成的股价下跌。即使是市场上成长最稳健快速,质地最优质的企业股票,发生三成及以上的股价回调是非常常见的。甚至在基本面快速增长的时候,也难免发生股价大幅度回调。但复盘回测证明，只要短期困难不影响企业内在价值的快速增长，短期业绩不及预期、股东减持、企业发生暂时困难等因素导致股价下跌时，恰恰是优质长牛股的入股良机。

8.4.5 买在估值合理时

在第4章我们讨论过，以季度、年度计的短期股价确实无法预测，但长期股价一定反映企业内在价值成长。且在复盘了众多优质企业业绩与股价走势之间的关系后，能够得出的结论就是：企业短期基本面、行业企业信息、企业公告、业绩报告、新闻报道等，都可以归入短期股价预测的"噪声"，不管出现什么信息刺激，事实证明短期股价可能发生的是：上涨、下跌或者横盘。在预测未来股价上，只有未来内在价值可以依靠。

所以，尽管短期股价无法预测，但股票大幅下跌却可以被利用，针对什么时候买的问题，当然是买的越便宜越好，所以，以上讲的都是股价回调时的买入良机。但是，因为谁也没有前视眼，谁能预计我们想投的行业，在我们想买时会发生行业危机？企业会发生暂时性的困难？尽管历史表明一般每隔7~10年，股票市场就会发生一次系统性风险，但谁敢保证明年或后年就会发生系统性风险？而事实是，指数或优质个股股价牛市可能长达10~20年，为了买得便宜，我们就在那里坐等？遗憾的错失股票内在价值从1元增长到10元的良机吗？

正如巴菲特所说："对于政治经济分析预测，我们继续保持视而不见的态度。30年来，没有人预测到两次石油危机、道琼斯指数一天之内大跌508点（跌幅22.6%），或者是国债利率在2.8%~17.4%巨幅波动。"

也就是说，市场提供买入良机是可遇而不可求的事情，是可资利用的额外的奖赏，但并不是我们买入时机的执念。真正的好企业，企业价值的指数级增长必然导致股价底部在波动中会不断被抬高，只要企业价值的快速增长没有尽头，在股价合理的任何时候买入都是好机会。当然，如果买入后刚好发生了危机，确实会发生短期浮亏，但只要我们买的是优质企业，且股价不贵，此时不仅不应该沮丧，还应该庆幸，因为优质股股价越跌，未来收益率越高的规律决定了，这种股价下跌，是市场给我们提供了潜在收益率更为丰厚的加码良机。

综上所述，选择什么时候买的问题，不如先回答，企业是不是优质、未来前景有多亮眼、估值是否合理等问题上。若答案都是肯定的，则不管股价是跌了、涨了还是在横盘，只要不是买在 2007 年、2021 年核心资产 70 倍 PE 以上的时候，可口可乐 47 倍 PE 的时候，那么现在就买，就是最好的时机。因为未来 10 年以 10 元买入能涨 10 倍的股票，是以 11 元、15 元，甚至以 20 元买进，并不会影响 15% 以上的复合收益率和投资目标的实现。而且更多的案例说明，投资股票，特别是投资优质企业的股票，最悲惨的不是买进后股价就跌了，而是我们一直在傻傻地等类似 2008 年的金融危机才买进，或者刻舟求剑，股价不到几分几角就不买进，结果危机没有等来，自认的几分几角的低价没有等到，而股价却已经涨了 10~20 倍。

当然，如果买的是平庸、垃圾企业，玩"捡烟蒂"式的投资，买入价格就极为重要了，同时还得祈祷好运让估值尽快修复，以便让我们卖出获利。只要估值不是高得离谱，想想我还是买优质企业算了，毕竟价格上买的再怎么便宜，永远不如买优质来得可靠、安心和利润丰厚。

8.4.6 巴菲特的部分投资案例

表 8-8 列出了巴菲特部分成功投资案例的买入估值、ROE 及投资结果。从表 8-8 所列案例可以看出，其买入估值鲜少有 15 倍 PE 以上的，其中的特例沃尔玛买入估值为 20 倍 PE，但是可能是因为嫌"贵"买得少，后来还后悔买少了；吉列刀片买入估值为 23 倍 PE，但是买的是优先股并非普通股，可以看出巴菲特对买入价格和估值的坚守。而且鲜少投资 ROE 在 15% 以下的标的，而大多数投资标的的 ROE 在 20% 以上，确实，他投资的都是各行各业的佼佼者和优质股。相对而言，买入 PB 则没有太多参考价值。从买入时机上看，巴菲特多利用了各种行业、企业、市场或宏观方面的利空打击，绝大多数都是在股价发生三至五成回调时买入的。所以，从这些成功投资案例可见，总体原则还是买优质、买便宜、买股价暴跌时。

表 8-8 巴菲特部分投资案例一览表

序号	投资年份	公司名称	行业	买入 PE	买入 PB	ROE	投资结果
1	1964	美国运通	支付	14.2	/	20%	压上四成仓位，到 1994 年时上涨 100 倍
2	1972	喜诗糖果	食品	12.5	3.1	26%	持有至今，经典案例
3	1973	华盛顿邮报	传媒	10.9		18%	17 年 34 倍，后被收购
4	1985	大都会	传媒	10.5	/	26%	1995 年被迪士尼收购，获利丰厚
5	1986	斯科特吸尘器	家电	7.8	1.8	23.3%	收息股，净利润几乎全分，还能年增 8.8%
6	1990	富国银行	金融	6	1.1	24%	持有至今，收益丰厚
7	1991	吉列刀片	日用品	23	/	/	优先股投资后转股，16 后至今 9 倍，被宝洁并购
8	1991	M&T 银行	金融	7.8	1.0	12.5%	到 2006 年 15 年 7 倍
9	1995	美国运通	支付	10.3	2.0	20%	增持 5% 股权，持有至今
10	1999	中美能源	能源	13.5	1.0	20%	12 年 7 倍
11	2003	中国石油	能源	5.1	1.0	16.5%	5 年 7 倍
12	2005	沃尔玛	零售	20	3.3	22%	收益丰厚，买少了
13	2008	比亚迪	汽车	10.2	1.5	16.6%	持有至今，超 33 倍
14	2011	达维尔医疗	医疗	17	3.2	17.7%	持有至今，收益丰厚
15	2016	苹果	手机	14.6	4.6	31%	持有至今，收益丰厚

8.5 何时卖

经常有人说会买的是徒弟，会卖的是师父。但事实是，会买的才是师父，能洞悉企业内在价值及其复利增值趋势，并拿住的才是祖师爷。增长期看不到尽头的优质企业，买入后无须卖出的企业，才是股票投资首选的复利机器。当然，成长空间无限的企业是不存在的，毕竟企业能活成百年老店的本就稀少，同时还质地优质的必然更为罕有。事实上，能有20～30年"雪道长度"的优质企业已算稀有，所以，投资股票，必然会面临何时卖出的问题。

理性的卖出逻辑包括五种，一是急用钱；二是买错了；三是卖出换股；四是不再值得守候；五是市场整体高估。而股价涨多了，或者股价跌到让人恐惧，从来就不是卖出的理由。

前面两种卖出股票的原因无须赘述，比如，急需用钱时，再低的估值也必须卖，特别是在熊市底部时，明知企业优质且低估，但因非闲钱投资，或者因杠杆投资而不得不卖出未来能涨5倍、10倍的股票，无疑是投资中最遗憾的事情了。

买错了指的是买到了垃圾企业或者极度高估的股票，买错了当然要卖出，且最好的卖出时机就是发现错误后及时卖出认错，因为已有的损失在买进那一刻就已经发生了，俗称沉没成本，如果非要等股价解套再卖出，其实质就是期待有更愚蠢的人来高价接盘。而且每多持有一天平庸或垃圾企业，相对优质股内在价值的快速增长，机会成本导致的损失就多一天，所以，不能及时认错的后果，多半就会造成更大的损失。

8.5.1 卖出换股

卖出换股操作涉及股票间内在价值和潜在收益率的评估比较，需要基于增长前景和内在价值评估决策，永远不应该因为期待有某个利空或者利好，感觉某只股票会涨或者会跌的短期股价臆测来决策。其核心还是依据选股和动态估值，始终致力于将持仓换股到基本面更确定、潜在收益率更高的股票上去，以持续的降低组合整体估值风险，提升组合潜在收益率，并确保高概率和尽快实现投资目标。

但这是一种说起来容易，做起来难的事情。实际操作时，由于对未来基本面和估值两方面的评估都是"毛估估"，当没有高确定性，同时有着明显的收益潜力差异时，最好的选择就是宁愿呆坐不动。特别是已经证明持有的标的本就是复利机器时，换股犯错的概率极大，因为复利机器本就少之又少，骑牛找牛，"拔掉鲜花浇灌野草"的案例比比皆是。2016—2017年，我在五粮液36元、贵州茅台290元时，减持了不少白酒股，去买了看起来低估值的银行、保险，后来白酒股又涨了10倍，而换股而来的银行、保险股的基本面和股价虽然也有所成长，但相比高端白酒股票，实属黯然失色。好在干多了傻事后肯反思，"不二错"，是能够有所进步的。比如，2017年时，基于企业发展前景评估，以及植入器械生意模式决定的，植入器械未来发展的确定性较医药好的判断，把港股持仓中的石药集团、中国生物制药等股票全部换成了微创医疗，到2023年时，哪怕微创医疗的股价发生了大幅度调整，仍然较一直持有石药集团、中国生物制药等要好得多。

换股操作并不容易，通常只适合板块、行业间股价出现严重背离的时候，基于内在价值评估，在确定性相仿，收益潜力有1倍以上差异时偶尔为之。比如，2021年中前后，微创医疗股价涨到了70港元左右，同期上海机场股价却跌到40元左右，如是用部分微创医疗换了上海机场，从而保住了微创医疗上涨的果实，加码了估值低廉的上海机场，换股后投资组合的整体估值下降，未来收益潜力得到了提升。当2022—2023年微创医疗估值风险释放，跌到了13～23港元，上海机场股价恢复性上涨后，又将部分上海机场换回了微创医疗。这种换股操作，出发点并不是为了短炒和做波段，只是利用了市场先生的非理性报价，抓住了股价大幅波动带来的机会而已。但结果确实是组合持股成本更低，拥有的复利资产更多，对于加速实现投资目标，滚出更大的财富雪球而言，无疑是有利的。

所以，回到第6章和本章前述结论，当我们建立起3个以上的行业能力圈，通过持续研究建立起优质股备选股票池，构建一个由3～10只相关性弱的股票组成的投资组合，不仅有利于降低组合风险，而且当组合中持股的股价发生大幅度背离时，在守候复利增值的过程中，还能通过调仓捡起市场先生的额外奖赏。

8.5.2　卖出不再值得守候的股票

真的复利机器，不再值得守候的理由有两个：

一是长期基本面出现拐点。比如，诺基亚在功能机时代，渗透率增长空间可见的愈加微小时；预期数码相机的出现将动摇柯达的根基时；当可口可乐已经卖到了世界的每一个角落时，等等。但要做到也不容易，更多的时候是，长牛股给投资人创造的巨大财富会带来麻痹、膨胀和盲目自信，但就是因为判断基本面长期拐点不易才更显得有价值，否则当市场人人知晓基本面拐点时，股价往往已经跌去了大半。

二是估值高到透支了未来 5～10 年甚至更长时间的价值增长。这种决策更难，因为毕竟都是"毛估估"，优质企业的价值增长还可能超预期的好。但过往的历史反复证明，当我们无论怎么乐观的测算企业内在价值，评估当期股价隐含收益率都不及 10%；或者相对估值达到 50～70 倍 PE 或更高时，长期而言就是好的卖点或换股的机会。比如，1998 年的可口可乐，在长达 17 年的长牛走势后估值达到 47 倍 PE，如果不卖，随后 14 年的股价都未能创出新高，直到 23 年后，复合收益率仍然极其平庸。类似的，2021 年时的贵州茅台、五粮液、恒瑞医药、爱尔眼科、通策医疗、片仔癀、海天味业等估值被推升到 70～120 倍 PE，哪怕它们的基本面仍然靓丽，企业将来还会继续优质和复利增值下去，但由于估值泡沫透支了未来 5～15 年的业绩增长，此时如果选择继续坚守，必然会导致长期收益率走向平庸，或者迎来长周期的股价调整。

8.5.3　卖在市场整体高估时

股市绝大多数情况下都处在合理估值区间，一般不会缺乏行业、板块等结构性机会，总会有个股因短期涨跌给我们带来投资机会，所以，我们的工作主要就是研究，研究，再研究，不断去发掘好生意，然后不断收集好股票，不断将持仓向优质低估的行业和企业调整。只要市场里有可投资的机会，理性的选择就是待在市场，以逸待劳地让时间给我们累计复利。比如，2015年创业板泡沫行情，市场整体估值达到110倍时，在白酒、水电等大盘蓝筹股中，还是有不少好机会存在的。在2021年消费医药泡沫行情时，消费医药等核心资产估值膨胀到70～110倍PE时，在公用事业、疫情受损板块中还是有一些股票值得托付的。所以，市场结构化泡沫时，还是不乏可投资机会的。此时，理性的选择就是"卖高买低"，通过往优质低估的板块调仓来保住胜利果实。

但是，当市场整体出现泡沫行情时，此时市场整体高估，哪怕以最乐观的预期，再也找不到可以买入、甚至敢于持有的股票了，这时最理性的选择，当然就是卖出股票，彻底降低股市风险敞口。比如，在2007年，此时市场整体估值高达70倍PE，随后因高估值叠加金融危机的影响，各个行业板块的股价尽数大跌。事实证明，那时泡沫已大到整个市场都找不到值得守候的行业和企业了。

1929年，美股泡沫见顶时道琼斯指数PE估值29倍，此后连续下跌，股指在25年后才创新高。1989年，日本股市泡沫破裂时，市场整体估值超过70倍PE，随后日经指数40年后仍然未能再创新高。这些案例都说明，当市场整体极度高估时，不卖出股票带来的创伤，需要太长的时间来抚平。2007年，恒生指数估值高达25倍，巴菲特选择在12港元左右卖出中国石油，一度被许多投资人嘲笑，因为不久后中国石油的股价涨超了20港元。结果15过去后，港股中国石油的股价仍然不及当时巴菲特卖出价的一半。

所以，当股价严重透支未来，市场发生整体高估时，在每次疯牛市的癫狂时刻，卖出股票资产才是理性的选择。

8.6 组合管理

最后来谈组合管理。如果我们按前述原则，构建起了一个由优质低估，且相关性低的一篮子股票组成的投资组合，实际上，绝大多数时候没有什么需要管理的。毕竟我们既不需要时时盯住宏观，也无须随时关心市场，更不用操心收益率排名，什么市场阿尔法、贝塔通通不如股票的优质低估来得重要。我们只需要盯住企业，动态评估这些企业的长期收益率和发展确定性，是不是能够把我们带到投资的目的地即可。

但是，为高概率地保证投资目标的实现，仍然有组合仓位选择、个股仓位分配、换股调仓等问题需要解决。

8.6.1　总仓位的选择

一般而言，只要市场不是整体性高估，在自己的能力圈内，还能找到符合潜在收益率要求的股票，理性的股票仓位应该是 100%。因为我们投入股票投资的本金，本就是长期不用的闲钱，以即使亏完也不影响生活为前提，所以，只要股票比现金、固收产品等更有吸引力，保留现金，实质上就是牺牲了组合的潜在收益率。

但是，也有的人习惯保留一定的现金仓位，因为留有现金仓位确实可以减少组合的波动性，而且在市场机会出现时可以及时买入目标股票。但个人投资者无须应对赎回，我们投资的目标也并非减少组合净值波动，而是为了更好、更快地实现财务自由。所以，从目标导向来说，在市场并非整体高估时，不应该留有现金仓位，以确保我们随时待在市场，尽管这样难以避免的会经受熊市中的满仓下跌，但也不会错过牛市涨升的"打雷"时刻，从而确保组合的表现同企业长期价值增长能够同步，降低人的贪婪和恐惧等弱点的干扰。在我想明白这点后，自己的投资组合几乎全时满仓，只有在调仓过程中，才会出现部分现金或固收仓位的情形。因为还是那句话，我宁可要大幅波动情形下的长期 15% 的复合收益率，也不要确定的 10% 的收益率。

当然，每个人情况不同，至于要不要恒时满仓，要不要保留一定现金或者债券仓位，按自己的投资目标和原则处理即可。资产状况不同的人，在仓位选择上，同样的选择，其风险收益实质可能完全不同，比如，有的人投入 100 万元投资股票，这 100 万元是家庭所有金融资产，对比有的人投入 100 万元投资股票，这 100 万元只是家庭金融资产的 10% 的情形，即使后者恒时满仓，也难说激进。再比如，投资目标不同，有的人是为了滚出最大化的雪球，有的人以足够实现财务自由为限,还有人投资股票只是为了资产保值、增值,总仓位的选择也会截然不同。最后,承受股价波动的能力不同选择自然会不同,有的人每天波动几千几万元市值就睡不着觉,有的人能够坦然接受每天百万千万元级的波动。所以,如果不以最大化财富雪球为目标,或者留有部分现金仓位更能睡得安稳,那留有部分现金仓位也无妨。毕竟,不管做任何事,我们能睡得着觉,能有内心的安宁是排在第一位的。

同时,必须强调的是,恒时满仓的做法,或者是股票资金投入量,组合总仓位的选择,必须避免当市场越火爆,估值越高时,本金投入越多和组合仓位越高的情形,即通常所说的,"牛市加仓,一把亏光"。而是要反过来,越是熊市,股价越是下跌,仓位应该越重。如某知名机构投资人,在2017—2022年管理的某基金,初始规模仅数亿元,2017年为投资人赚了0.7亿元,2018年赚了2.0亿元,2019年赚了8.5亿元,受行业牛市带来的亮眼业绩刺激,申购资金蜂拥而至,基金规模不断膨胀,2020年基金净值继续走牛,为投资人赚了82.5亿元,随后板块潮水退去,2021年亏了72.2亿元,2022年截至一季度亏了125.1亿元。板块回调后组合期间收益率仍然高达170%,计算收益率看起来仍然表现优异,但是实际上因为大部分资金都是在板块牛市后期加仓的,组合整体净亏损超过了100亿元(到2023年二季度时,整体净亏损超过了200亿元),这种表面看起来的"高收益率",实质上是在消灭投资人的财富。

其实,不管是投资股票型基金,还是自己打理股票投资组合,若能避开牛市泡沫时加大投入,而是在熊市底部逆市而行,即越是熊市,越是股价下跌的恐怖,越是高仓位投资股票和加大本金投入,才是加速复利增值,加快实现投资目标和获取丰厚投资收益的关键。牛市泡沫时,恰恰是兑现投资收益,降低股票仓位,收获"盛夏的果实"的时候。

8.6.2 个股仓位分配

公募基金投资有单只股票10%的仓位限制,好处当然是降低了个股风险,但也牺牲了集中投资优质复利机器的可能,在优质股股价走牛时,因仓位限制不仅不能继续加仓,反而需要被动减仓。对个人投资者来说,没有这些

第 8 章 打理投资组合

条条框框限制，最简单的单只股票仓位处理就是平均配置，比如 5 只股票各 20% 的仓位。

单只股票配置多少仓位的问题，实际上就是即使损失特定个股投入的全部本金也能接受，同将多少仓位分配给该股，以最大化未来收益之间的平衡。比如，好不容易挖掘到了一个高确定性、高潜在收益率的股票，同其他持股潜在收益率和确定性有显著差异，我们也只给它 10% 的平均仓位？10% 的仓位代表着涨 10 倍可以拉动组合净值涨 1 倍，20% 仓位代表着股价涨 10 倍，可以拉动我们的股票账户整体增值 2 倍，如果是配置了 30% 的仓位，则可以拉动账户增值 3 倍。所以，单只股票仓位的分配，实际上是个资金配置风险控制和机会成本问题。当然，如果我们在某只股票上配置了 30% 仓位，最后踩雷股价归零了，会损失账户三成的本金。如是，很多时候问题就变成了，如果配置的仓位全部损失，我们能不能接受和睡得安稳？如果最终确实是 1 只 10 倍股，将来我们会不会后悔买少了？如果既可接受 30% 仓位的本金损失，又不会因买少了而导致将来后悔，那给某只股票 30% 的仓位就是合适的仓位。

所以，10% ~ 20% 也好，30% ~ 50% 也罢，基于组合投资原则和分散风险的需要，必要的仓位限制要有，但具体多少合适，还得根据研究的深度、确定性、企业质地、估值、潜在收益率和个人投资目标来决策。个人处理仓位限制一般为 30%，低了下重注时不甘心，再高了达不到分散风险的目的。比如 2017 年，决定重仓微创医疗时，就给足了 30% 仓位，2019 年股价再次下跌时，仓位一度萎缩到不到三成，通过换仓又加回了三成仓位，到 2021 年时该股仓位一度涨升到占比 75% 以上，如是通过调仓换股减仓到了 50% 的仓位，不曾预料到的是，随后股价发生了跌超 80% 的崩盘式调整，仓位又自然萎缩到了 30% 以下。如是在 2022—2023 年的股价继续大跌中再次加码到了五至六成的仓位。之所以如此选择，是因为除微创医疗以外的 5 只股票配置的总仓位，足以保证家庭资产状况不会发生实质性的退步，给微创医疗五成以上的仓位，即使亏完也不会影响财务自由的状态。那既然市场给了机会，何不通过继续调仓加码，以保证账户未来更高的收益潜力呢？

所以，个股仓位的分配是非常个性化的，需要根据投资目标、资产状况及个人的承受能力来决定。但除了观察仓外，给个股1%、5%以下的仓位，意义不太大，就是未来该只股票涨升了20倍，也仅能拉动账户整体增值20%或者1倍。当然，如果我们能够找到20只长期牛股，每只配置5%的仓位，那就另说，但实际上持有的个股数量越多，只能降低个股风险和账户波动，组合的收益潜力必然趋向平庸。反之，如果动辄给单只个股50%以上的仓位，甚至七成、八成的仓位，也不合理，因为既然牛股本就稀少，凭什么我们下注的就一定是牛股呢，谁没有看走眼的时候呢？即使我们一切看对、做对，谁敢保证未来不会出现各种偶然性的外部风险呢？所以，过度分散和过度集中都不利于投资目标更好、更快地实现。像巴菲特、芒格、贝佐斯、马斯克、马化腾等一样，单只股票占其个人净资产90%以上的情形，那是成功之后的结果，绝不应该是我们投资股票，打理股票组合的事前选择。

8.6.3　调仓时机与选择

个人投资者没有如机构一样为了合规，需要持续动态调整仓位的压力。所以，只要我们做好选股和估值工作，买入持有，长期组合投资过程中，调仓的频率是很低的。绝大多数时候，我们只需要静心旁观组合潮起潮落，定期总结回测每只股票的基本面和股价表现，定期评估持仓个股和备选股票的地质和估值，通常我也会像机构一样，以季度、年度为单位检视组合持仓。而只有在股价发生大幅波动，导致个股间出现1倍以上的潜在收益率差异时，才会基于前述买卖原则，经过反复测算和检视，在有充分的信心和充足理由时，才会偶尔调仓，以降低组合的估值风险，增大组合的未来收益潜力。或者因为买错、买贵了，才需要及时调仓，否则，通常都会以逸待劳，而把时间分配给学习、工作和家人朋友。

若仅因为股价日常波动而随意调仓，或者高频的严格按仓位限制调仓，甚至想基于短期股价预测来调仓，就把投资调仓变成了炒股，多半会"割掉鲜花浇灌了野草"。而且，股市里面充满悖论的是，越是勤奋地花时间盯盘，交易的频率越高，不仅影响工作和人际关系，危害身心健康，投资结果可能反而更差。所谓的调仓，一定是基于长期价值动态评估的慎重决策，所以，重点在做好选股和估值，毕竟最好的投资就是买进后无须卖出的投资，若持有的是优质低估的股票，是无须费心、费力的进行调仓决策的。

1. 买入持有型投资组合

为了展示组合投资的特点，假设投资者于2011年底，投入30万元，构建了一个行业相关性小的优质股投资组合，比如，以当年收盘价买入招商银行、恒瑞医药、贵州茅台各10万元，对该投资组合，在每年收盘时盘点投资结果，看看仅仅买入持有（表8-9）的投资结果会如何。

通过表8-9可以看出，我们等比例配置招商银行、恒瑞医药、贵州茅台的股票组合，投入30万元持有10年后结算，最终投资结果为271.79万元，期间累计收益率为806%，年复合收益率为24.66%。

假设同样是投入30万元，同期单一持仓招商银行的投资结果为145.8万元，年复合收益率为17.13%；同期单一持仓恒瑞医药的投资结果为287.61万元，年复合收益率为25.36%；同期单一持仓贵州茅台的投资结果为381.96万元，年复合收益率为28.97%。应该说不管投资哪只股票，投资者只需要静静地持有10年，投资结果都极其优异。

其根本原因是3家公司都是各自行业的佼佼者，说明不管是组合投资，还是单一持仓，只要我们选择的股票是优质的，长期投资优质股都能给投资者带来丰厚的回报。当然，这是后验的结果，但也足以证明：组合投资能够获取持仓股票的平均收益,收益率介于组合中表现最差的股票和表现最好的股票之间，且并不影响我们获取优异的长期投资回报率。

相比单一持仓，组合投资降低了个股风险，增大了实现投资目标的确定性。毕竟我们没有前视眼，再优质的企业，再细致的研究，在投资结果实现以前，谁也不敢保证个股的预期投资目标一定会实现。世界本就充满着黑天鹅，企业发展内外环境也是动态变化的，市场先生又喜怒无常，单一持仓不仅就是在赌博，而且投资者面对市场极端时刻的考验无疑也更大。所以，我才经常说，哪怕是长期单一持仓投资贵州茅台而致富的人，也只是幸运而已。谁敢保证我们这次，或者下次拿到的不是乐视网呢？谁敢保证贵州茅台不会因为企业外的自然、社会原因，而一蹶不振呢？

表 8-9 持有 10 年不调仓的投资结果（后复权测算）

股票组合		年份									
		2012	2013	2014	2015	2016	2017	2018	2019	2020	2021
招商银行	股价（%）	+16.4	-8	+52.4	+9.2	-1.2	+63.1	-12	+47.8	+17.1	+11.1
	市值（万元）	11.64	10.71	16.32	17.82	17.61	28.72	25.27	37.35	42.74	48.6
恒瑞医药	股价（%）	+12.5	+38.4	+8.6	+69.9	+11.3	+81.2	-0.4	+98.3	+52.6	-45.1
	市值（万元）	11.25	15.57	16.91	28.73	31.97	57.94	57.71	114.43	174.62	95.87
贵州茅台	股价（%）	+8.4	-37.1	+60.9	+26.4	+51.9	+106.3	-14.9	+99.0	+68.3	+2.8
	市值（万元）	10.84	6.81	10.97	13.87	21.06	43.46	36.98	73.59	123.85	127.32
组合	市值（万元）	33.73	33.09	44.2	60.42	70.64	130.12	119.96	225.37	341.21	271.79
	年度业绩（%）	+12.4	-1.9	+33.6	+36.7	+16.9	+84.2	-7.8	+87.9	+51.4	-20.3
	累计业绩（%）	+12.4	+10.3	+47.3	+101.4	+135.5	+333.7	+299.9	+651.2	+1 037.4	+806.0
	业绩（%）										

而组合投资就不同了。即使假设 3 只股票中的招商银行发生破产，分仓投入的本金归零，则投资结果为 223.19 万元，该组合期间年复合收益率仍然高达 22.22%。假设恒瑞医药破产，则投资结果为 175.92 万元，年复合收益率为 19.35%。假设贵州茅台破产，则投资结果为 144.47 万元，年复合收益率为 17.02%。也就是说，通过组合投资优质股，即使因各种可控或者不可控的因素，导致 1 只股票本金归零，仍然能够保证投资者获得超过 15% 的惊人复利增值。这种对个股风险的过滤，对账户顺利实现投资目标确定性的保护，就是组合投资最大的价值和优势。更有趣的是，由于 3 只股票都是百里挑一的优质股，即使其中任意两家公司破产，只要有一家优质公司实现投资目标，也不会导致本金亏损，甚至仍然可以获取 4.94%～15.55% 的年复合回报。这也再次说明，组合持有的股票是否优质才是我们首先要确保的，正是优质才是首要的安全边际，才是顺利实现投资目标的最大依靠。通过以上测算，始终投资优质低估的股票，构建一个 3～10 只优质低估股票组成的投资组合，我们还有什么可担心的呢？

另外，相比单一持仓，组合投资还有助于大幅度降低持仓市值的波动率。回测以上 3 只股票的期间股价走势，股价最大年度涨幅为 106.3%，最大年度回撤为 45.1%；对比期间组合净值最大年度涨幅为 87.9%，最大回撤为 20.3%，说明正是组合投资大幅度降低了净值的波动率。以上个股股价的年波动率还是市场上优质股票的表现，实际上大多数股票的波动性往往会更大。所以，组合投资能减少持股路上账户净值的颠簸性，无疑增强了持股体验的平稳度和舒适性。

综上可见，组合投资，同组合中表现最好的股票相比，只是牺牲了一点儿收益率，却收获了实现投资目标的高确定性，且大幅度消除了个股风险，减少了组合净值的波动率。更重要的是，组合投资较单一持仓能够睡得更安稳，并有助于我们经受住关键时刻贪婪和恐惧的考验。

2. 仓位动态平衡下的投资组合

为考察定期进行仓位平衡对投资结果的影响，基于表 8-9 中数据，其他假设均不变，仅在每年末对个股仓位进行动态再平衡，即恢复到每只股票各占三分之一仓位的初始状态。最终投资结果为299.95万元，复合收益率为25.89%，比持有不动多出来每年1.23个百分点的收益率。鉴于长期而言，1个百分点的收益率差异，已经足够显著影响长期投资结果，所以，以年为单位的长周期的仓位动态平衡，对提升组合收益率可能有益。之所以说是可能，一是交易费用和以收盘价换仓的可行性影响；二是测算数据的代表性问题，还无法定论持有策略或仓位动态平衡哪种方式更佳。特别是更频繁的仓位平衡，还是否有利于提升长期收益率，更是无法判断，但可以确定的是，过于频繁的交易，交易费用会侵蚀长期收益率。

如果采取的不是定期动态平衡，而是在个股出现极端下跌后进行一次平衡，比如2013年贵州茅台发生37.1%的回撤，此时进行一次平衡，将3只持仓个股的持仓恢复到各三分之一的初始状态，则10年后的投资结果为323.93万元，相应复合收益率为26.86%，即比持有不动的情形会增加2.2个百分点的复合收益率。如果此时贵州茅台发生的不是37%的股价下跌，而是50%的股价下跌，随后进行一次仓位平衡，在后续年度恢复结算时等同的估值（假设投资结算时的估值同实际相同），则投资结果为369.8万元，相应复合收益率为28.55%，比持有不动增加了3.41个百分点的复合收益率。如果贵州茅台在中途发生80%的股价下跌，此时做一次仓位平衡，则投资结果为657.5万元，相应复合收益率为36.17%，即比持有不动增加了11.51个百分点的复合收益率。所以，只要持股确实优质且低估，正是持有期间的股价下跌，提供了组合投资调仓和提升组合长期复合收益率的良机。既然如此，我们还用担心持仓个股股价下跌吗？

如果在持仓个股出现极端上涨后进行一次仓位平衡，比如在2017年贵州茅台发生106.3%的暴涨后，此时将3只股票的持仓恢复到各三分之一的初始状态，则投资结果为272.22万元，相应复合收益率为24.68%，相比持有不动的长期复合收益率几无差异。

基于以上测算可以得出如下结论或推论：

（1）优质股组成的投资组合，通过以年为单位的仓位动态平衡可能会增加长期投资收益率。

（2）持仓组合中优质股的股价下跌不仅不用担心，反而是提供了调仓和提升组合长期复合收益率的良机,而且越是优质的股票,下跌幅度越大,仓位平衡后组合未来的收益潜力也越大。也就是说,持股过程中优质股的股价发生短期暴跌,不仅不是坏事,反而是市场对敢于调仓逆向买入者的奖赏。

(3)优质股的股价向上波动时调仓,增加组合潜在收益率的效果不确定,由于事前并不知道涨多少叫暴涨,所以,此时平衡仓位反而可能发生"割掉鲜花浇灌野草"的情形,只要不过度泡沫,最适合的处理应该是"让利润奔跑"。

(4)不管是减仓还是加仓个股,只要我们确保仓位不断地向更优质、收益潜力更大的个股上调整,组合未来收益率会越高。

当然,以上所有结论成立的前提是,我们持有的都是优质股,如果组合中有平庸的股票或者越跌越贵的垃圾股,当我们增仓的企业走向平庸或归零时,则每一次平衡仓位,实际都是在"割掉鲜花浇灌野草",都是对组合长期价值的折损。所以,最根本的,何时调仓,往哪里调仓,还得回到企业价值和估值判断上来,永远向更优质、更低估的股票调仓,只有在市场发疯时才偶尔为之,才是获取长期优异复合回报的理性选择。

3. 组合投资调仓体会

基于以上结论和认知,个人也一直在摸索可能更优的仓位配置和调仓策略。比如,2017年配置了约三成仓位的微创医疗,2019年微创医疗发生五成的股价下跌,如是通过调仓将其仓位通过加仓恢复到三成。2020年开始价值发现股价暴涨,到2021年底时,股价即涨超10倍,期间一直没有调仓。同期其他股票也在涨,只是微创医疗涨得更多,仓位比例一度占到账户的75%。如果不是让利润奔跑,没到合理甚至疯狂的估值前就按30%的仓位限制动态调仓,则当年账户整体收益率会少50%,正是充分让利润奔跑,当年账户整体收益率高达157%。

巧合的是,2021年,消费医药等核心资产估值泡沫的同时,组合持有的上海机场却因为受疫情影响、同中国中免重签免税合同等打击,股价出现大幅度下跌,此时,持仓个股中一边是股价暴涨、估值高企的消费医药股,一边是暴跌的上海机场和低估值的公用事业股北控水务集团,持仓股票估值走成了开口越来越大的"V"形,市场提供了一次完美的消费医药换仓公用事业的良机。

如是，在反复测算评估后，逐步卖出和清仓了贵州茅台、五粮液、洋河股份、海天味业等消费股；在微创医疗股价涨到 70 元左右时，越涨越卖，分批减仓了微创医疗、涪陵榨菜、恒瑞医药等个股，每当它们涨升时，就减持一部分仓位，一直减到微创医疗的股价涨到 72 元，拐头不再继续上涨为止，并将减仓腾出的仓位转移到了因股价下跌，估值越来越吸引人的上海机场、北控水务集团上来。事后看，这次调仓是成功的，不仅保住了账户总市值高点 25% 仓位的胜利果实，还保留了未来微创医疗股价暴跌后调仓回来的能力。如果当时微创医疗等股票的股价继续上涨，上海机场等股票的股价继续下跌，该轮调仓还会继续下去，结果无疑也会更有利于滚出更大的财富雪球。

回头看时，如果我有前视眼，应该减仓微创医疗更多一些，因为减仓后的微创医疗仍然占了组合 50% 的仓位，随后在 2021 年下半年和 2022 年的医药股下跌中，到 2021 年底时，过重的微创医疗仓位导致组合年度业绩由盈转亏 12%。到 2022 年 5 月底时，自 2021 年账户市值高点算起，个人持仓组合发生了近 50% 的市值回撤。对比而言，如果没有在 2021 年的股价高点时减仓微创医疗等股票，并调仓到低估值的公用事业股票，则最大回撤不是近 50%，而是 65%。

当时间来到了 2022 年时，上海机场的股价尽管仍然低估，但有了 50% 多的恢复性上涨，北控水务集团的股价则基本横盘，充分体现了换仓的价值和公用事业股在下跌市中的稳健防御特性。从 2021 年 7 月到 2022 年 5 月，微创医疗的股价从 72 元一路下跌到 12 元，一度跌到 200 多亿港元市值，谁也想不到这轮股价波动会如此极端（远超历史波动幅度）。当时经反复测算，判断此时微创医疗跌出了更大收益潜力，如是又择机减持了部分上海机场，清仓了北控水务集团（某种意义上也是认错，负债率日渐高企，疑似靠借钱发放股息），将腾出的仓位用于增仓暴跌后的微创医疗。由于确实预计不到微创医疗会跌穿 13 港元，所以，换仓是从 23 港元开始的，那时候微创医疗几乎每个交易日都在大跌，每次大跌后都兴奋的换进部分仓位，一直换仓买到 13 港元股价见底回升为止（在本书写作期间，微创医疗的股价跌穿了 6 港元，又继续买到了 6 港元）。

从个人体会来看，什么时候调仓，往哪里调仓都不是提前能预计到的，调仓的初衷和逻辑也不是为了高抛低吸，从某种意义上来说，每次调仓都是市场极端波动所逼迫的，买卖的依据也并非预测股价，更不是我们能够提前知晓股价能涨或者跌到哪里，而是基于持仓个股未来潜在收益率和确定性的动态评估，通过调仓顺手捡起了市场遗落的价值而已。当然，类似持股过程中的股价波动，尽管确实会引起了组合净值的大幅度波动，但只要我们投资的企业内在价值在快速复利增长，持股途中的股价波动不仅不是风险，反而是市场提供了获得超额收益的调仓良机。

同时也证明了，组合投资 3 ~ 10 只相关性小的优质股，正是股价走势的非相关性给我们提供了仓位调整的灵活性，才有利于我们抓住战略机会出现时的调仓良机。这一点对于长期组合投资的重要性，无论如何强调都不为过。

本章小结

本章集中讨论了打理投资组合的相关选择，通过讨论发现，在选股、估值和打理投资组合三件事中，我们投资的股票是不是优质，对投资目标的顺利达成而言，最为关键。

至于估值，是动态评估企业价值的方法体系，通过不同企业长期内在价值估测和比较，以决定我们何时买、何时卖、何时调仓、向哪里调仓等机会成本选择和投资决策问题。

而整体股票仓位的选择，可以基于个人投资目标、家庭资产配置需要、投资偏好和风险承受能力等进行个性化选择；至于分仓配置几只股票才好，通过案例测算表明，个人投资者持有 3 ~ 10 只股票足矣，过少则无法充分分散个股风险，过多将不利于集中投资优质股票，而让投资组合走向平庸；不管分仓到几只股票，应该追求的是个股风险的实质分散，而不是机械的分仓股票的数量。

至于单只股票配置多少仓位，也有赖于个性化的选择，决策本质还是在风险可控的前提下，追求投资目标的大概率和快速实现。可以确定的是，不管如何选择仓位，组合投资相对单一持仓而言，能在不牺牲长期收益率的同时降低个股风险，还能减少账户的波动性，从而保证投资目标的高概率实现，实属投资领域唯一的"免费午餐"。

至于打理投资组合，最好的打理就是构建投资组合时，买入的都是优质低估的股票，如此便能以逸待劳地静观市场潮起潮起落落，静待企业价值的复利增值驱动组合净值从新高走向另一个新高。当然，市场波动才是常态，当持仓股票的股价发生极端波动时，基于企业价值和估值，将仓位向更优质、更低估的股票调仓，不仅可以降低组合的估值风险，还能增大组合的潜在收益率，从而有助于财务自由目标的高概率和尽快实现。

第9章

案例分析

前面用了 5 章的篇幅讨论股票是什么、投资股票的好处、股票投资的风险和能力素养等认知性、基础性问题,以帮助读者构建起股票投资的基本认知;而在第 6～8 章,分别讨论了选股、估值和打理投资组合三件事。本章结合个人在近千家公司中选出来的,也是亲身经历的 4 个曾经的投资案例,集中运用本书选股、估值、打理投资组合等相关原则与方法,细述当时的分析与决策过程,并对投后的基本面和股价表现进行回测和复盘,以为投资者投资实战提供参考。

整个分析框架致力于回答三个问题:一是基于行业分析,通过行业发展阶段、增长前景和生意模式等分析,回答为什么要投特定行业的问题。二是基于企业分析,通过分析企业生意模式、护城河、管理层和企业文化等,回答为什么要参与特定企业合伙的问题。三是基于企业价值评估,回答买卖决策相关的问题。

本章主要内容:

➤ 恒瑞医药——仿制药转型新药的制药龙头
➤ 五粮液——浓香型高端白酒领导企业
➤ 微创医疗——高值医疗器械平台型企业
➤ 上海机场——垄断性优质航空流量变现商

9.1 恒瑞医药——仿制药转型新药的制药龙头

本节以 2012 年前后投资的恒瑞医药为典型案例，讨论稳健成长型公司行业、企业分析和投资决策等相关问题。

9.1.1 行业分析

1. 制药行业的特点

一是行业空间大，增速持续快于 GDP。制药行业是朝阳行业，老龄化和经济发展保障了行业的长期增长空间。2011 年，全国医药工业企业实现销售收入 15 254.8 亿元，较 2010 年增长 28.8%。当年 GDP 的增长率为 9.2%，医药工业的增长率已连续多年远高于 GDP 增长；全年行业实现利润总额 1 576.89 亿元，比 2010 年增长 23.24%，净利率为 10.34%，综合毛利率 28.90%，因安徽版基药招标模式在全国扩大实施，药品降价导致毛利率降至过去 5 年的最低点。2011 年，我国基本医疗保险覆盖率达到 95% 以上，基本实现了广覆盖。政策范围内住院费用报销比例，全国大部分地区达到了 70% 以上，重大疾病医疗保障病种范围进一步扩大。各级财政对城镇居民医保和新农合的补助标准由每人每年 120 元提高到每人每年 200 元。预期未来市场容量仍将随着报销比例、报销范围和支付水平的提高，还将继续快于 GDP 增长。总之，医疗健康需求是没有上限的，主要取决于国家医保和个人的支付能力。

二是细分行业多，竞争格局分散。行业可以细分为原料药、化学仿制药、新药、生物药、中药、保健品、兽药等制造行业；按用途可分为消化系统、神经系统、呼吸系统、循环系统、运动系统、内分泌系统、泌尿系统、生殖系统等用药。按使用监管要求分为 OTC、处方药和管制使用的麻醉精神药品、医疗用毒性药品、放射性药品及戒毒药品。按治疗疾病类别分为抗肿瘤、糖尿病、止痛、高血压、高血脂、消化、免疫、呼吸、抗菌、精神、神经、皮肤、抗凝血等众多细分类别。

从竞争格局来看，国内企业呈现散、乱、小、多的现状，行业领导型企业同国际领导型企业的规模差距达 30～100 倍。

三是监管严，受政策影响大。正因为药品的功能为治病救人，所以，在研发、审批、制造、销售、使用等所有环节，无论中外，监管均极其严格，质量要求高。由此造成药物研发费用高，研发审批时间长达 5～10 年，1 款新药研发上市甚至需要 10～20 年，上市后的销售能力也是极大考验。所以，制药行业进入门槛非常高，行业竞争格局和企业产品线可预期性强。另外，无论中外，制药行业都是受政策影响显著的行业，本质原因在于居民健康需求的无止境，同医保、居民支付能力之间的矛盾，是医药行业长期的主题。所以，审批、招标、采购、医保支付等行业政策影响大，政策对行业发展的影响明显，旧有产品降价一直是常态。但不改波动中长期快速增长的特点。

四是行业增长驱动因素清晰，确定性强。从驱动行业增长的因素来看，包括以下五个方面：

（1）经济和收入水平增长，个人和政府卫生总费用投入的增加。从各国卫生总费用 GDP 占比看，我国卫生总费用占 GDP 的比例约为 5%，不及低收入国家的 6%，发达国家的 10% 左右，美国的 16%，预期卫生总费用将随经济发展和 GDP 占比的提升，推动行业长期快速增长。

（2）人类历史上史无前例的老龄化。从 2 亿老人到 4 亿老人，且寿命越来越长，本身就隐含了行业高于全球市场的自然增长率。

（3）疾病谱的慢病化，慢病知晓率、就诊率、治疗率在我国还有很大的提升空间。

（4）行业集中度还有极大提升空间。从营收角度看，国内龙头药企约为国际巨头的百分之一至三十分之一。

（5）国际化发展。2011 年以前主要靠原料药出口，未来仿制药、新药、生物药都有机会分得一杯羹，甚至成为全球市场的主要"玩家"之一。

五是受宏观经济影响小，周期性弱。不管经济形势好坏，该治病总得治病，该吃药总得吃药，所以，制药行业周期性弱，受经济周期的影响小，要说有周期，受行业政策周期的影响要显著得多。

以上五个方面特点决定了制药行业有着长期巨大的增长空间、增长的确定性和快于GDP的行业增速。行业正处在从不规范到规范，从分散到集中，优胜劣汰的快速变革过程中，是一个潜藏了巨大投资机会的好行业。

2. 行业发展阶段与竞争格局

2011年制药工业百强合计销售收入为5 524.2亿元，占比约为36.2%。百强第一名华润医药集团销售额约570亿元，营收超过100亿元的企业有11家，50亿～100亿元23家，20亿～50亿元51家，20亿元以下的企业15家。100名门槛企业京新药业年度销售额7.1亿元。100强平均销售额约55.2亿元。而2011年美国辉瑞公司立普妥单药销售额就有79.3亿美元，公司年度销售额4 408亿元，净利润537亿元。

所以，行业整体处在成长阶段，行业内企业弱小散，竞争格局分散，产品线以仿制药为主，处在原料药、仿制药向新药及生物药、国际化转型的早期阶段。国内企业的竞争力相对国际巨头还比较有限，注重创新研发和国际化的龙头企业，有望获取更大的市场份额，并存在向产业价值链高端升级的可能。

3. 所在的细分领域概况及竞争格局

从恒瑞医药历年年报可知，公司主导产品为抗肿瘤治疗用药，且以注射剂为主，包括多西他赛、奥沙利铂等，查询细分行业数据见表9-1。

表9-1　2006—2011年中国医院市场抗肿瘤药销售情况

年　　度	市场规模（亿元）	增长率（%）
2006	208.2	11.1
2007	254.5	22.2
2008	315.0	23.8
2009	405.0	28.6
2010	501.5	23.8
2011	587.4	17.1

由表 9-1 可以看出，抗肿瘤药细分行业增速在 20% 左右，是一个快速增长的细分行业。受肿瘤疾病慢病化、体检知晓率提升、人口老龄化和人均寿命延长、居民和医保支付能力提升等因素共同驱动，预期行业总规模还会继续快速增长。

从细分行业竞争格局看，前 10 家包括罗氏（份额占比 12.31%），恒瑞医药（5.78%）、齐鲁制药（5.34%）、阿斯利康（4.62%）、赛诺菲（4.19%）、辉瑞（3.38%）、长白山制药（2.69%）、豪森制药（2.60%）、赛生制药（2.59%）、思科药业（2.55%），合计份额占比 46.05%，其中外资企业 6 家，国产企业 4 家，恒瑞医药市场占比细分行业第二，国产第一；因优势产品各有千秋，细分行业集中度不高，瑞士罗氏领跑抗肿瘤制药市场。

综上所述，从行业层面来看，不管是看恒瑞医药所在的制药大行业，还是抗肿瘤细分行业，都是未来长期增长确定，增长空间极大的一个好行业，而且行业处在充分竞争的成长发展阶段。

9.1.2 企业历史表现与竞争优势

1. 企业早期发展历史

恒瑞医药的前身是连云港制药厂，1970 年成立，到 1990 年主要生产原料药，主打产品为红药水、紫药水等同质化药品。1990 年，公司因产品缺乏竞争力，陷入困境。更换厂长后，企业开始重视研发，打造有竞争力的新特药品，先后引进强力宁、VP16 等技术，带领公司起死回生。1992 年，重金买下抗癌新药异环磷酰胺专利，并推动产品临床和试产，并在 1995 年国内获批上市，并通过了 FDA 认证，自此抗肿瘤药成为公司主营业务。1991—1996 年，企业研发了 20 多个新产品，1996 年，药厂营收破亿元，1997 年进行股份制改造，并更名为恒瑞医药，在连云港和上海设立研发中心；2000 年 10 月 18 日，公司在上海证券交易所上市。

2. 企业发展战略

从 2000 年开始，恒瑞医药开始着手"仿制药 + 创新药"的战略，期间执行良好，到 2011 年时，营收从 2000 年的 4.85 亿元，增长到了 45.5 亿元，净利润从0.65亿元,增长到了8.77亿元。无疑是历史表现极为优秀的一家民营制药企业。

2011年,随着企业发展壮大和顺应行业发展趋势,将发展目标调整为"打造中国人的专利制药企业",紧紧围绕"科技创新"和"国际化"两大战略,紧跟国际前沿科技,将研发投入保持在营收的10%左右,围绕抗肿瘤药、手术用药、心脑血管、内分泌和生物制药领域进行深耕。总体而言,其发展战略和历史表现相对国内同行,无异于鹤立鸡群,也符合行业发展阶段和未来发展趋势的需要。

3. 企业竞争优势

读遍其上市以来的历年年报,并大范围对比其他制药企业,不难发现,恒瑞医药是国内少有的制药企业领导者,并在发展过程中,在同国际巨头和国内同行的激烈竞争中,逐步建立起了一定的竞争优势。

一是研发和技术优势。建立了国家级企业技术中心、博士后科研工作站、国家分子靶向药物工程研究中心、国家重大新药创制专项孵化基地等平台,拥有各类高层次专业技术人才1 300多名,其中博士、硕士500余名,海归技术人才45名。敢为国内先的第一个创新药艾瑞昔布已经上市,已形成了每年1~2个创新药进入临床,每年1~2个创新药上市的良性局面。

二是市场优势。公司建立起了1 000余人的专业化学术销售队伍,销售覆盖的深度和广度,不仅能够支撑公司的发展,更能适应未来新药学术销售布局的需要。

三是质量和品牌优势。公司本着"诚实守信,质量第一"的经营原则,逐步形成了一定的品牌优势,抗肿瘤药销售在国内企业中排名第一,市场份额达12%(前述医院市场仅为全国市场的一部分)以上,手术用药也名列前茅。绝大多数制剂都通过了国家新版GMP认证,且有5个原料药、2个制剂通过了FDA和欧盟GMP认证。成为国内唯一一家注射剂销售到欧美规范市场的制药企业,也是国内制剂国际化先导企业。

四是规模优势。从营收规模上看,尽管相对国际巨头差距巨大,但在国内企业中,恒瑞医药位居医药工业制药企业百强榜第23位,十大中国最具创新力药企的首位，且营收增速长期持续快于行业。

所以，不管从哪个角度看，都不难发现恒瑞医药敢为人先，在一个快速增长的大行业中，把握好了每一步发展节奏，布局前瞻性好，从优质企业的定性标准而言，恒瑞医药属于国内制药行业的龙头企业，也是代表未来发展趋势的优质企业。

4. 企业历史财务表现

由表 9-2 可见，恒瑞医药完全满足营收增速大于 20% 的优质企业定量标准。而且不仅跑得快，还做得强，随着营收规模的不断增加，从 2002—2011 年，年度净利率从 10.5% 逐步提升到了 20.7%，ROE 从 10.1% 逐步提升到了 23.1%，资产负债率从 32.8% 逐步降低到了 9.1%。不管从哪方面看，财务表现都极其优秀，过去十年的生意做得越来越大，也越来越强，且财务数据、三张表之间没有任何疑点。各种数据都在提醒我们，这是一家好企业，未来还会继续处在快速发展的轨道上。

表 9-2 恒瑞医药 2002—2011 年的主要财务指标

指标	2002	2003	2004	2005	2006	2007	2008	2009	2010	2011
营收（亿元）	7.56	10.50	11.45	11.79	14.37	19.81	23.93	30.29	37.44	45.50
营收增长率（%）	30.86	38.93	9.02	2.98	21.82	36.41	20.80	26.60	23.61	21.53
净利润（亿元）	0.79	0.95	1.23	1.62	2.07	4.05	4.23	6.66	7.24	8.77
利润增长率（%）	-2.71	19.72	29.73	32.30	27.58	99.51	1.97	57.40	8.78	21.05
净利率（%）	10.49	8.78	10.59	13.57	14.29	21.36	18.21	22.89	20.18	20.67
ROE（%）	10.09	10.93	12.94	15.61	17.59	28.23	22.87	28.61	24.45	23.11
资产负债率（%）	32.76	37.73	20.50	13.78	13.69	18.90	10.20	11.13	10.80	9.12

5. 企业管理层和企业文化

历史表明管理层将一家濒临倒闭的地方小药厂，一步步打造成了国内制药行业的领导型企业，每一步发展战略和执行都经过了时间的考验，事实证明管理层行事前瞻、务实。从企业经营来看，公司属于制药企业中进步、规范的代表，产品研发和质量也走在了国内企业前列，发展过程中从不为了挣快钱、挣容易钱而去走歪路、抄近路，像某些同行一样去做一些无效而赚钱的药；企业价值观正，一切以临床价值为追求，属于走正道、为国人健康福祉着想、有担当的企业。

从财务指标来看，恒瑞医药发展稳健优质，盈利质量高，净利率高、ROE高、现金流充沛、资产负债低，除IPO外，从未向外部融资，仅靠自身积累就支撑起了公司的快速发展，没有看出有任何的财务风险点。每次业绩报告指引都低调保守，而实际业绩表现却屡屡超出业绩指引。

历史记录表明，在管理层领导下的恒瑞医药在各方面都敢为人先，以股权激励高管和核心技术人员共55人，272万股；且公司一直通过分红送股回馈股东，综合而言，管理层值得信赖，年富力强，且同小股东利益一致，综合评判是一家值得托付的企业。

9.1.3 未来业绩成长性

从恒瑞医药年报和药监局查询的产品线来看，恒瑞医药未来的成长性无忧，短期增长看主导产品，长期看研发布局的产品管线。其布局的产品线包括抗肿瘤药、手术用药、内分泌治疗药、心血管药及抗感染药等领域，新药研发已经开始结出硕果。所以，不管是从主导产品的增长空间看，还是产品线的叠加，新药转型和国际化驱动，其未来成长空间会变得越来越大，成长速度还可能越来越快。主要驱动因素包括：

（1）销售挖潜。从癌症发病率、老龄化趋势和公司竞争力来看，已有产品还处在增长的早期。

（2）产品叠加。不仅药监局可见的未来产品线诱人，而且其研发能力和平台强，只要企业领导人和战略不变，预期还会研发出源源不断的新产品。以保证企业未来长期的发展空间，驱动企业长期业绩增长。

（3）医改受益。优先审评、医保付费改革、一致性评价等政策导向有利于规范企业发展，随着时间的推移，恒瑞医药这种走正道的规范企业，还会继续受益于行业研发、制造和销售门槛的提高。

（4）国际化。伊立替康注射剂成为国内首个通过FDA认证的注射剂，已有2个制剂和5个原料药走向国际市场，未来原料药、仿制药和新药都会加大国际布局，从而打开新的、更大的增长空间。

（5）进口替代。主要是高质量仿制药和新药，相对进口产品的替代。

（6）转型升级。公司从原料药起家，逐步向产业链高端爬升，原料药—仿制药—新药（生物药）布局前瞻，执行有力，行业空间和利润率预期还会不断提升。

（7）兼并整合。恒瑞医药历史上主要靠内生增长，这方面涉及少，未来不排除外延增长的可能性。

所以，尽管恒瑞医药未来具体能做到多大规模，很难预测清楚，但不管从哪方面看，都不难看出恒瑞医药处在一个总规模快速增长、竞争格局分散的大行业中，而恒瑞医药的发展战略符合行业未来趋势，企业竞争优势突出，定性上它就是一家背靠好行业的优质企业，定量上未来有望继续获取不低于行业的，长期20%～30%的持续营收增长。

9.1.4 估　值

1. 绝对估值

以2011年为基数，当年企业经营性现金流净额为5.27亿元，构建固定资产、无形资产和其他长期资产所支付的现金为5.4亿元，也就是说，当年的自由现金流为负值。细究企业历年投资活动，发现当年恰恰是购建固定资产的大年，而2010年的自由现金流约为1亿元，2009年为0.5亿元，2002—2008年，自由现金流分年度正负参半，多的时候约3亿元，少的时候是-0.8亿元，10年间累计产生正的自由现金流8.5亿元，而通过经营活动赚得的现金净额中，累计为未来投资了17.2亿元，也就是说，10年间恒瑞医药创造的自由现金流，仅约为净利润的30%，而是将七成的经营所得，用于投资了未来。

从以上历史数据可见，恒瑞医药还处在大力投资的成长早期阶段，自由现金流的积累还比较有限。若机械的采用现金流折现模型，以2011年 –0.13亿元为基数，分别按未来自由现金流以15%、20%和25%的增长率增长10年，然后永续3%的增长率，折现率采用10%、12%和15%，直接按模型公式估算恒瑞医药的现金流折现值都会为负值，明显不能体现出企业的真实价值，这也是现金流折现模型对成长早期企业估值的短板所在。

从长期而言，在企业发展成熟后，净利润会约等于自由现金流，所以，若以2011年的净利润为基数，仍采用两阶段现金流折现模型，以2011年8.77亿元的净利润为基数，分别按未来15%、20%和25%的增长率增长10年，然后按3%的增长率永续增长假设，折现率采用10%、12%和15%，各种情况下估算得到的恒瑞医药现金流折现值见表9-3。

表9-3　恒瑞医药自由现金流折现价值

折现率	增长率		
	15%	20%	25%
折现率10%	314亿元	454亿元	653亿元
折现率12%	232亿元	331亿元	469亿元
折现率15%	163亿元	227亿元	316亿元

由表9-3可见，按现金流折现模型"毛估估"，当恒瑞医药未来10年业绩增速为15%时，以2011年股价低点时约330亿元的市值买入，能够获取的复合收益率约为10%；当未来业绩增速为20%时，对应能够获取的复合收益率为12%；而假设未来业绩复合增长率为25%时，则对应复合收益率为15%。也就是说，投资者以2011年股价低点的市值入股，要达到15%的潜在收益率要求，要么企业未来10年的增长率能达到25%，要么为了给未来业绩增速留有一定的安全余量，就应该调低买入市值标准，比如在市值跌到200亿元时买进，则无疑达成预期回报的概率更高，到期的潜在收益率也会更好，并给分析决策留出了一定的容错空间。

当然，既然是"毛估估"，未来可能获取的复合收益率，既有赖于企业内在价值的增速，也同买进、卖出时点的市场估值密切相关，测算永远只是测算，投资者选择在多少市值买进,仅同自身对企业前景的估测、投资收益率要求密切相关。总之,买入价格越低,不仅未来的收益率越高,获得预期收益的概率也越高,也就是我们常说的具备了买入价格的安全边际。

2. 相对估值

鉴于2011年恒瑞医药经营上已经稳定盈利,而且作为非周期股,适合采用PE估值进行相对估值。图9-1为恒瑞医药2003年以来的历史PE估值情况,在2005—2006年营收增速低点,其PE估值最低跌到过约22倍PE,而PE估值的高点,则是在2007年的牛市中,一度膨胀到约90倍PE。2011年全年PE估值在35~50倍PE变化。

既然是相对估值,我们买入的时候越便宜,当然未来潜在收益率越高,安全边际也越大。至于什么PE估值买进合适,仍然是仁者见仁、智者见智的事情,同自己的收益率要求和企业未来发展密切相关。事后看的话,恒瑞医药30倍左右PE买进都是较好的买点。如果一直刻舟求剑地等待20倍PE以下买入,比如我就是这么想的,总想着既然华海药业最低跌到过15倍PE,那么20倍PE的买入标准,对恒瑞医药而言不算太贪心吧?结果就是错失了未来10~20倍的股价涨幅,而只是轻仓定投了它。

图9-1 恒瑞医药历史PE估值变化

3. 终局思维估值

如果以终局思维来估值恒瑞医药,从行业企业的定性定量评估来看,未来它大概率会成长为国内制药企业的龙头。对比国际巨头的营收有近100倍的差距，净利润有 70 倍的差距，市值上有 30 倍的差距。反观老龄化的前景和规模巨大的人口基数，以恒瑞医药的战略布局和企业竞争优势，未来成为一家大药企的可能性是大概率的，即使未来发展结果达不到国际巨头的规模，仅仅成长为类似武田制药的药企，市值也有 10～15 倍的增长空间。所以，哪怕需要 20～30 年实现这个目标，也代表着以 2011 年为起点，未来 20～30 年能够获取 8%～15% 的复合收益率，无疑，恒瑞医药都是一家值得长期关注的优质企业。至于买入估值，只能说买得越低未来收益率会越高，若在关注或持有过程中股价发生大幅度下跌，大概率就代表着诱人的投资良机。

9.1.5 风险分析

基于前述分析，恒瑞医药在企业发展战略和执行方面，财务方面都不存在明显的风险短板。

若说有风险，鉴于国内制药行业的发展现状，可能存在一定的行业性的营销风险。其他风险包括制药行业共有的研发失败的风险，国际化过程中因药物质量出问题的巨额赔偿风险，老产品竞争加大的风险，都是常规性，每家企业都可能存在的风险，而恒瑞医药是行业中较为规范，风险相对较小的选择。

9.1.6 投资决策与复盘

从以上行业企业、估值和风险分析可见，无论从哪个方面看，同哪家医药企业相比，恒瑞医药都是一家定性上属于好行业的好企业，属于历史表现优异，未来前景光明，值得关注和托付的一家制药企业。

从定量上来看，未来 20～30 年有着广袤的成长空间，营收大概率会继续保持 20% 左右的增长，净利率、ROE 高达 20% 左右，同时负债率极低的好企业。以 2011 年股价区间低点的市值投资入股，"毛估估"，有望获得 8%～15% 的长期复合回报。唯一遗憾的是市场给它的估值就没有便宜过，由于恒瑞医药基本面确实优秀，历史估值从来就没有低到过 20 倍 PE 以下。

并且由于当时个人对优质企业的稀有和惊人复合回报的魔力，对优质企业价值的指数化增长潜力认知不足，囿于表面的估值"高"，在投资决策上从未敢重仓投资恒瑞医药。而是选择重仓了同样经过详细研究评估，同样符合行业未来发展趋势的规范企业，处于原料药向仿制药转型过程中的华海药业。作此选择的主要原因，就是既然发展前景是相仿的，可以以 15 倍的 PE 入股。买入估值就比恒瑞医药便宜了一半，这要是未来转型仿制药成功，业绩增长比恒瑞医药更靓丽，那不是有希望收获业绩和估值的双双胜出吗？当时就是这样想的，还到处宣扬，股票市场颁发的从来不是优秀奖，而是最快进步奖。后来回头看才明白，只能说明当年年少无知，也说明人确实赚不到自己认知能力以外的钱。

如是，只是在孩子每年生日前后，定投了 100 股聊胜于无的恒瑞医药股票，到 2021 年时发现，恒瑞医药居然是 1 只 10 年 20 倍股（期间业绩增长了约 6 倍，估值膨胀了约 3 倍）。在 2022—2023 年，尽管恒瑞医药的股价发生了大幅度回调，2011 年以来的期间股价仍然涨了约 10 倍。而对比起来，以相同时间段评估，恒瑞医药的长期基本面和股价表现都要好于华海药业，股价走势上也更为稳健。

曾经选出了，又确实投资了，但错失 1 只重仓 20 倍股的机会，才让我深刻认知到优质的稀缺和优秀的重要。从此下定决心，今后买便宜的前提一定是优质。尽管我们确实预测不了未来，也测不准估值，但在优质企业上买便宜，并长期持有，才是穿越周期、赢得未来的理性选择。

9.2 五粮液——浓香型高端白酒领导企业

本节以 2016 年前后投资五粮液为典型案例，讨论成熟期品牌消费品公司行业、企业分析和投资决策等相关的问题。

9.2.1 行业分析

白酒行业竞争格局稳定、轻资产、产品高品牌溢价、高毛利率、高净利率、存货不易贬值、天生抗通货膨胀、自由现金流充沛，天然具备文化和社交属性，生意模式简单优质等特点举世无双。而高端白酒更是其中的暴利细分行业，长期量增价涨的逻辑坚挺，飞天茅台、五粮液、国窖 1573 长期占据九成以上的高端白酒份额，以行业不到 1% 的销量，拿到行业二成以上的营收，六成以上的利润，净利率高达 30% ~ 50%，ROE 长期高达 30% 左右。属于典型的"印钞机"型的好行业。

9.2.2 企业历史表现与竞争优势

五粮液历史悠久，为中国传统名酒，浓香型白酒的领导性企业，在 20 世纪 90 年代，市场份额和产品价格一度超过了飞天茅台。企业于 1998 年上市，当年营收 28.1 亿元，净利润 5.6 亿元，到 2014 年底时，营收增长到 210 亿元，净利润 58.4 亿元，历史表现极其优异，竞争力突出，在国内白酒行业，无论是规模、利润、份额和品牌强度，都仅次于贵州茅台。表 9-4 为五粮液 2005—2014 年的主要财务数据。

表 9-4 五粮液 2005—2014 年的主要财务指标

指标	2005	2006	2007	2008	2009	2010	2011	2012	2013	2014
营收（亿元）	64.2	74	73.3	79.3	110.3	155.4	203.5	272	247.2	210
营收增长率（%）	1.9	15.2	-1	8.3	40.3	39.6	31	33.7	-9.1	-15
净利润（亿元）	7.9	11.7	14.7	18.1	32.5	44	61.6	99.4	79.7	58.4
利润增长率（%）	-4.4	47.5	25.8	23.3	79.2	35.5	39.1	60.6	-17.6	-28.3
净利率（%）	12.5	15.9	20.1	23.1	31.2	29.4	31.4	38	33.7	28.8
ROE（%）	11.4	15	16.5	17.3	25	26.7	30	36.8	23.7	15.4
资产负债率（%）	23.2	19.7	16.8	15.1	30.1	36	36.5	30.3	16.1	13.1

从 2005—2014 年五粮液的财务表现来看，10 年间营收、利润都有大幅度增长，尽管在 2013 年受白酒塑化剂事件打击，营收和净利润连续两年发生

了倒退，但到 2014 年底时，营业收入从 2005 年的 64.2 亿元，增长到 210 亿元，净利润从 2005 年的 7.9 亿元，增长到 58.4 亿元，10 年间平均 ROE 高达 21.8%，平均净利率高达 26.4%。资产负债率低，10 年间在 13.1% ~ 36.5% 变化，现金流充沛，盈利质量高，每年都通过分红回馈股东。

所以，总结而言，投资者看的生意越多，越是不难发现，五粮液绝对是市场少有的优质企业，历史表现优异，市场地位稳固。

其主要的竞争优势来源于其仅次于飞天茅台的强势品牌地位，以及约 15 万吨的白酒产能，其中五粮液酒产能约 2 万吨。

从股东和管理层来看，作为国企，尽管在资金利用效率上存在一定值得关注和诟病之处，但从大方向上看，并未因国企体制、管理层未有股权激励而影响到其长期发展。

9.2.3 未来业绩成长性

考虑到中国，未来高端白酒还会继续保持 5% ~ 9% 的增长，价格仍然会随着贵州茅台不断提价而跟随提价，或者随通货膨胀而增长的可能，也就是说，考虑到量增价涨的逻辑大概率还会继续，未来继续保持 15% 左右的营收复合增长，是可以期待的。

9.2.4 估　　值

1. 绝对估值

2014 年时，五粮液正碰上了行业、企业困难时刻，其经营性现金流净额仅为约 8 亿元，当年构建固定资产等资本支出 4.1 亿元，也就是说自由现金流约 3.9 亿元，但对比看前后多年的自由现金流数据，不难看出该数据是一种非常态情形，其实，其历年自由现金流表现极为优异，因为高端白酒生意资本支出少，历史上的自由现金流同净利润相差无几。比如，正常年份的 2010—2011 年，经营性现金净流入高达 80 亿 ~ 95 亿元，而每年的资本支出仅 2 亿 ~ 4 亿元，也就是说正常年份的自由现金流曾经高达 80 亿 ~ 90 亿元，在 2010 年时，自由现金流甚至大于净利润。所以，综合评估，以企业发生短期困难时的自由现金流评估未来价值，会严重低估五粮液的内在价值。于是，依据其常态化情景下的自由现金流特征，以2014年的净利润为基数，进行自由现金流折现估值，是可以接受，甚至是偏保守的估值处理（业绩发生了非常态的短期下滑）。

以2014年58.4亿元的净利润为基数，采用两阶段现金流折现模型，分别按未来10%、15%和20%的增长率增长10年，然后以永续3%的增长率与通货膨胀同步增长，折现率采用10%、12%和15%，对应各种情境下估算得到的五粮液现金流折现值见表9-5。

表9-5　五粮液自由现金流折现价值

折现率	增长率		
	10%	15%	20%
10%	1 443 亿元	2 092 亿元	3 024 亿元
12%	1 088 亿元	1 548 亿元	2 203 亿元
15%	782 亿元	1 085 亿元	1 511 亿元

从表9-5中五粮液自由现金流折现值来看，即使保守的假设未来10年五粮液业绩复合增长率仅为10%，按15%的折现率估测，其现金流折现价值也高达782亿元。而只要企业未来基本面表现稍微超出10%的预期，比如达到15%或20%，则未来投资回报率将会超过15%；或者对应潜在收益率达到15%的买入市值可以高达1 085亿元和1 511亿元。当然，如果投资者对目标收益率的要求仅为10%或12%即可，则买入市值标准可以放宽到1 088—3 024亿元。

而2014年全年，五粮液的市值在500亿～800亿元波动，如果计入当时五粮液账上超过200亿元的净现金调整，市场对其股权估值仅仅为300亿～600亿元，这还没有算不会变质，易于卖出获利的80亿元库存酒的清算价值。

总而言之，通过自由现金流折现保守估值，就能让我们确信，当时的五粮液受行业利空打击，股价相对基本面已经跌出了诱人的投资价值，以全年任何股价买入考量，未来长期复合收益率超过15%都是大概率的。

2. 相对估值

作为稳健盈利的非周期股，五粮液适合采用 PE 估值作为相对估值方法。由图 9-2 可见，五粮液历史 PE 估值一直在 15～120 倍 PE 变化，而 2013—2014 年，受塑化剂等事件的打击，导致 PE 估值处在 6～14 倍的低估值区间。仅看 PE 估值，也意味着五粮液跌出了罕见的投资价值，如果扣除净现金，五粮液真实的 PE 估值仅为 3～10 倍 PE。

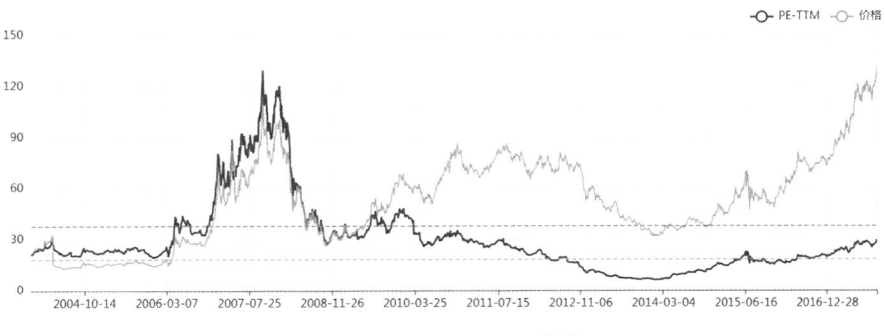

图 9-2　五粮液历史 PE 估值

3. 终局思维估值

以终局思维来看五粮液，未来其继续存在且活的越来越好的可能性极大，大概率的情景，公司还会按照主导产品量增价涨的轨道继续增长下去，直到居民收入增长的顶点。而且其天然抗通货膨胀的特性决定了，即使保守估计，其营收和利润也会随着通货膨胀率增长。

9.2.5　风险分析

五粮液作为非周期、低负债、强品牌的优质生意，实际上经营风险很低，属于抗风险能力极强的生意类型。其最大的风险就是伤害品牌价值的食品安全风险，比如类似塑化剂这样的事件，但 2014 年时，刚刚经历了行业风险暴露，而且五粮液作为行业龙头，其历史记录表现和质控体系，证明其在质量方面是值得信赖的。

所以，其未来业绩风险，主要来自宏观经济和居民的资产、收入水平是否如预期增长的风险。以及人们对健康的关注、人口结构老化会威胁到长期增长预期，因为从消费群体观察，年纪越大，因健康问题，人们会喝的越少，同时，年轻一代的饮酒偏好还不好说。

9.2.6 投资决策与复盘

在 2015 年时，正是基于以上分析和估值测算，兴奋地在 25 元就买入了五粮液，基于同样的逻辑和理由，同期还买入了一些 190 元的贵州茅台，事后看买入时机确实好，尽管重仓买入后股价又继续下跌到了 21 元，并借下跌在 2016 年初又加大了补仓力度，正是高端白酒生意的优质和买入估值的低廉，带来了极大的安全边际和持股信心，在当时股指熔断、股市崩盘等极端市况考验中，也未曾有过任何动摇和放弃的念头。

可是，在 2016 年中，五粮液的股价涨到 36 元时，因为修为不够，小聪明入脑，反复在那里按计算器算 PE 估值，臆想着到了夏季白酒进入消费淡季，股价已经涨了这么多了，为什么不减持一些等回调再买回呢？哪晓得股市却不会关心我怎么想，结果越减持股价越涨，后来确实短暂跌到过减持价以下，但受人性的弱点制约，未能做到及时买回。所以，到五粮液股价在 36 元左右，贵州茅台股价在 290 元左右，底部买入的闪着金光的股票，就被我减持到所剩无几了。

到 2021 年时，五粮液股价涨到了 350 元，贵州茅台股价涨到了 2 600 元，再次失去了曾经重仓买入的 10 倍股，也再次错失了财务自由的机会。正因为修为不够，缺乏对优质股权的坚持，本可以坐享其成，让利润奔跑，净赚 8 位数的良机，却被我的小聪明玩成了 7 位数。到 2023 年中时，尽管白酒股股价发生了大幅度回调，但同我的减持价相比，仍然有 5 倍左右的涨幅。

9.3 微创医疗——高值医疗器械平台型企业

本节以 2017 年前后投资微创医疗为典型案例，讨论成长早期阶段公司行业、企业分析和投资决策等相关问题。

9.3.1 行业分析

1. 全球医疗器械市场概况

2016 年，全球医疗器械市场规模为 4 030 亿美元，到 2022 年，全球医疗器械市场规模达到 5 220 亿美元，2016—2022 年 CAGR 年化增长率为 5.1%。与药物市场相比，2016 年全球处方药市场规模 7 770 亿美元，到 2022 年，达到 1.043 万亿美元，CAGR 年化增长 5.2%，器械市场约占到全球药物市场规模的一半，两个市场的增速相当。全球医疗器械行业集中度较高，排名世界前 25 位的医疗器械公司的销售额合计占全球医疗器械总销售额的 60%，而散布在世界各地的数万家医疗器械公司的销售额合计只占 40% 的份额。从国家和地区看，美国稳居行业龙头地位，其医疗器械行业销售收入在全球占比达 38.8%，其次分别是西欧，占比 30.80%，日本约占 9.4%，中国约占 3.8%，其他国家和地区共占 17.2%。

以主要的细分赛道营收规模计，可分为体外诊断（494 亿美元）、心脏（446 亿美元）、影像诊断（392 亿美元）、骨科（350 亿美元）、眼科（260 亿美元）、普外及整形（204 亿美元）、药物运输（186 亿美元）、内镜（178 亿美元）、创伤护理（130 亿美元）、牙科（128 亿美元）、糖尿病（110 亿美元）、肾病（110 亿美元）、医院设备（110 亿美元）、耳鼻喉科（80 亿美元）、神经（74 亿美元）等细分行业。

世界第一大企业美敦力营收约 300 亿美元，强生排第二约 251 亿美元，第三名飞利浦约 193 亿美元。医疗器械世界前二十强的营收门槛约为 52 亿美元（雅培的医疗器械业务）。仅美国就有 10 余家全球大型医疗器械企业，市值介于 200 亿~2 500 亿美元。

2. 中国医疗器械市场概况

中国医疗器械行业正处于快速发展期，市场销售规模由 2006 年的 434 亿元增长到 2015 年的 3 080 亿元，年均增速 15%~20%，市场总容量为同期药品市场的 14.8%。2016 年中国医疗器械市场销售规模约为 3 700 亿元，比 2015 年度的 3 080 亿元增长了 620 亿元，增长率约为 20.1%。据中国医药工业信息中心数据统计，到 2019 年时，国内医疗器械市场规模超过 6 000 亿元，仍保持快速增长的态势。

国内医疗器械行业前四大细分领域分别为：医疗设备994亿元、高值耗材359亿元、低值耗材331亿元、IVD产品442亿元。中国市场中高端产品占比25%，中低端产品占比75%；而国际医疗器械市场高端产品所占份额一般为55%，中低端产品45%。

中国医疗器械行业集中度低，生产企业16 000家，规模普遍较小。迈瑞医疗作为最大的医疗器械生产商，2016年销售额超过90亿元。5 000万元产值以上的企业有1 800家。发达市场医疗器械厂家平均研发投入占比15%，国内厂商研发投入占比仅3%，研发投入不足，产品同质化严重。监护、超声、注射器、真空采血管等器械的注册证均在100张以上，技术含量低、差异化小的Ⅰ类、Ⅱ类器械占国内市场的绝大部分。

特别是在高值植入器械领域，除心脏支架等少数领域由国内企业主导市场外，外资和进口品牌占据了高端植入器械的80%～90%的市场份额。

总体而言，国内医疗器械行业未来空间大，增速快，但竞争主体分散、规模小、研发投入不足，低端重复竞争严重，而高端医疗器械市场主要为国际巨头所把控。不管从药械比，还是老龄化前景的需求角度分析，还是经济发展、居民收入增长带来的卫生费用投入角度分析，医疗器械市场是比制药行业更早期的快速成长性行业。

3.行业特点

（1）细分行业多。相比制药行业，高端植入医疗器械行业单个细分赛道天花板低，市场容量小，大致可以分为十几个赛道，规模最大的体外诊断赛道约500亿美元营收，每个大赛道又可以细分为许多小赛道，比如心脏赛道又分为冠脉、结构心脏病、心律管理、电生理等细分行业，其中冠脉全球约50亿美元的容量。中国市场就更小了，许多手术仅仅只有几千例、几万例，处在行业发展的早期阶段。所以，大型医疗器械企业都是多赛道发展，往往需要借助兼并收购来扩张产品线。

（2）行业门槛高。产品研发上市需要5～10年，新产品获批后的销售放量也慢，需要一家医院一家医院的去进院，一个医生一个医生地去培训，一台手术一台手术地去销售，有的产品植入后还有长达10年以上跟踪服务和维护。也就是说，产品上市后市场推广、医生学习曲线、积累临床数据等，导致销售上规模和建立起竞争优势的时间周期长，但是，推广慢的另外一面就是一旦占领市场，销售渠道和市场竞争格局稳固，渠道便也成了竞争门槛所在，叠加研发和制造门槛，形成了天然的行业护城河。

（3）迭代式创新。同药物相比，医疗器械的研发属于迭代创新，研发成功率高，迭代快，不存在明显的专利悬崖，专利、制造工艺、材料、医生的使用习惯等都可能成为竞争优势所在，行业人才、资金和技术密集，要靠多学科交叉创新。所以，很难像新药一样，小团队就能形成新增供应，甚至造成破坏性创新替代，而器械属于体系化团队作战，平台技术依赖强，颠覆性破坏不易发生，即使有颠覆性创新，也得靠已有渠道去推广。如果把新药研发比作拍电影，竞争趋向于发散，而植入器械就像拍连续剧，严格意义上讲各家的产品都不同，即使质量性能等同的产品，还有渠道门槛，长期竞争格局趋于收敛，强者越强才是主旋律，如是竞争格局较为稳定，企业普遍享有较高的净利率（8%～45%）。

（4）渗透率低成长空间大。国内市场还处在起步阶段，受医疗投入、医患接受度、支付能力制约。以心通医疗、启明医疗等所在主动脉瓣膜细分赛道为例，渗透率不到3%；起搏器渗透率约8%……存在着巨大的未被满足的临床需求，也就是说，即使不算老龄化加速，仅仅满足现有需求，人们的健康需求离跟上主流市场水平，就有5～20倍的空间。

正是以上特点决定了医疗器械企业尽管很难爆发式增长，但增长的持续性和可预期性较制药要强，器械公司的盈利稳定性较制药要好，通常长期股价走势也比制药稳健，更容易形成宽阔的护城河，叠加成长空间大，器械行业诞生了大批牛股。比如美敦力、史赛克、波科、费森尤斯、直觉外科、爱德华兹生命科学、碧迪医疗、德康医疗、丹纳赫、百特、依视路、捷迈邦美、奥林巴斯、迈瑞医疗、泰尔茂等长牛企业。

4. 行业发展阶段与竞争特点

总体而言，国际市场处在稳健成长阶段，以大型企业为主导。国内市场处在成长的早期阶段，竞争格局分散，以中小企业为主，研发投入不足；高端市场整体上被外资企业所把控，未来增长空间大、增速快，存在巨大的未被满足的临床需求和国产替代空间。

企业靠研发、专有技术、销售渠道和制造供应链展开竞争，在不同领域都有各自竞争优势企业存在，比如直觉外科在腔镜手术机器人领域，爱德华兹在心脏瓣膜领域，美敦力在起搏器和心血管领域，史赛克在骨科领域等，都形成了各自的护城河。

9.3.2 企业历史表现与竞争优势

1. 企业发展历史

微创医疗1998年成立于中国上海张江科学城，最初从冠脉植入球囊产品起家，成立后研发上市了中国第一款PTCA球囊扩张导管，一年后研发了第一款国产冠脉裸支架，2004年，上市了第一款国产冠脉药物支架火鸟（Firebird），从而打破了进口产品的垄断地位，将支架价格从5万～6万元每根，降低到了2万元每根，当年支架手术量仅6万例，属于一般老百姓用不起的昂贵的高科技产品。后来很快发展成为国内冠脉市场的领导企业，2014年推出火鹰支架，到2017年时，随着产品降价和渗透率提升，全国冠脉支架手术量增长到75万例，微创医疗在冠脉支架领域做到了市场份额第一，约占全国市场的26%。

公司2010年9月于港股上市，2011—2012年间明确了"10+5"发展战略，坚定了"多元化"决心，并在发展过程中逐步布局新产品线、谋划"舰队化"发展。靠冠脉支架获得的现金流，孵化进入骨科、心脏瓣膜、神经介入、电生理、外科器械、大动脉及外周血管等领域，2014年并购全球第五大大关节制造商怀特骨科，到2016年底时，公司已经发展为有7个业务分部，总营收近4亿美元，包括骨科、心血管介入、大动脉及外周血管介入、电生理、神经介入、外科器械、糖尿病及内分泌医疗器械等，在全球80多个国家和地区，5 000多家医院，共上市销售200余种器械产品，成为一家初具国际化雏形，以Ⅲ类高值植入器械为主导的高科技医疗集团。

2. 企业发展战略与执行

企业的愿景是"以人为本，在以微创伤为代表的高科技领域建设一个属于患者的全球化领先医疗集团"，并以"不断创新向市场提供能挽救并重塑患者生命及改善其生活质量的高性价比医疗方案"为使命；发展模式为注重内部孵化和研发创新，打造孵化器和平台化、集团化组织架构，辅以关键技术平台、产品线和销售渠道的外部并购。

从战略执行来看，历史发展速度极快，以冠脉这架"小马车"，拉动孵化了7条新兴产品线，已成长为国内高值器械领域布局最全、最尖的一家领导企业。但在其发展早期一度因为创业团队纷争，导致公司处于危机之中，公司大股东大冢控股、张江集团即为当时引入的外部投资者；2014年并购的怀特骨科大关节业务，在全球骨科市场属于三线企业，全球竞争力有限，并购得到的是髋膝大关节有50年的研发经验、临床数据、产品线和国际销售渠道，并购后的营收占比超过五成，相对公司体量比较激进。

3. 企业股东

公司股权较分散，第一大股东为外资大冢控股，初始投入约700万美元，到2017年时股权占比26.6%，第二大股东为国资张江集团占比15.4%，第三大股东尽善尽美基金会为企业管理层捐赠的股权设立，股权占比15.08%，其他为财务投资者，企业董事长个人股权占比2%。总体而言，从股权结构上看，是一家管理层控制的公众公司，以上股东入股以来未见减持等信息，股权结构稳定。

4. 公司竞争优势

（1）企业文化让人放心。公司有利润之上的追求，以医疗平权为使命，临床价值导向、质量和创新文化基因已经铸成，以"尽精微、致广大"为质量管理理念，研发上尤为注重临床数据、医生和病人的临床获益，是一家走正道，可以让人放心和敢于长期托付的企业。

（2）研发创新优势。公司5次获得国家科技奖励，申请和拥有国内外专利1 800多件，同国内一众医疗器械公司相比，尤为重视研发创新。以国家药监局2014年启动的创新医疗器械特别审批程序为例，公司共有12件产品进入该绿色通道，占行业所有内外资企业合计进入绿色通道总量的约10%，数量为行业第二名的2倍。在临床、在研项目50多项，充分证明了公司研发能力强，并以临床价值为导向，研发投入长期占营收的15%以上，研发能力和投入能保证公司中长期的成长动力充沛。

（3）销售渠道有一定优势。冠脉分部在激烈的市场竞争中，已做到了全国市场份额第一，充分证明了公司的销售能力，销售渠道覆盖80多个国家和地区的5 000多家医院，为后续新产品的上市推广奠定了基础。同国内同行相比，无论是国内渠道，还是国际渠道布局，都有一定优势，但相对外资巨头而言，渠道仍然是其国际化发展的弱势之处。

（4）平台化布局的优势。公司已经通过研发和并购，构建起了七大集群的集团化、平台化业务布局，有助于保证公司长期发展的可持续性，同单赛道公司相比，奠定了较好的抗风险能力。平台化布局既有公司愿景的原因，也有对冠脉支架单一产品线抗风险能力有所担忧的原因。以全球冠脉支架领域为例，早期的领导者强生已经退出了市场，后来是波科，现在是雅培成为全球市场的领导者，技术和市场竞争是激烈的，多产品线和平台化发展符合植入器械行业的特点，也是企业行稳致远的必然之选。从平台化布局来看，微创医疗已经领先国内同行起码10年，而有些产品线比如大关节、起搏器，技术门槛本就非常高，仅靠时间是很难追上的。

5. 历史财务表现

表9-6列示了微创医疗过去10年的主要财务数据，通过历史财务数据可见，2013年以前的微创，基本仅靠冠脉支架业务贡献营收和利润，企业财务表现不管是从营收、净利润增长率，还是净利率和ROE来看，都显示出高值器械优质生意的本来面貌，随着营收规模的扩大，净利率从24.2%逐步提升到38%；ROE从28.3%逐步提升46.9%，到2010年上市募资到位后有一定摊薄，但仍然高达16%～20.4%；数据显示公司成长性好，盈利质量也佳，资产负债率低，2012年的净利润一度高达3.5亿元。处处都在显示出高值植入器械的好生意特性。

表 9-6 微创医疗 2005—2014 年的主要财务指标

（人民币计价，美元：人民币汇率按 1 ∶ 7 换算）

指　　标	年　度									
	2007	2008	2009	2010	2011	2012	2013	2014	2015	2016
营收（亿元）	4.21	4.85	5.61	7.28	8.4	9.31	10.6	24.9	26.3	27.3
营收增长率（%）	23.5	15	15.7	29.8	15.4	10.8	14.3	133.6	5.9	3.7
净利润（亿元）	1.02	1.79	1.86	2.4	3.21	3.54	1.68	-4.13	-0.84	0.98
利润增长率（%）	30.5	75.5	3.9	29	33.8	10.3	-52.5	-345.8	79.7	216.6
净利率（%）	24.2	36.9	33.2	33.0	38.2	38.0	15.8	-16.6	-3.2	3.6
ROE（%）	28.3	46.5	46.9	20.4	15.7	16.0	1.8	-18.6	-3.5	4.4
资产负债率（%）	42.1	34.9	15.5	9.3	9.8	13.0	24.8	63.4	56.7	55.3

2012—2013 年，因国内冠脉支架领域竞争加大，且受行业性反滥用等影响，2013 年的净利率陡然下降到 15.8%，2014 年并购怀特骨科大关节业务，当年营收扩大 1 倍，但受骨科及新业务亏损影响，随后两年业绩发生亏损，到 2016 年时公司整体扭亏为盈，净利率上升到 3.6%，如果拆分 2016 年冠脉支架板块的业绩表现，支架板块的净利率已经攀升到了 42%。我们看到的年报亏损和微利，为亏损业务拖累所致。

从公司主要业务变化，结合历史财务表现说明，高值植入器械好生意的特性明显，只是公司赚来的现金流，都被投入新产品线研发和并购之中了而已。公司整体上还处在研发、渠道建设的投入期，未来需要观察的是营收能否快速做大，亏损板块何时扭转。一旦随着各板块营收的放量增长，公司整体走过盈亏平衡线后，微创医疗将会带来持续的营收和利润增长，并充分的显现出高值器械好生意的财务特征。

综上所述，从定性的角度而言，微创医疗身处一个成长早期的好行业，存在广泛的未被满足的临床需求，行业增速快，未来空间大。但是行业分散，研发投入不足，竞争力相对国际同行较为有限。而公司重视研发，在冠脉支架领域已经证明了自己的能力，发展战略符合器械行业特点和未来发展趋势，公司有利润之上的追求，相对国内同行已经构建起了研发、销售、技术平台等优势。从定量的分析角度来看，公司财务上的亏损和微利，是公司投资未来，大力投入研发和并购的结果，属于成长早期的暂时性亏损。冠脉支架产品线已经证明了公司的经营能力和高值植入器械好生意的本质。而且平台化发展布局完成后，公司整体的抗风险能力将得到增强，有希望发展成为高值器械行业的中国领导型企业。

9.3.3 未来业绩成长性

（1）自然增长。经济发展、人口老龄化带来的自然增长，这个是行业性的，无论药或械都属于朝阳性的行业。

（2）已有产品的渗透率提升。2016年全球冠脉支架市场规模约60亿美元，增速6%左右；同年我国介入治疗手术病例数量为66.65万例，按人均1.5枚支架的植入量测算，全国支架植入量接近100万枚，未来5年有望保持10%～15%的增速。中国每百万人口有532例患者进行PCI治疗，而美国、新加坡等国家数据都在2 500～3 000例范围，可见，国内PCI手术需求远未得到满足，心脏支架市场前景仍然广阔，作为公司起家的产品线，仍然处在快速增长过程之中，以渗透率计仍有4～5倍的空间。

（3）新产品的贡献。公司布局的七大产品集群逐步进入收获期，源源不断的新产品会贡献持续性的营收增量。比如，骨科国内仅40万的手术量，对比欧美渗透率有5倍以上的空间；起搏器等心律管理业务，国内更是处在早期发展阶段，每年发病30万～40万例，有机会接受治疗的仅数万例，中国每百万人起搏器植入量约44台，远低于日本（453台），与欧美国家（1 000台）相比更为明显，以2016年的老年人口和发病率，对比日本有10倍空间，美国有20倍空间。比如，心脏瓣膜介入手术，在国内除临床试验外，商业植入还是0例，而成熟期年手术量将达到20万～30万例。此外，公司还布局了神经介入、手术机器人、主动脉及外周血管、电生理、泌尿与生殖、糖尿病、外科等众多诱人的产品线，每一条产品线都有着巨大的未被满足的临床需求和发展空间。

（4）并购整合。医疗器械公司在发展过程中，并购整合是一种重要增长手段，可以用来补齐产品线，加强竞争优势，获取关键技术、研发平台和销售渠道等。

综合而言，微创医疗的长期增长前景是清晰确定的，不管是从行业大环境来看，还是公司的竞争优势和业务布局来看，公司对研发创新的不懈投入，对人类健康事业的不懈追求，将保证其长期的成长空间，仅按目前的业务布局，在未来 20 ~ 30 年间，有希望成长为年营收 500 亿 ~ 1 000 亿元的大型高科技医疗集团，成为世界市场的中国公司代表。

9.3.4 估　　值

1. 绝对估值

微创医疗业务板块较多，整体处在发展的早期阶段，2014 年以后受并购整合，以及新产品研发、销售渠道建设投入的影响，业绩波动性大，未来分年营收、利润和现金流都不好预测。如果要采用绝对估值的方式对微创医疗进行估值，需要引入比稳健成长期的企业更多的假设，比如需要假设某一年扭亏为盈，然后按一定增长速度持续增长，将投入期的负现金流和未来盈利后贡献的正现金流一并进行折现，从而得到公司的自由现金流折现估值，无疑这种处理更是属于"毛估估"中的"毛估估"，实际上，对发展早期的亏损企业进行估值，也是自由现金流折现模型的短板所在。

但可以确定的是，投入期和亏损期的企业，早期亏损期越长，会导致未来现金流的折现价值越小。因为亏损企业的现金流折现价值主要来自远期终值，且因为预测年限加长，导致现金流折现值受折现率的影响更为明显，预测年限越长，未来出现预测失准的概率也越高。这也决定了对成长期企业，投入期的企业，现金流折现模型估值分歧会比较大，受外部宏观环境和利率等影响也大，尽管股票在二级市场交易，实际上更类似于风险投资估值，估不准才是常态。所以，此处不做现金流折现估值，如果读者对亏损期的企业现金流折现估值感兴趣，可以参考阿斯瓦斯·达莫达兰所著的《估值：难点、解决方案及相关案例》，尼古拉斯·斯密德林所著的《估值的艺术：110个解读案例》等书籍。

2. 相对估值

同样的，因为公司在发展的早期阶段，净利润波动性大，用PE估值也不好处理，对微创医疗可以采用PS估值和分部估值方法进行"毛估估"。

（1）PS估值。全球医疗器械企业，成熟期的PS常见估值范围为4～10倍PS，也就是说多为营收的4～10倍，2016年时，微创医疗的营收为27.3亿元，则其PS估值范围为110亿～270亿元。PS估值对成长早期的企业是可以用的，也是有内在逻辑道理的，因为发展到稳定期后，全球医疗器械企业的净利率为8%～45%，此处保守估值按8%～20%来估测，则代表着27.3亿元营收，在成熟期时正常的净利润为2.2亿～5.5亿元。而且对微创医疗而言，用PS估值也是偏保守的，因为很多新产品，研发销售等费用前置了，但是贡献的营收要么是0，要么还极其微小。如果对比冠脉等成熟产品高达40%的净利率，从成熟期的净利率来看，也是偏保守的估计。

（2）分部估值。分部估值的意思是对于业务板块或收益特性不同的资产较多的公司，对每一分部分别进行估值，然后进行加总的做法。对控股母公司而言，分部估值的风险在于各业务板块间风险是否能够区隔，比如，子公司间是否相互拖累，若优秀子公司的价值创造被垃圾子公司所抵消，或者母公司存在管理不善等情形，分部估值就失去了意义。

而微创医疗专注于高值器械领域，在研发、销售和制造等方面注重平台化协同，最重要的是每一家子公司都是代表着未来的优质资产，背后是未被满足的广袤的临床需求，尽管当前存在用冠脉支架业务的盈利，输血孵化暂时亏损板块的问题，长期而言，七大产业集群都有希望发展成为未来的现金流造血机器，所以采用分部估值有其合理性。

比如，若仅看微创冠脉板块，2016年其盈利即有3.8亿元，则按可预期的行业增速，给予20～30倍的PE估值即对应着76亿～114亿元人民币的估值，也就是说，即使假设其他所有产品线按零估值，则微创医疗的总市值也应该在80亿元人民币左右。反过来，按有据可查的子公司上市前的一级市场估值或并购估值，母公司控股部分估值加总也有 50 亿元左右，成熟业务和孵化中的业务两块相加，公司总市值不应该低于 130 亿元。若给其 100 亿元人民币的估值，相对其价值而言应该是比较保守的估值。

（3）终局思维估值。基于行业前景、公司竞争优势和业务布局，到 20~30 年后的深度老龄化时期，公司大概率会发展成为国内高值医疗器械领域的平台化、龙头型企业，甚至有希望成为国际市场的医疗器械大"玩家"之一。对比全球医疗器械巨头的营收和市值，微创医疗未来成为一家营收 500 亿~1 000 亿元，净利润 100 亿~200 亿元，市值 2 000 亿~5 000 亿元的大型企业是值得期待的，而且医疗器械生意竞争收敛的特点决定了，一旦度过早期的打开市场的阶段，未来发展的确定性比制药和其他行业要强得多，也就是说，实现未来预期图景，发展成功的概率要高得多。

按终局思维来"毛估估"，不管中间股价经历何种变化，某年业绩是增长还是下降，发展得快一点儿还是慢一点儿，都不是关键，关键在于未来预期实现的可能性，以及需要多长时间才能实现。而我们需要评估的就是多少市值买入，给予多少仓位配置，以在未来 20~30 年，是否能够获取满意的复合收益率，是否能够帮助我们实现投资目标的问题了。

9.3.5　风险分析

公司已经度过了仅靠冠脉"独木"支撑发展的阶段，新产品逐步开始贡献营收，所以，相对单产品线公司而言，公司平台化发展的战略无疑有着更强的抗风险能力。但是，由于公司还处在发展的早期，还需要靠冠脉板块的现金流和外部融资输血新产品线扩张，所以，企业发展仍然存在一些不可忽视的风险。

（1）政策风险。医疗行业受政策影响大，比如2011—2013 年的行业整顿，一度导致营收失速、利润缩减。预期老产品降价未来会是常态，毕竟老龄化前景既代表着发展机遇，也意味着医保支付的极大压力。此外，审批、医保报销和市场融资等，无一不受政策扰动的影响。

（2）现金流风险。公司发展历史中一度濒临团队解散，在并购骨科后负债率升高，现金流压力增大。但好在公司走过了最艰难的时刻，以国内融资环境的好转，对医疗器械等创新产业的扶持，以及大股东的支持，发生现金流断裂的风险概率不高。

（3）融资摊薄的风险。2014—2015年，为并购骨科，向大股东借债，并以3.85港元、6.84港元的换股价格向凯雷亚洲、淡马锡等发行可转债，类似由于扩张和现金流压力，在股价低位时融资，对老股东的股权摊薄是有损股东价值的。相比现金流断裂风险，这种风险是更现实、更可能出现的风险。

9.3.6 投资决策与复盘

1. 投资决策

由于长期关注消费医药行业，几乎看遍了A股的医药医疗公司，在港股通开通后，早在2015年就发现了微创医疗，就初步认定这是一家类似于恒瑞医药的行业领导型企业，只不过由于医疗器械行业的特点，公司在早期发展阶段的战略选择不同，由此带来的营收利润表现不同而已。

2014年国家创新医疗器械特殊审批政策推出。2014—2015年，公司尽管因并购而亏损，但由于市场已经意识到创新发展的时代已经到来，公司股价不仅拒绝下跌，反而开始稳步上涨。在追踪研究了2年后，基于以上行业、企业和估值分析，在2017年时重仓配置了三成的微创医疗。

2017年，微创医疗的市值在72亿~135亿港元波动，建仓完成时成本约6.2港元，对应市值约90亿港元，相对前述PS估值、分部估值是有一定折扣的。买入时预期骨科会在2~3年内扭亏为盈，然后从此走上多条产品线贡献营收利润的"康庄大道"，还自信地将微创医疗比喻成一列即将启动的列车组，后来的事实证明，当时的预期同企业发展实际相距甚远。

2. 投后基本面复盘

后来发生的事情，是投资者不可能在买入时就能预计到的。实际上，不仅骨科一直未能实现盈利，2018年时又并购了亏损的心律管理业务。2017—2019年公司连续三年小幅盈利，2019年公司开始加大研发投入和分拆子公司上市，研发费用率逐步突破30%，40%，2022年甚至达到了50%。同时，我们看到的还有疫情和冠脉支架集采的影响，并直接导致公司2020年度归母净利润亏损 1.91 亿美元，2021 年亏损扩大到 2.76 亿美元，2022 年亏损继续扩大到 4.37 亿美元，亏损额度超过了公司营收的一半，基本相当于公司当年的研发投入。特别是冠脉支架集采严重影响了公司的发展预期，尽管医保局设置了 2 850 元的"指导价"，严厉的集采规则导致集采产品平均价格从 10 000 元左右，直接降低到 700 元左右，集采后的公司市场份额尽管从 24% 提升到了 45% 左右，但公司发展起家的，也是公司发展主要支柱的冠脉产品线，营收一度萎缩近半，贡献的利润从 7 亿元返归亏损或微利。以上这些事件，在买入的时候是万万想不到的。当然，如果我有前视眼，能够提前看到这些事情将来会发生，还是否有胆量重仓投资微创医疗就很难说了。

与此同时，除了母公司在市场上进行了多笔融资外，期间还拆分了心脉医疗、心通医疗、微创机器人、微创脑科学、维电生理 5 家子公司上市，投资建设超级工厂，并购人工心肺 ECMO、研发大楼、华瑞银行股权等一系列操作。几年间母子公司合计融资了 200 多亿元，然后用融来的资金，又大手笔投入并购和研发。正向理解可以说是抢抓行业发展机遇，负向理解也可以说在资源配置上缺乏精打细算。

作为一名小股东，不管公司如何操作，我始终在审视和反问自己的是，即使面临集采，行业的大趋势有没有根本性变化？不管是分拆还是并购，有没有实质改变公司的竞争优势和发展大方向？投资之后的基本面发展，尽管出现了各种出乎意料的状况，特别是集采，恰恰证明了公司多元化发展、加快研发创新布局战略的前瞻性和必要性。否则，集采完全可能导致公司从此一蹶不振，就像某些内外资竞争对手一样从此就退出了市场。而公司在此次集采中尽管损失惨重，却仍然在按公司贡献社会、追求多赢的价值原则，保障市场供应，扶持经销商发展。

其实，不管如何集采，医保的总投入是随着经济发展而不断增加的，即使没有医保，人们也需要高端医疗器械治病救命和提升生活质量。冠脉支架集采尽管有影响，但也只能短期改变行业的发展轨迹，对于注重研发、产品线全、国际化发展的龙头公司，集采带来的影响应该只是暂时的。对于公司的各种经营操作，只要公司在走正道，在为未来医疗器械国际化平台型企业的前景努力，公司经营的事情就交给管理层去操心，毕竟几大长期股东都能信任和坚定的支持领导层，作为小股东控制好账户的风险就好了。

所以，尽管行业企业端发生了太多没有预期到的事情，尽管期间财务数据无比难看，但鉴于医疗器械行业的长期前景没有根本改变，微创医疗在行业的地位和竞争优势没有变，甚至还因为政策的扰动得到了强化，微创医疗的研发产出逐步兑现，销售网络不断向全球布局，业务层面的进展每天都在发生的判断，就选择了静心坚守，一直能够淡定以待基本面和股价的跌宕起伏，始终坚定的以终局思维和风险投资来对待这笔投资。

3. 投后股价走势复盘

微创医疗这笔投资说明，基本面预测不易，而股价更是难以预测，作为非营利性的成长性企业，相比财务数据，融资环境、医保政策和国际大环境对股价的影响更大，股价的波动性也极为惊人。在我重仓买入后，到2019年初时，股价就上涨了约1倍，期间凯雷亚洲、淡马锡等投资人在10港元以下退出了微创医疗股东行列，华兴资本进入。结果没有想到的是，随后股价发生了持续快速调整，一路下跌到5港元，个人持仓由赚约一倍到浮亏近三成，这次我坚定地拿住了。正是错失恒瑞医药、五粮液等10倍股刻骨铭心的痛和对微创未来前景确定性的深信，由盈转亏时，不仅没有后悔和恐慌，也没有去玩高抛低吸等小聪明，反而选择了在股价下跌中继续加仓，始终保持了三成的组合持仓占比。

后来，更没有想到的是，在2020年的股市大幅下跌中，微创医疗的股价却开始上涨，高瓴资本等投资人进入股东行列，到2021年中时，股价涨到了72港元，短短1年多时间，市值从不到100亿港元膨胀到了1300多亿港元。也正是对微创医疗的坚定持有，让我终于收获了1只重仓10倍股，并拉动账户市值上了一个大台阶。

更没有想到的是，微创医疗的股价在2022—2023年三度跌到12港元，自高点跌幅超过了80%。好在在2021年股价70港元时，减仓了三分之一持股，换仓到了暴跌中的上海机场、北控水务集团，后又在23港元开始换回来，越跌越买，一直买到15港元，到写作本书时，微创医疗的持仓量增长到了2017年持仓股数的4倍多。

经此一役，未来会发生什么，已经放弃预测了。因为事实证明，没有哪家企业或股价是在按照我们的预测来发展的。只要微创医疗继续坚持走研发创新和国际化的道路，就仍然会选择坚持和守候。

9.4 上海机场——垄断性优质航空流量变现商

本节以 2019 年前后投资上海机场为典型案例，讨论重资产公用事业公司行业、企业分析和投资决策等相关问题。

9.4.1 行业分析

航空运输业又可以分为航空运输服务和机场服务两个细分行业，从生意模式上看，航空运输服务重资产、竞争激烈、产品难以差异化，为典型的强周期性行业。而机场运输业则具有天然垄断性，但投资建设周期长，重资产，服务价格一般会受到一定管制，往往只有主要的枢纽机场才有较高的商业价值。

1. 全球航空运输市场概况

根据国际航空运输协会 IATA 的数据，2019 年全球航空公司的机队规模约 2.9 万架，客运量 45.4 亿人次，货运量 6 120 万吨，行业总收入达 8 850 亿美元，增长 7.7%，净利润 259 亿美元，为连续第 10 年盈利。根据波音发布的 2019《民用航空市场预测》，未来 20 年航空运输业客运量年均增长 4.6%，货运量年均增长 4.2%，考虑新飞机和继续服役的现有飞机，全球民用机队预计将在 2038 年前达到 5 万架，总体而言是一个略快于全球 GDP 增长的慢速增长行业。

2. 中国航空运输市场概况

2012—2018 年，中国民航业旅客总运输量一直保持着 10% 左右的复合增长，到 2018 年，全国完成旅客周转量 10 712.32 亿客公里，同比增长 12.6%；全年运输旅客 6.1 亿人次，同比增长 10.9%。2019 年中国国内航空客运市场同比增长 8.5%，航空旅客运输量达到 6.6 亿人次，在全球航空客运市场中增速名列榜首，为全球第二大航空运输市场。其中，国内航线完成旅客运输量 5.86 亿人次，同比增长 6.9%；国际航线完成旅客运输量 0.74 亿人次，同比增长 15.6%。截至 2019 年底，中国民航国内、国际航线共 5 155 条，新辟国际地区航线 549 条；机队规模达 3 818 架；全国运输机场达到 238 个，其中有 32 个机场年吞吐量在千万人次以上，占据了全部旅客吞吐量约 78.5%。

总体而言，航空运输业在全球，包括发达国家都是一个增长性行业，行业增长受全球宏观经济形势影响明显，是同商业、旅游业发展程度密切相关的一个行业。中国航空运输市场一直在以 GDP 约两倍的速度增长，是全球航空运输市场增长的主要驱动力量，对比成熟市场，中国航空运输市场的潜力还有待发挥，未来如何发展，根本上取决于经济发展和居民收入水平，特别是宏观经济和旅游业的发展状况。

9.4.2 企业历史表现与竞争优势

1. 企业发展概况

上海机场 1998 年 IPO 上市，起初资产主体为虹桥机场，浦东机场修好后，自 2002 年 10 月起，上海所有国际、地区航班转移到浦东机场起降，随后于 2004 年完成资产置换，上市主体变为浦东机场。

随着中国经济的腾飞，特别是长三角的发展，浦东机场的旅客吞吐量从 2004 年的 2 100 万人，稳步增长到 2019 年的 7 600 万人，年均增长约 9%；货邮吞吐量从 164 万吨，增长到 363 万吨，年均增长约 5.4%；飞机起降架次从 17.9 万架次，增长到 51.2 万架次，年均增长约 7.3%。营业收入从 23.5 亿元，增长到 2019 年的 109.5 亿元，年均增长 10.8%；净利润从 12.9 亿元，增长到 50.3 亿元，年均增长 9.9%。旅客吞吐量中国际和地区旅客占比约 50%，是国内其他机场所不具备的独特优势。

迄今，上海浦东机场已成为长三角枢纽机场，中国华东的门户，从华东地区机场规划、国家战略来看，未来枢纽机场的地位稳固，旅客、货邮、飞机起降架次排名均仅次于首都机场（见表 9-7 ～ 表 9-9）。

表 9-7　2019 年全国机场旅客吞吐量排名

排　　名	机场名称	旅客吞吐量（万人次）	同比增速（%）
1	北京/首都	10 001.4	−1
2	上海/浦东	7 615.3	2.9
3	广州/白云	7 337.8	5.2
4	成都/双流	5 585.9	5.5
5	深圳/宝安	5 293.2	7.3
6	昆明/长水	4 807.6	2.1
7	西安/咸阳	4 722.1	5.7
8	上海/虹桥	4 563.8	4.6
9	重庆/江北	4 478.7	7.7
10	杭州/萧山	4 010.8	4.9

表 9-8　2019 年全国机场货邮吞吐量排名

排　　名	机场名称	货邮吞吐量（万吨）	同比增速（%）
1	上海/浦东	363.4	−3.6
2	北京/首都	195.5	−5.7
3	广州/白云	192.0	1.6
4	深圳/宝安	128.3	5.3
5	杭州/萧山	69.0	7.7
6	成都/双流	67.2	1.0
7	郑州/新郑	52.2	1.4
8	上海/虹桥	42.4	4.0
9	昆明/长水	41.6	−2.9
10	重庆/江北	41.1	7.5

表 9-9　2019 年全国机场飞机起降架次排名

排　　名	机场名称	起降架次（万架次）	同比增速（%）
1	北京/首都	59.4	−3.2
2	上海/浦东	51.2	1.4
3	广州/白云	49.1	2.9
4	深圳/宝安	37.0	4.0

续上表

排　名	机场名称	起降架次（万架次）	同比增速（%）
5	成都/双流	36.7	4.2
6	昆明/长水	35.7	-1.0
7	西安/咸阳	34.6	4.6
8	重庆/江北	31.8	5.9
9	杭州/萧山	29.1	2.1
10	上海/虹桥	27.3	2.3

2. 公司发展战略

由公司历年年报可见，公司的发展战略共五大方面：

（1）航空枢纽战略。致力于将浦东机场打造成为品质领先的世界级航空枢纽。

（2）卓越运营战略。服务安全、品质、运行效率全球领先，致力于成为超大型航空枢纽卓越运营的典范。

（3）价值创造战略。扩大业务规模、丰富业务模式、拓展投资渠道，提升盈利能力，实现股东利益的最大化，实现成为价值创造能力最强机场公司的目标。

（4）组织管控战略。通过改革的不断深入，全面贯彻市场化、专业化、国际化导向。

（5）和谐发展战略。充分发挥各级党群组织推动发展、服务群众、凝聚人心、促进和谐作用，为企业改革发展提供组织和思想保障。

从公司历史表现来看，公司战略符合发展需要和行业特点，执行到位，已经逐步发展成为全球、全国机场的引领者。

3. 企业大股东及管理

上海机场为上海机场集团控股的企业，机场集团经营资产包括浦东机场、虹桥机场等机场，股权分置改革时有注入虹桥机场的承诺。从经营层面看，2号航站楼原概算投资135亿元，实际建成投资额约为115亿元；浦东机场3期扩建工程即两个卫星厅原预算201亿元，投资完毕转固和待转合计174亿元，推测实际造价较预算节约了 27 亿元。到 3 期建设完毕，过去 5 年资本投入 120 亿元左右，全是利用的公司自有资金，没有靠负债和股权融资，工期也从来没有延误过。

从回馈股东来看，公司上市融资 19.23 亿元，到 2019 年时，几乎年年分红，累计分红 113.44 亿元。

总体而言，历史记录表明公司管理水平较高，加之机场本身垄断经营的特性，公司大股东和管理水平不会构成实质投资风险。

4. 历史财务表现

在国内外一众机场中，上海机场历史财务表现优异，从 1998 年上市以来，上海机场历年 ROE 平均值为 12.98%，且随着非航收入的快速增长，带动净利润和 ROE 逐年走高，至 2019 年底时达到 16.7%，创出上市以来新高，反映出上海机场的商业价值在逐年走高。

由于上海机场的航空服务价格受到行业指导价制约，一直处在盈亏平衡或者微利状态，所以，上海机场的商业价值主要体现在免税、有税商品的商业租赁、广告、航空油料和地面服务等方面。上海机场表面上经营的是航空服务，实际上的商业模式本质上是优质流量转化，而且是垄断性的持续增长性的优质流量转化，其商业价值主要依赖于未来非航收入的增长。追踪 2013 年以来，上海机场各项运营和财务数据，发现近年来一直存在着客流量和客单价双增的规律，比如，2015 年客均商业租赁收入 30.7 元，到 2019 年时增长到了 70.9 元，复合增速 23%，这是极其惊人的，按此趋势，即使旅客吞吐量个位数增长，客单价的增长也会驱动公司快速增长。而且，仔细分析各项运营和财务数据（图 9-3），近年来，一直保持着净利润 > 营收 > 客流 > 架次增速的业绩增长弹性。

从企业上市以来的历年财务数据可见，上海机场的历史表现是优秀的，近年商业价值更是处在快速增长过程中，日渐体现出骨干枢纽机场的商业潜力，即使面临疫情影响，待疫情过去后，由于其垄断经营的特性，加之主要营收利润贡献来自未来发展潜力更大的非航业务，预期还会恢复和保持类似趋势往前发展。

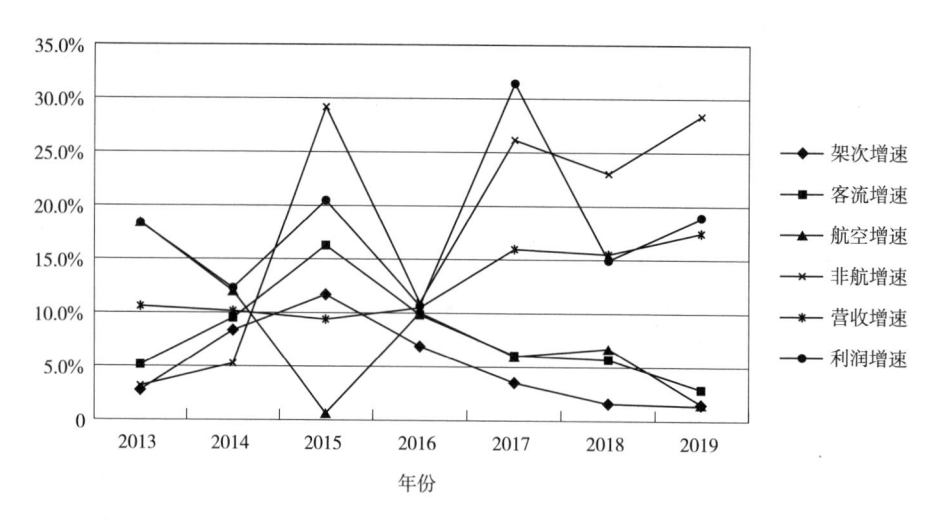

图 9-3　上海机场 2013 年以来的主要运营数据发展趋势

5. 企业竞争优势

（1）国际枢纽机场的区位优势。上海机场位于亚太、欧洲、北美 10 小时航程大三角的中心点，核心腹地为长三角城市群，有着联系五大洲的最密集、最便利的国际航线网络。

（2）国家定位的世界级航空枢纽和空中门户。国家战略定位保证了上海机场的长期发展空间和确定性。

（3）几乎独享长三角城市群核心腹地。长三角是国家定位的中国三大世界级城市群中面积最大、人口最多、经济最有活力的一个城市群，面积 20 多万平方公里、人口 1.5 亿，GDP 25 万亿元，世界 500 强企业入驻 400 多家，经济国际化程度无出其右。按照最新的发展规划，长三角城市群总面积将增至 35.8 万平方公里，总人口突破 2 亿；高铁城际铁路覆盖 5 万以上人口城镇，高速公路全覆盖。国际干线枢纽机场就这么 1 家，区域内第 2 名的机场，国际和地区客流不到其十分之一。

（4）枢纽机场的虹吸效应。不管是客运，还是货邮，越是人流、货流集中、中转越便利，虹吸效应越发明显，这也是枢纽机场商业价值同一般机场相比有天壤之别的根本原因。

9.4.3 未来业绩成长性

（1）旅客吞吐量有望继续保持5%以上的增长。先来看旅客吞吐量规划，浦东机场客流从投产以来，一直在超预期，1、2号航站楼本来设计规模为5 000万～6 000万客流，2019年时已经达到7 600万，卫星厅投产后预计能够支撑8 000万～1亿的客流。未来浦东机场4期扩建工程投产后，即3号航站楼，3个航站楼加两个卫星厅将支撑1.2亿客流量，考虑一定过载最多可以支撑1.4亿客流。到2040年，按远期规划会在现有1、2、3号航站楼和5条跑道的东南侧填海建设第二航站区，以支撑长期1.6亿的设计容量，考虑过载可支撑1.8亿～1.9亿人次的客流。届时上海城市机场群客流会达到3亿左右，浦东机场有望背靠中国和长三角，面向全球，成为有2个航站区，7个航站楼、8条跑道的世界第一大航空枢纽。

（2）租金和广告收入还有很大增长空间。上海机场收入弹性主要来自于商业租赁收入，早期1号、2号航站楼建设时消费繁荣还没有到来，商业考虑不足，合计免税面积仅0.8万平方米，而新投产的卫星厅就有2.9万平方米商业，其中免税0.9万平方米。卫星厅投产后，日上上海免税经营只占了其中1.7万平方米的免税经营面积，还有2万平方米的有税商业面积有待开发，而且未来3号航站楼的有税和免税商业面积会超过前述商业面积的总和。另外，机场广告收入和利润贡献也越来越大，较航空服务收入弹性更大，未来潜力和空间也更大。

（3）航油、航空服务收入还会继续增长。基本上同比例于飞机起降架次、客流量的增长而增长。

9.4.4 估　　值

1. 绝对估值

2020年受外部环境影响，上海机场预期会经历一段困难时期，但从其资产负债表、国际航空枢纽的地位和国企身份看，大概率能够度过危机。而一旦客流恢复，上海机场必将恢复其"印钞机"的本来面貌。暂时性的困难造成的亏损，可以在自由现金流折现价值上，减去亏损额度即可。所以，以2019年上海机场自由现金流 25 亿元为基数（净利润为 50 亿元，机场的使用年限较账面折旧期长，发展到成熟期后折旧完成，现金流还可能大于净利润，所以，该假设偏保守），假设未来 20 年继续保持目前的发展状态（机场的确定性强，才可以讨论 20 年的现金流折现），自由现金流按照 10%、15% 的增长率持续增长，随后按照永续 3% 的假设，折现率分别采用 10%、12%、15%，测算的自由现金流折现值见表 9-10。

表 9-10　上海机场不同情况下的自由现金流折现价值

折现率	增长率	
	10%	15%
10%	868 亿元	1 718 亿元
12%	616 亿元	1 153 亿元
15%	412 亿元	714 亿元

从以上绝对估值相关测算来看，"毛估估"以 700 亿元左右的市值买入，有望获得未来 20 年 10%～15% 的复合回报。

2. 相对估值

图 9-4 展示了上海机场的历史 PE 估值区间。历史最低 PE 估值在 2014 年前后曾跌到过 14 倍 PE，2014 年以后均位于 20 倍 PE 以上，特别是 2017 年其商业价值潜力得到显现后，估值底部即被抬升到了 25 倍 PE 以上。由于外部环境影响，影响期内将无法按照 PE 估值，但可以假设按照正常年份 50 亿元的净利润进行估值，一切总会过去，机场可不会变，生意还会回来，唯一的不确定性就是持续亏损的时间有多长。

所以，如果能跌到 1 000 亿元市值，代表着约 20 倍 PE 的正常估值，跌到 700 亿元市值则代表着正常年份约 14 倍 PE 的历史最低估值。对比全世界的机场股票，外部环境影响并没有造成太大的市值损失，估值逻辑就在于一切迟早会过去，无非就是损失影响时间段内的现金流和利润而已，世界还会恢复正常，人们还会坐飞机进行洲际旅行。而枢纽机场作为垄断成长性生意，上市公司的估值从来就不便宜，比如泰国机场、墨西哥三大机场、悉尼机场等，低则 20 倍 PE，高则长期稳定在 30～40 倍 PE 估值。

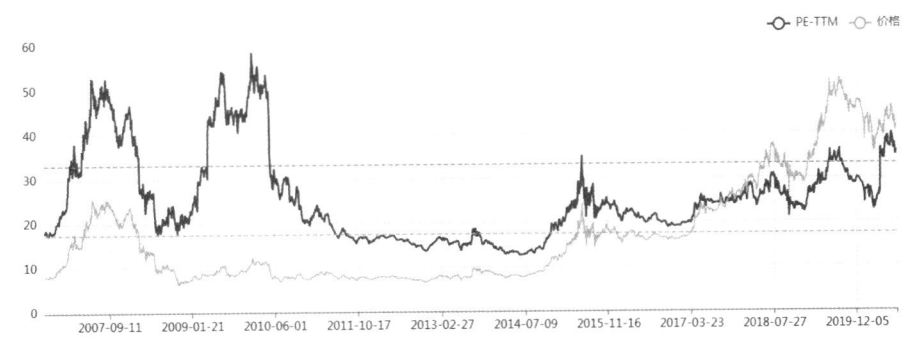

图 9-4 上海机场历史 PE 估值变化

3. 终局思维估值

按照上海机场的发展规划,在 1.6 亿人次,乃至 1.8 亿人次以前,甚至直到中国人口及国际交流需求的顶峰,上海机场没有类似北京大兴机场对首都机场这样的分流之忧,因为主要的规划建设都在浦东机场,同时,注入虹桥机场尽管不知道什么时候发生,但大股东承诺大概率会履行,也是上海两场协力建设国际航运中心、中国门户和亚太枢纽机场的需要。这种长期确定性对长期投资和价值评估而言,非常重要,也是其他大部分机场不具备的重要估值前提。

假设时间来到 2040 年(对机场生意而言,只要洲际旅行的方式还是坐飞机,2040 年也不算终局,类似巴黎、纽约、伦敦、东京等城市机场群,机场业务还在继续增长),浦东机场旅客吞吐量达到 1.6 亿人次,1、2、3 号航站楼和第二航站区全部投产。

从收入端来看,不管是按人均租金收入、消费总量提成、商业面积租金估算,还是公司客流、营收之间的历史弹性关系等口径测算,1.6 亿人次时对应的免税商业租赁收入会达到 350 亿~550 亿元,乐观估计会达到 800 亿元,其中还未考虑计划中各种奢侈品单品牌店等有税商业租金的贡献。航空服务收入即使不考虑国际客流比例提升,按历史和未来推演客流、架次增速推算,届时也会贡献 150 亿~200 亿元的收入。不考虑乐观情形,届时总收入会达到 500 亿~750 亿元。

从成本端来看,主要是运营成本和折旧增量,其他变动都不大,而且随着客流增长,长期来说固定成本是边际递减的,每次新航站楼投产后成本会上一个大台阶，按历史上 200 亿元固定资产新增 20 亿元折旧和运营成本测算，假设未来还需上市公司投资 1 000 亿元，这会带来 100 亿元的折旧和运营成本增量，也就是说，届时年运营和折旧成本会达到 150 亿 ~ 200 亿元。

基于以上估算，对应利润区间为 230 亿 ~ 450 亿元。20 年间增长 3.6 ~ 9 倍，对应的净利润复合增长率为 8% ~ 11.6%，考虑机场生意的高确定性，若能在疫情危机打击中买到一定估值折扣，潜在投资收益率将比利润复合增长率更高。若以届时相对估值 20 ~ 30 倍 PE 测算，届时市值会达到 4 600 亿 ~ 13 500 亿元，若能以 700 亿元市值（对应股价约 36.5 元）买进，则意味着将在 20 年间获取 10% ~ 16% 的复合收益率，而且即使到了 2040 年，甚至更久远的折旧完毕时，上海机场仍然是一座超级"印钞机"和可以压箱底的股票，直到人类洲际旅行方式抛弃飞机和机场。

9.4.5　风险分析

（1）宏观经济风险。这是各行各业都要面对的风险，只不过航空运输业受宏观经济的影响更大。只要中国经济继续发展，消费转型到来，老年化驱动的旅游业大发展，上海机场就是下注国运的最佳和最具确定性的标的。

（2）扩建工程成本工期失控等管理风险。成本失控，工期拖延，会导致成本端升高，收入端延迟。

（3）分流的风险。包括长三角其他城市机场对国际航线的分流，市内免税店对机场店分流的风险。只要上海机场枢纽机场的地位稳固，枢纽机场天然的虹吸效应决定了分流风险并不大，也不会从根本上损及上海机场的商业价值。

9.4.6　投资决策与复盘

在疫情以前，因为上海机场的估值一直高企，本来仅持有几千股的上海机场股票，股价的下跌，吸引我把持仓增加到了 4 万股。因为当时并不清楚会持续多久，只是觉得，对比 2003 年，影响时间应该不会太长，属于一过性的短期影响，鉴于机场生意的优质和高确定性，所以，判断影响不会太大。但后来的形势演进说明，当时过于乐观了。

2020年，尽管意识到企业基本面已经受到了不利影响，但股价不仅没有怎么跌，仅在短暂跌穿60元以后再次攀升，到2020年底时，一直在60～80元波动，相比其他公司，股价并没有受到疫情的太大影响。

2021年2月，公司公告了同中国中免重签的免税租金协议，简单来说就是从原来的下有保底，上无封顶的强势协议，变更成了按客流量分段计价的封顶合同。说明受疫情影响，免税店均处于关门状态，公司的竞争地位有所下降，也确实需要同客户共渡难关。受此协议公告影响，公司股价立马迎来3个跌停板。其实在疫情影响期间，变更协议在全球航空运输界都在发生，作为长期合作的好伙伴，共克时艰，携手共进才是上海机场、中国中免最好的选择。后来想想，一年60多亿元的租金，免税店一点儿生意没有，中国中免如果仍需履行该保底协议，在商业上很难说得通。当时却一直以为保底协议不会变更，也是缺乏商业利益深度洞察能力的原因。

随后公司股价继续下滑，一直下跌到36元才止跌，市值一度跌穿700亿元，按正常年份PE估值仅14倍PE，应该说已经跌出了诱人的投资价值。在股价发生3个跌停后，以及在随后的继续下跌中，将持仓从4万股，增仓到16万股，从而将持有成本摊低到了相当于850亿元市值左右。公司在此期间，还推出了增发计划，收购合并虹桥机场和注入50亿元现金，借此次疫情影响带来的股价下跌机会，完成了整体上市承诺。

随后上海机场的股价从低谷震荡攀升，同期A股、港股却发生了持续性的下跌，持有上海机场短期带来了较好的相对和绝对收益。从2021年6月到2022年底，股价逐步恢复到了57～60元。而港股在2022年10月底时持续下跌，恒生指数一度跌到了14 000点，于是将上海机场做了减持，逐步减持到了5.3万股，并移仓到港股腾讯控股、青岛港、微创医疗上去，及时做了分仓配置和调仓。

当时调仓的决策理由就是，青岛港作为华北枢纽港做的也是坐地收钱的流量生意，当时的PE估值仅4倍出头，股息率超过8%，而且其产能投产周期决定了未来业绩还会以10%左右的速度增长，真的难以想象，港股的下跌会是如此的极端，ROE在12%以上，未来还会继续提升的优质港口生意，居然会跌到如此低的估值。

而腾讯控股本质上也是垄断性社交流量转化的好生意，无论它是通过游戏、广告、零售、金融服务，还是云服务来转化，最根本的，只要它微信、QQ等社交门户地位稳固，就无须担心腾讯的未来。哪晓得市场在防止资本无序扩张、反垄断、治理平台经济、大股东减持、市场系统性风险等共同打击下，尽管公司从400港元以上的股价就开始回购股份，结果股价还是一度跌到200港元以下，PE估值跌到了10倍，较上市以来的历史最低估值20倍PE，继续下跌了50%。当然，要感谢市场提供的良机，让我借市场先生带来的机会入股了腾讯控股，做个配置，以让除微创医疗以外的仓位更平衡，更能抗风险。

在市场极端时刻和整个调仓过程中，始终在比较不同股票的收益潜力和风险，事后看，以上调仓都价值匪浅，遗憾的是，对疫情的影响时间长度，并对疫情及其附带的宏观经济、国际交流的长期不利影响估计不足。也再次说明了投资的不易，即使如上海机场如此高确定性的股票，也会遭遇黑天鹅，并随之引发免税租金合同变更等，一桩桩、一件件意料之外的事情，都是投资者事前无法预料的。好在2023年初，国际客流开始逐步恢复，一旦"印钞机"开动起来，上海机场又会成为那个高确定性的复利机器（在本书写作期间，又将部分上海机场持仓调仓换仓到了微创医疗，股价也因国际客流恢复不及预期，宏观经济和市场系统性风险共同打击，一度跌到30元附近）。

本章小结

本章精选了不同时期个人亲历的4个投资案例，其中恒瑞医药是稳健成长股的代表，五粮液是成熟期强品牌优质消费股的代表，微创医疗是成长早期类风险投资的代表，上海机场是垄断性公用事业的代表。它们的共同点包括：从行业空间上看，成长空间较大；从生意模式上看，都是非周期、高毛利率、高净利率、高ROE、低负债率的好生意；从企业竞争优势上看，都是要么第一、要么唯一的细分行业优势企业，或者本就是自然垄断性企业，相对同行都建立起了一定的竞争优势，而且行业企业未来发展的确定性都较强。区别仅在于企业处在不同行业和生命周期的不同发展阶段而已，应该说既有较强的代表性，又有较好的典型性，对于拟投资消费、医药和公用事业等非周期股的投资者，希望能有参考价值。

本章结合以上案例，运用前述各章讨论的投资原则、原理和方法，通过案例展示了定性、定量选股，进行企业估值和形成投资决策的完整流程，系统回顾了当时所做的行业发展态势、企业竞争优势、投资决策的相关思考和结论，并对后续企业发展和股价演绎进行了复盘回测。

通过复盘和回测以上 4 个充满了各种意外，想想又在情理之中的投资案例，反复证明了前述各章已讨论过的投资感悟：

一是买确定、买优质、买便宜。投资内在价值能够高概率、快速复利增值的优质企业始终是第一位的，而买得便宜不仅有助于提升未来的收益率，还有助于提升估值上的容错性，优质和便宜兼具的确定性，可以帮助我们对冲市场内外、企业内外的各种不确定性。因为无论我们研究得再怎么透彻，估值再怎么精准，预测得再怎么周密，研究结论和预期图景，同未来企业基本面和股价演绎的实际，均可能相距甚远。所以，投资股票重在确定是不是好生意，有没有护城河，未来发展前景实现的确定性等关键问题，只要买得优质且便宜，完全可以放弃预测逐期业绩和估值，而依靠优质企业内在价值的长期快速复利增值，带我们实现投资目标。归根结底，从根本上来说，企业未来业绩只是行业需求和企业竞争优势的兑现，股价又是长期业绩的体现，所以，做好投资的关键在于，确保我们投资的是优势行业的优质企业，并且不要买得太贵就好。

二是拒绝杠杆，闲钱投资组合投资。通过案例复盘可以发现，哪怕再优质、确定性再强的生意，除了企业未来和估值测不准，难免还受内外环境影响，导致发展过程中还存在着偶然性。比如五粮液会受到塑化剂事件打击，上海机场遇到了疫情，投资微创医疗后，集采、并购完全无法预料，股价和估值波动更是惊人；企业发展相对稳健的恒瑞医药，在 2021 年后因集采、竞争加大，基本面和股价也发生了大幅调整。更别提确定性不够，平庸或垃圾企业的未来会发生多少意外，能给我们带来多少惊吓了。所以，想要投资成功，除了买优质买便宜，还需要我们对市场内外的偶然性有敬畏之心，拒绝杠杆，只用闲钱投资，坚持组合投资 3～10 只优质低估的股票，才能让我们在面对不可知的未来时，保留足够的调仓灵活性和容错能力，从而让我们能始终站在时间一边，杜绝个别企业的失败或者市场波动就能让我们出局的可能，进而在安睡中获取复利增值，以确保大概率的尽快实现投资目标。

　　三是除了稳妥的投资体系，还要能控制情绪。前面两点可以确保我们的投资体系是稳妥的，但也只是为投资成功奠定了方法论和决策思维框架基础，实际并不能确保我们投资成功。如果以为知晓和认同以上投资原理和投资方法，就能顺利抵达财务自由的彼岸，未免把投资想得也太过容易了。之所以不容易，在于我们还需要良好的心态，从而能够控制情绪，在市场极端时刻能够理性面对贪婪和恐惧的考验，这才是比修得成熟的投资能力更为不易之处。比如，上海机场的股价，在大家都悲观绝望的2022年，能从36元稳步走强到63元，而在疫情过去希望来临的2023年却跌到了30元。短短4年间，微创医疗公司的业务始终在飞速发展，而股价可以在5元—72元—5元巨幅波动。连恒瑞医药、五粮液这种稳健优质企业的股价，短期也能发生60%～70%的巨幅下跌。投资者是否能够淡定以待股价的涨跌，甚至能够加以利用，在股价顶部区间恐惧，在底部区间贪婪；是否能够做到控制情绪和理性决策，更是决定了投资能否成功。

　　谨以以上三点作为本章，也是本书的结尾。它们集中体现了成功投资的全部要求：买优质、买便宜、闲钱组合投资和能够控制情绪。